West China Education Report

教师教育优势学科创新平台建设项目
"211工程"[教育学]重点学科建设项目

西部教育报告 2011

郝文武　主编

总第 1 卷

教育科学出版社
·北京·

顾 问

丁 钢　王嘉毅　甘 晖
叶 澜　张诗亚　顾明远

编委会

主　任　司晓宏　陕西师范大学
副主任　李瑾瑜　西北师范大学
　　　　郝文武　陕西师范大学
　　　　靳玉乐　西南大学
主　编　郝文武　陕西师范大学教育学院
副主编　朱德全　西南大学教育学院
　　　　刘旭东　西北师范大学教育学院
　　　　张立昌　陕西师范大学教育学院

委 员

王安全　宁夏大学教育学院
王 凌　云南师范大学教育科学与管理学院
王 鉴　西北师范大学西北少数民族教育发展研究中心
巴登尼玛　四川师范大学教育科学学院
田建荣　陕西师范大学教育学院
刘文霞　内蒙古师范大学田家炳教育书院
孙杰远　广西师范大学教育科学学院
孙振东　西南大学教育学院
李 波　西藏民族学院教育学院
李晓华　青海师范大学教育学院
杨建忠　（贵州）凯里学院
陈 鹏　陕西师范大学教育学院
孟凡丽　新疆大学
胡卫平　陕西师范大学教师专业能力发展中心
赵 微　陕西师范大学教育学院
栗洪武　陕西师范大学教育学院

（以上各栏姓名以姓氏笔画为序排列）

West China Education Report

Advisors

Ding Gang Wang Jiayi Gan Hui
Ye Lan Zhang Shiya Gu Mingyuan

Editorial Committee

Director **Si Xiaohong** Shaanxi Normal University
Vice director **Li Jinyu** Northwest Normal University
           Hao Wenwu Shaanxi Normal University
           Jin Yule Southwest Normal University

Chief Editor **Hao Wenwu** School of Education, Shaanxi Normal University
Vice Chief Editor **Zhu Dequan** College of Education, Southwest Normal University
           Liu Xudong School of Education, Northwest Normal University
           Zhang Lichang School of Education, Shaanxi Normal University

Members of Editorial Committee

Wang Anquan College of Education, Ningxia University
Wang Ling School of Educational Science and Management, Yunnan Normal University
Wang Jian Research Center for the Educational Development of Ethnic Minorities in North-West Regions of China, Northwest Normal University
Badeng Nima School of Educational Science, Sichuan Normal University
Tian Jianrong School of Education, Shaanxi Normal University
Liu Wenxia Tin Kaping School of Education, Inner Mongolia Normal University
Sun Jieyuan School of Educational Science, Guangxi Normal University
Sun Zhendong College of Education, Southwest Normal University
Li Bo School of Education, Tibet University for Nationalities
Li Xiaohua College of Education, Qinghai Normal University
Yang Jianzhong (Gui Zhou) Kaili College
Chen Peng School of Education, Shaanxi Normal University
Meng Fanli Xinjiang University
Hu Weiping Center of Professional Development for Teachers, Shaanxi Normal University
Zhao Wei School of Education, Shaanxi Normal University
Li Hongwu School of Education, Shaanxi Normal University

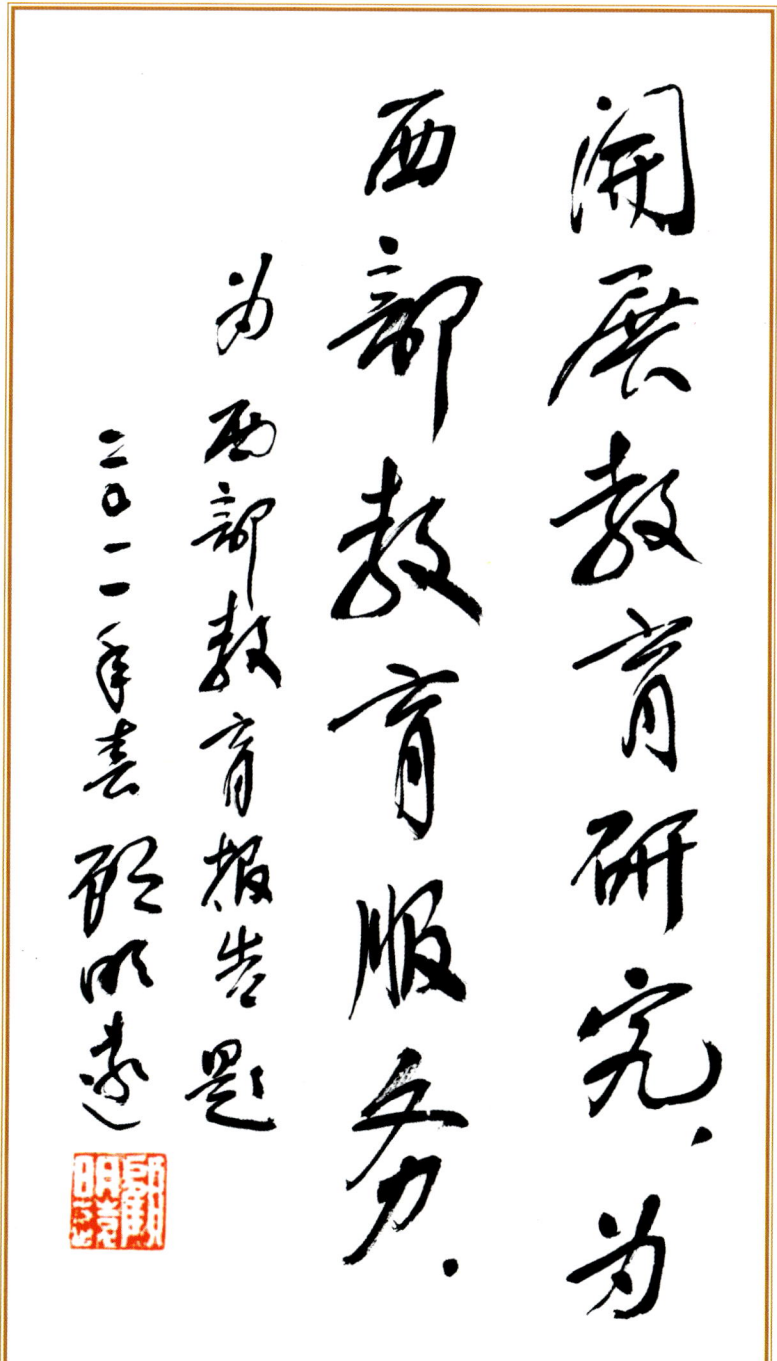

中国教育学会会长、北京师范大学资深教授顾明远先生题词

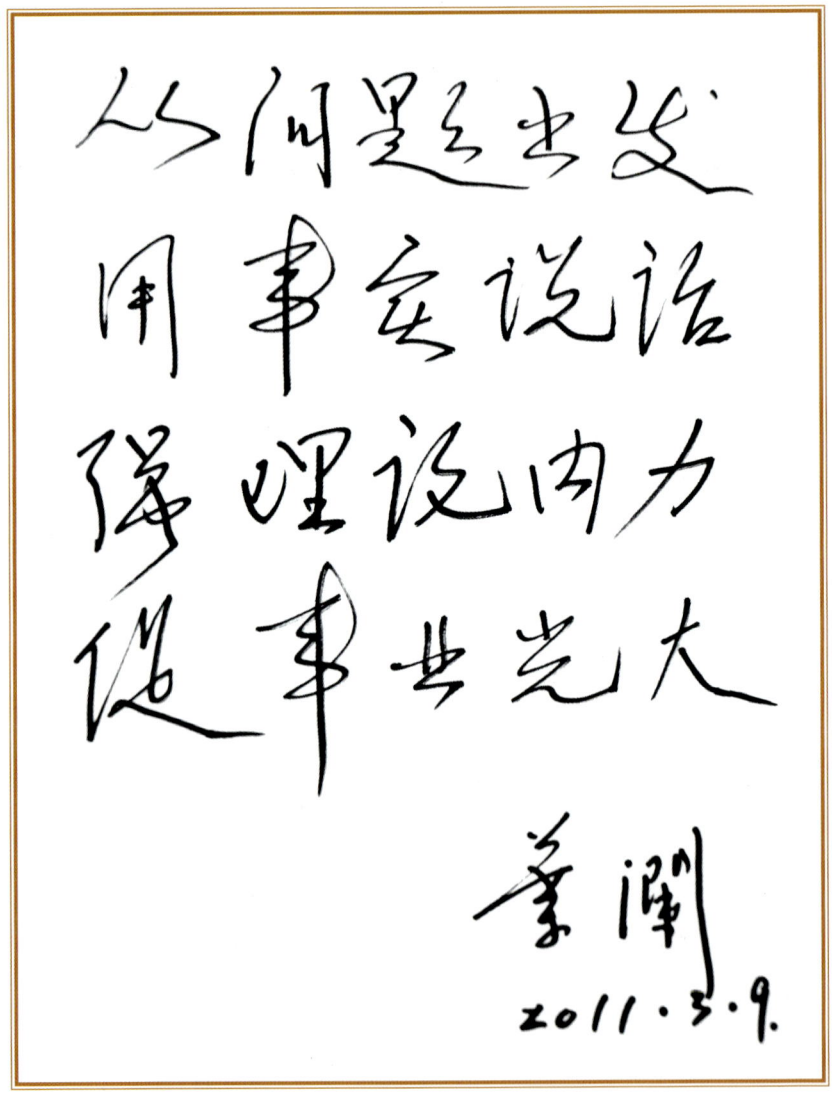

中国教育学会副会长、华东师范大学终身教授叶澜先生题词

序 言
Introduction

● 郝文武 Hao Wenwu

经过两年多的积极准备,《西部教育报告》终于要面世了。我们首先要衷心感谢为此作出重要贡献的专家学者,并简要说明《西部教育报告》的来由、已做的工作和未来的设想。

《西部教育报告》是由西部十二个省区的教育学专家学者组成的学术团队和编委会,依托"'211工程'重点学科建设项目"分项目:"面向当代教师教育的教育科学研究"和"教师教育优势学科创新平台建设项目"子项目:"教师教育理论创新与研究中心建设",用实证和实验方法,反映我国教育学人研究西部教育成果的连续出版物。

西部的过去是欠发达的,西部的现在是蓬勃发展的,西部的未来是充满希望的。西部的社会经济和文化特点决定了西部教育发展的特点,把西部各方面教育研究力量组织起来,集中大家的智慧全面深入研究西部教育,促进西部教育的改革和发展,是大家多年来的愿望。但以什么样的方式把大家组织起来是西部教育学同仁长期思考的问题。今天终于以《西部教育报告》这种方式把大家组织起来了,西部教育学同仁都感到非常高兴。我们陕西师范大学的教育学人能为实现大家的愿望和促进西部教育的发展做一点事情感到十分荣幸,同时也由衷地感谢全国各地的专家学者和西部教育学同仁对我校教育学学科建设发展的关注和认可,以及对我们工作的鼎力支持!

2008年10月,陕西师范大学开始启动实施的"211工程"重点学科建设三期项目,包括"马克思主义发展理论与中国西北经济社会发展研究""面向当代教师教育的教育科学与认知科学研究""长安文化与中国文学""中国古代文明研究""表界面化学及其应用""动植物的整合生物学""西北地区人类社会与资源环境的协调发展"7个分项目。当时的教育科学学院承担了"面向当代教师教育的教育科学与认知科学研究"项目。2009年5月，陕西师范大学开始启动实施的"教师教育优势学科创新平台建设项目"，包括"教师教育学科专业建设""教师教育理论创新与研究中心建设""免费师范生学科专业能力拓展与创新实验中心建设""教师专业能力发展中心建设""教师教育资源中心建设""教师教育创新实验区建设""教师教育师资队伍建设"和"中小学教师专业能力训练和教学技能大赛平台建设"8个子项目。以教育学院教师为主的教学科研团队承担了"教师教育理论创新与研究中心建设"子项目。

"教师教育理论创新与研究中心建设"项目包括"教师教育制度创新与政策研究""教师教育基本理论创新研究""基础教育教师专业发展实验研究"、《西部教育报告》名刊工程四个分项目。本项目的目标就包含在它的题目中。具体讲，教师教育理论创新的目标是通过长期深入研究，承担重大教学科研项目，产出重大教学科研成果，形成以西部教师教育改革和发展为主要内容和特色的教育制度创新理论、课程教学创新理论、学校管理创新理论；通过教学科研平台建设，凝聚西部各方教育研究力量，形成管理运作机制和方式有效、知识和年龄等结构合理的学术团队，建设国内领先、具有一定国际影响力的教师教育重点研究基地；通过形成反映和引领西部教育和课堂教学实践的研究成果，为国家和西部教育管理部门、学校师生提供咨询服务。

理论研究的目的是指导和引领实践，为此理论必须来源实践，反映实践的发展状态和趋势。经过长时间思考、讨论和策划，我们认为有必要组成由西部十二个省区教育学专家教授为主体力量的《西部教育报告》科研团队和编委会，以调查研究、叙事研究等实证研究和实验研究为主要方式，以教师教育与教师发展、教育教学改革实验、基础教育和民族教育、高等教育改革与发展为主要内容，形成《西部教育报告》来实现这个目标。我们的这个提议得到相关专家学者充分的肯定和积极的响应，因为这是大家多年来的愿望。

在《西部教育报告》出版之际，我们首先要感谢华东师范大学丁钢先生。

我们承担的"'211工程'重点学科建设项目"和"教师教育优势学科创新平台建设项目"两个子项目，既有特殊性，又有共同性。特殊性是"教师教育优势学科创新平台建设项目"子项目的对象和成果主要是与教师教育相关，而"'211工程'重点学科建设项目"分项目则既包括教师教育的内容，也涉及教育学科其他广泛的内容。共同性是它们都既要研究我国教育和教师教育改革和发展中的普遍问题，又要突出西部特点，形成西部特色。对于如何形成西部特色，从这两个项目启动开始，课题组一直在寻求其亮点和突破口，但很长时间始终没有得法，没有找到合适的命题和名称。

2009年，陕西师范大学教育学院盛情邀请华东师范大学终身教授丁钢先生和南京师范大学教授吴康宁先生主持教育学原理博士学位论文答辩，做客"教育书院教授讲会"作学术报告，并讨论交流了课题特色的凝练问题。对于凝练这两个课题的研究特点，丁钢先生认为，改革开放以来，我国的教育研究成果丰硕，出版了许多理论著作和论文，也有不少实证研究报告，比如：丁钢主编的《中国教育：研究与评论》、劳凯声主编的《中国教育法制评论》、袁振国主编的《中国教育政策评论》等，但对于西部教育的实证研究都是零星的、断续的，在教育学界没有冲击和影响力。西部的历史是辉煌的，西部的近代是贫瘠的，西部的现实充满矛盾而又蓬勃发展，西部的未来是大有希望的，西部不仅是全中国也是全世界关注的神奇的土地。如果能通过揭示西部教育的矛盾，发现不断涌动的活力和希望，形成对西部教育实践和现实全面深入、持续不断的实证研究报告，不仅在国内而且在国外也肯定是很有特色和冲击力的。大家对丁先生的分析十分敬佩。《西部教育报告》在高人指点和启发下由此而得名。

在《西部教育报告》出版之际，我们还要特别感谢中国教育学会副会长、华东师范大学叶澜先生，她的研究精神、研究方式为我们树立了榜样。叶先生把她长期研究形成的教育理论、理念与基础教育实践相结合，深入课堂教学第一线从事新基础教育的教育教学改革实验研究，指导基础教育的教育教学实践。创办《西部教育报告》的一个重要目的就是，通过发表西部教育教学改革实验报告，引导我们的学者以叶澜先生为榜样，向叶澜先生学习，鼓励和支持专家学者深入西部教育实践和课堂教学第一线，在对西部教育实践和课堂教学第一线的研究中创新教育教学理论，引领、指导和推动西部教育和教学改革。

2010年，叶先生出席了由陕西师范大学主办的全国教育博士专业学位教育工作扩大会议后，应邀做客陕西师范大学"教师教育论坛"和教育学院"教育书院教授讲会"，为千余名师生作了题为《"新基础教育"研究中的课堂教学改革》的精彩学术报告。叶先生在陕西期间，我向她介绍了《西部教育报告》策划缘由和进展情况后，她非常高兴，并很爽快地答应做本书的顾问。她不顾旅途劳顿，用了很多时间给我们提出许多中肯意见和建议。这成为《西部教育报告》得以形成的重要动力。叶先生指出，《西部教育报告》不仅这个名称很好，而且这个名称里面包含许多内容，有非常大的发展空间和可挖掘的东西，在这个名称下可以做许多事情。但她又说，要把《西部教育报告》做好也很难，要付出许多努力，我们不能为了占这个好名字而形成一堆文字垃圾，因此糟蹋这个名字。她认为，《西部教育报告》不仅应该是陕西人研究西部教育的报告，也应该成为西部人研究西部教育的《西部教育报告》，甚至应该成为全国甚至全世界人研究中国西部教育的研究报告。她建议，成立由西部十二个省区对西部教育有研究兴趣、有研究基础和潜力的专家学者组成《西部教育报告》学术团队和编委会，首先召开学术研讨会议，研究西部教育及其研究的历史、现状、问题和未来应该努力的方向，然后组织力量，根据西部各省区经济社会和教育发展实际进行深入研究，形成真正有特色的《西部教育报告》。她还答应出席《西部教育报告》研讨会。

为了凝聚西部教育学人的力量，办好《西部教育报告》，2010年6月，由陕西师范大学教育学院主办，在西安召开了《西部教育报告》研讨会。西部十二个省区师范大学和陕西师范院校的 80 多位专家学者认真研讨了西部教育及其研究的历史、现状、问题和未来应该努力的方向,并拟订了具体的研究、出版计划和《西部教育报告》第一卷、第二卷的稿件形成、审阅计划。叶先生虽然没能出席会议,但她的指导为《西部教育报告》指明了方向。这次会议的成功举行成为《西部教育报告》诞生的重要标志。为使《西部教育报告》的出版达到理想水平,我们从 2010 年 7 月就开始了稿件征集、初审和修改工作。2010 年 10 月,我们组织《西部教育报告》的顾问、主编、副主编、编委和为《西部教育报告》第一卷、第二卷提供稿件的作者,举行了《西部教育报告》审稿会议。对陕西师范大学、西南大学和西北师范大学教育学人提供的研究西部教育的近 10 篇实证研究报告和实验研究报告进行了认真审阅,并提出进一步的修改意见和建议。华东师范大学终身教授、《西部教育报告》顾问丁钢先生出席了审稿会议,对每篇稿件都进行了认真审阅,提出了肯定评价和修改的宝贵意见。本期《西部教育报告》采用的所有稿件都经过了专家个人审阅——作者修改——然后专家集体审阅——作者修改等程序。

为了实现《西部教育报告》的预设目标,"教师教育理论创新与研究中心建设"子项目教学科研团队,制订了明确目标,落实任务,整合机构,聚集力量,形成优化组织和高效运行的重点研究基地建设的长期和近期规划,制订了在西部地区师范院校和省地市级教育学院、教师进修学校建立 20—30 个研究实验基地和网点,在西部地区中小学、幼儿园建立 20—30 个县级研究实验基地和网点,进行周密调查研究、全面深入的实证研究和长期实验研究的计划。

2009 年 10 月至 2010 年 1 月,"教师教育理论创新与研究中心建设"项目:"基础教育教师专业发展实验研究"分项目课题组,组织教育学院和各学院学科教学论专家教授以及十几位博士、硕士研究生,克服气候不适、旅途劳顿等困难,在陕西进行三次为期一个多月的调查研究,分别对陕北的榆林市和延安市,关中的西安市、铜川市、渭南市,陕南的商洛市、安康市的几十所中小学和幼儿园以及陕西的师范院校、教师进修学校和特殊教育学校进行了深入、全面调研。调查方式采用观察了解、听取介绍、查阅文献资料、随机深入课堂听课、集体和个别访谈等。调查内容包括陕西各区县的经济社会和文化教育发展的总体情况及城乡学校和学生数量变化情况；陕西中小学和幼儿园教师的数量和质量变化的总体情况、素质教育和新课程改革情况、各学科课堂教学等情况；陕西各师范院校和省地市级教育学院、教师进修学校的发展目标定位、教学教育改革等情况；陕西教育学学科和专业建设的历程、教育学学科建设和专业设置的状况；陕西各层面教育学课程建设、教学内容和方式及其改革状况；陕西教育学专业学生的社会认可、教师素质状况、学生的专业选择和就业状况；陕西教育学学科和专业建设面临的挑战、改造教育学专业设置、加强教育学科和专业教师队伍建设的设想；陕西师范大学免费师范生的学习动机、教育教学和管理特点、就业意向等情况。这些调研为《西部教育报告》提供了大量第一手资料。从2010年3月开始，我们逐渐在陕西各市县中小学、幼儿园展开实验研究。

近年来，陕西师范大学教育学学科建设和教学科研都取得显著成绩。在原有教育学原理和课程与教学论两个博士点的基础上，今年获批教育学一级学科博士学位授权点。教育学专业是国家特色专业，学前教育本科专业为省级特色专业，教育学教学团队和课程与教学论系列课程教学团队是省级教学团队。形成外国教育史、公共教育学、学前教育学、课程与教学论、教育哲学等国家和省级精品课程，教育心理学、教学论为省级双语教学示范课程。近年来，承担国家和省部级教学科研项目数十项，在《教育研究》等刊物发表高质量学术论文百余篇。2009年，在中国社会科学出版社、教育科学出版社出版系列学术专著近20部。但我们的教育学的研究方法主要是传统的思辨研究方法，有效运用这种研究方法是必要的，而仅仅运用这种方法又明显是有缺陷的。

为了解决这个问题，我们把改变研究方式的问题放在非常突出的地位，先后盛情邀请北京师范大学教授顾明远、王英杰、劳凯声、张斌贤、石中英、王本陆，华东师范大学教授叶澜、陆有铨、丁钢，北京大学教授陈学飞，南京师范大学教授吴康宁、金生鈜，华中师范大学教授王坤庆、涂艳国，西南大学教授张诗亚、靳玉乐、李森、朱德全，华南师范大学教授扈中平、徐福荫，厦门大学教授潘懋元、刘海峰，西北师范大学教授刘旭东，山东师范大学教授徐继存，全国教育科学规划办副主任曾天山，《教育研究》主编高宝立等专家学者，主持我校教育学原理和课程与教学论博士学位论文答辩，做客教育书院教授讲会，开展教育研究方法的专题报告，同时为我校教育学教学和科研提出宝贵意见和建议，这为我们进行研究方法的转变发挥了非常重要的作用。

我们还先后邀请世界著名课程理论与批判理论专家、美国威斯康星大学终身教授迈克尔·阿普尔，美国威斯康星大学女性研究专家瑞玛·阿普尔教授，美国哥伦比亚大学教师教育学院珍妮特·罗格教授，美国威斯康星大学教育领导专业、资深小学校长桑迪·蒙德博士，英国莱斯特大学教育学院教育领导与管理专业教授伯纳德·巴克，英国格拉斯哥大学拉尔夫·圣克莱尔博士，英国伦敦大学国王学院菲利普·阿迪教授以及香港中文大学卢乃桂教授、李子建教授，香港教育学院菲利普·霍尔教授和斯特拉·贡教授，台湾中原大学黄金坤教授，台中教育大学洪荣照教授等专家学者做客教育书院教授讲会，他们的研究方法也使我们受益匪浅。在《西部教育报告》出版之际，我们要衷心感谢国内外各地区的专家教授对我们的支持和帮助！

创办《西部教育报告》的目的不仅是出版几部研究报告的事情，而且是要表明一种态度、引导一种方向、坚持一种精神、提倡一种方法。这种态度、方向、精神和方法就是深入教育教学实践，深入课堂教学第一线进行实证和实验研究。《西部教育报告》坚持突出西部特色、突出实证研究和实验研究特色、突出教师教育和基础教育特色的"三突出"，特别重视教育教学实验研究，优先选用教育教学实验研究报告。理论与实践有紧密关系，理论来源实践，指导实践，因此，绝对不能轻视教育理论的研究，但目前的教育教学实验研究太少。《西部教育报告》强调实践对理论形成的特殊性、根源性和重要性，强调理论形成的实践性、实证性和实验性，不发表纯理论的研究成果。《西部教育报告》设置《教师教育和教师发展》《教育教学改革实验》《基础教育和民族教育》《高等教育改革和发展》等栏目。如果经费和稿件支持顺利，计划每年出版一部。

希望教育界同行和社会各界关注和支持西部教育研究和《西部教育报告》，特别希望由西部十二个省区的教育学专家学者组成的《西部教育报告》学术团队精心策划、精诚合作，努力作好西部教育研究，尽力提供反映西部教育鲜活实践和现实的优质稿件，在重点反映西部学人实证和实验研究西部基础教育和教师教育成果的基础上，办成所有研究西部教育的专家学者和研究生对西部教育进行实证和实验研究的《西部教育报告》。

陕西师范大学"教师教育优势学科创新平台建设项目"和"'211工程'重点学科建设项目"子项目研究的总体内容主要有两个部分，一是实证和实验研究，二是理论研究。实证和实验研究成果主要通过《西部教育报告》反映，理论研究的成果主要通过系列专著反映。经过两年多的努力，《西部教育报告》2011年卷即将面世。得益于"211工程"重点学科建设项目支持，2009年由中国社会科学出版社和教育科学出版社出版"陕西师范大学'211工程'重点学科建设项目面向当代教师的教育科学研究"系列专著和"教育科学研究新视野"、"教育科学研究新进展"等系列专著17部，以后陕西师范大学教育学院专著出版，都将纳入这个计划。

在《西部教育报告》正式出版之际，我们编委会衷心感谢各省、区、地、县政府及教育局、统计局，各师范院校、进修学校，以及各中小学、幼儿园领导、教师对本研究工作的大力支持，衷心感谢西南大学和陕西师范大学、西北师范大学各位领导和各职能部门对教育学学科建设、教学科研和《西部教育报告》的大力支持，衷心感谢课题组各位专家教授、博士和硕士研究生为完成研究任务作出的贡献，衷心感谢全国著名学者担当《西部教育报告》的顾问，衷心感谢顾明远先生、叶澜先生为《西部教育报告》欣然题词，同样要感谢教育科学出版社各位同仁对《西部教育报告》出版付出的辛劳。

初生之物其丑必多，希望广大读者关心、爱护《西部教育报告》，并提出宝贵意见和建议。希望在我们的共同努力下，经过几年的努力奋斗，使《西部教育报告》成为以实证和实验研究为主要方法、以西部教师教育和基础教育为主要特色、在国内外具有较大影响力的名牌连续出版物，成为"教师教育优势学科创新平台建设项目"和"'211工程'重点学科建设项目"的标志性成果。

郝文武

2011年3月于西安

目 录

教师教育与教师发展

陕西师范大学免费师范生职业选择与发展意愿调查报告//1

李录志　王庭照　王丽　石云

当前师范院校教育学课程群建设//45
　　——从全国性变革走向探求西北地区的对策

栗洪武　龙宝新　朱智斌

教育教学改革实验

西部农村中学"双证六连结构"教育扶贫模式实验报告//103

朱德全　袁顶国　宋乃庆

基础教育和民族教育

洒下甘露，让孩子体味别样滋润//167
　　——陕西省石泉县留守儿童教育管护调查研究

赵微　杨建华　张立昌　陈青萍

成绩与问题并存，实现目标任重道远//211
　　——西北地区高中新课程实施现状调查报告

胡卫平 等

高等教育改革和发展

西北山区乡村人的大学梦//251
　　——以陇中二百户村为个案的大学信任基础研究

张清

Contents

Teacher Education and Development

Investigation on the Occupation Choice and Development Interests of Tuition-free Students of Shaanxi Normal University//1

           Li Luzhi, Wang Tingzhao, Wang Li, Shi Yun

The Construction of Pedagogy Course Group in Normal Universities and Colleges//45
—Exploring Countermeasures for North-west Region Based on Nation-wide Reform

              Li Hongwu, Long Baoxin, Zhu Zhibin

Educational and Instructional Reforms

The Experiment Report of "Double certificates six links" structural Education model for poverty alleviation in Western rural school//103

              Zhu Dequan, Yuan Dingguo, Song Naiqing

Primary Education and Education for Ethnical Minorities

Investigation on Child Supervision and Education for Children Who are Left Behind by Parents in Shiquan Country, Shaanxi Province//167

          Zhao Wei, Yang Jianhua, Zhang Lichang, Chen Qingping

Investigation of the Current Situation of New Curriculum Implementation in the Senior High Schools in Northwestern Region//211

                     Hu Weiping etc.

Higher Education Reform and Development

The University Dream of Rural People in Northwest Areas of China
—the Study on Foundation of Trusting in Universities Based on ErBaiHu Village in Center Areas of GanSu Province//251

                     Zhang Qing

陕西师范大学免费师范生职业选择与发展意愿调查报告

● 李录志　王庭照　王　丽　石　云

摘要： 师范生免费教育政策实施以来，六所部属师范大学按照国务院、教育部的部署，依托国家"教师教育优势学科创新平台建设"项目，积极组织人力、物力进行相关课程的开发和实施，致力于提高师范生的教育教学能力，为未来培养大批优秀中小学教师做好基础性工作。本研究关注的问题是，免费师范生的职业选择是基于一种对中小学教育事业的热爱，还是为了规避就业压力的一种权宜之计；免费师范生是否已经作好"长期从教、终身从教"的准备；是否愿意按照相关协议从事中小学教育，是否已经作好成为"优秀中小学教师"的从教生涯规划；国家关于免费师范生的政策规定对"吸引优秀青年终身从教"有何实际效果；在新一轮教育改革即将启动的历史背景下，免费师范生能否作出自己应有的贡献。本研究以陕西师范大学在读免费师范生为对象，采用访谈和问卷调查的实证研究手段，基于调查数据的分析结果，提出针对性的意见和建议，以进一步完善师范生免费教育培养方案。

关键词： 免费师范生，职业选择，发展意愿，从教信念

基金项目： 陕西普通本科高等学校教学改革研究项目：免费师范生教师角色塑造及生涯发展的心理机制研究（09BY17），主持人：王庭照。

陕西省教育科学"十一五"规划课题：职业倾向、职业认同对免费师范生心理健康影响的结构模型研究（SGH0902186），主持人：李录志。

● 作者简介

李录志，陕西师范大学心理学院副教授、硕士生导师，主要研究领域为师范生职业发展，电子邮箱：liluzhi@snnu.edu.cn；

王庭照，陕西师范大学教育学院副教授、硕士生导师，主要研究领域为教育与心理评估，电子邮箱：wangtingzhao@snnu.edu.cn；

王丽，陕西师范大学心理学院讲师，主要研究领域为青少年心理发展，电子邮箱：wangliw459@sohu.com；

石云，陕西师范大学教师教育办公室主任、副研究员，主要研究领域为免费师范生课程设置与评估，电子邮箱：shiyun@snnu.edu.cn。

Investigation on the Occupation Choice and Development Interests of Tuition-free Students of Shaanxi Normal University

Li Luzhi Wang Tingzhao Wang Li Shi Yun

Abstract: Since the implementation of the policy of tuition-free normal students, the six normal universities directly under the management of the Ministry of Education, in accordance with the deployment of the State Council and the Ministry of Education and relying on the national project — "the Innovation Platform for advanced subjects of Teacher Education", have been actively organizing the manpower and material resources to develop and implement relating courses, and to improve the teaching ability of normal students aiming at the basic work for future outstanding elementary and secondary school teachers. What this research concerned is whether the occupation choice of tuition-free normal students is based on the passion for primary and secondary education or just a temporary expedient for avoiding employment pressure, whether or not the tuition-free normal students are ready to be educational workers all their lives and willing to dedicate their whole lives to education, whether or not they have drawn up career planning for being an excellent teacher. At the same time, the research also concerns the actual results of the free education policy's attraction for outstanding youth to dedicate themselves to education, whether or not the tuition-free normal students could make their due contribution in the historical background of the eve of a new round of educational reform. Taking tuition-free students of Shaanxi normal university as the case and through the method of questionnaire and interview survey, this research gives pointedly advice and suggestions to further improve the education and training programs of free normal education based on the analysis of survey data.

Key Words: tuition-free normal students, occupation choice, development interests, belief of being a teacher

Author:

Li Luzhi, School of Psychology of Shaanxi Normal University, Associate Professor, Master Instructor, the main research area is the normal students career development, e-mail: liluzhi@snnu.edu.cn;

Wang Tingzhao, Associate Professor, Master Instructor of School of Education of Shaanxi Normal University, the main research areas are education and psychological assessment, e-mail: wangtingzhao@snnu.edu.cn;

Wang Li, Lecturer of School of Psychology of Shaanxi Normal University, the main research area is the psychological development of young people, e-mail: wangliw459@sohu.com;

Shi Yun, Director of the Office of Teacher Education of Shaanxi Normal University, Associate Research Fellow, the main research areas are curriculum and assessment of tuition-free normal students, e-mail: shiyun@snnu.edu.cn.

一、问题提出

2007年3月5日，温家宝总理在第十届全国人民代表大会第五次会议上的政府工作报告中指出，为了促进教育发展和教育公平，将在教育部直属师范大学实行师范生免费教育，建立相应的制度。2007年5月9日，《国务院办公厅转发教育部等部门关于教育部直属师范大学师范生免费教育实施办法（试行）的通知》（国办发［2007］34号）（以下简称《教育实施办法》）。《教育实施办法》指出，国务院决定在教育部直属师范大学实行师范生免费教育。采取这一重大举措，就是要进一步形成尊师重教的浓厚氛围，让教育成为全社会最受尊重的事业；就是要培养大批优秀的教师；就是要提倡教育家办学，鼓励更多的优秀青年终身做教育工作者。《教育实施办法》规定，从2007年秋季入学的新生起，在北京师范大学、华东师范大学、东北师范大学、华中师范大学、陕西师范大学和西南大学六所部属师范大学实行师范生免费教育。免费教育师范生在校学习期间免除学费，免缴住宿费，并补助生活费。部属师范大学师范专业实行提前批次录取，择优选拔热爱教育事业，有志于长期从教、终身从教的优秀高中毕业生。《教育实施办法》还规定，免费师范生入学前与学校和生源所在地省级教育行政部门签订协议，承诺毕业后从事中小学教育十年以上。到城镇学校工作的免费师范毕业生，应先到农村义务教育学校任教服务两年。免费师范毕业生未按协议从事中小学教育工作的，要按规定退还已享受的免费教育费用并缴纳违约金。免费师范毕业生一般回生源所在省份中小学任教。免费师范生毕业前及在协议规定服务期内，一般不得报考脱产研究生。

2010年5月18日，教育部、人力资源和社会保障部、中央编办、财政部联合下发《关于印发〈教育部直属师范大学免费师范毕业生就业实施办法〉的通知》（教师［2010］2号）（以下简称《就业实施办法》）。《就业实施办法》规定，免费师范毕业生就业工作由有关省级政府统筹，教育、人力资源和社会保障、机构编制、财政等部门组成工作小组，负责制订并实施就业方案，落实保障措施，确保免费师范毕业生到中小学任教。《就业实施办法》还规定，免费师范毕业生一般回生源所在省份中小学校任教，履行国家义务。免费师范毕业生依法取得教师资格后，按照国办发［2007］34号文件和《师范生免费教育协议书》规定就业。到城镇学校工作的免费师范毕业生，由当地政府教育行政部门结合城镇教师支援农村教育工作，安排到农村学校任教服务两年。免费师范毕业生经考核符合要求的，可录取为教育硕士研究生，在职学习，任教考核合格并通过论文答辩的，颁发硕士研究生毕业证书和教育硕士专业学位证书。免费师范生毕业前及在协议规定服务期内，一般不得报考脱产研究生。截至2010年年底，已有半数以上的省、市、自治区根据《就业实施办法》制定了具体实施意见。以陕西省为例，2010年11月23日，陕西省教育厅、陕西省人力资源和社会保障厅、陕西省机构编制委员会办公室、陕西省财政厅联合下发《关于印发〈陕西省关于师范大学免费师范毕业生就业实施办法〉的通知》，结合陕西省的实际情况，对免费师范毕业生就业工作的组织机构、免费师范毕业生的工作编制落实，及就业的原则与途径、就业信息的发布、跨省就业、到县级以上中小学就业、合理流动、违约、休学与协议终止、协议解除、关系迁转与改派等方面均进行了详细规定。

2010年5月21日，教育部下发《关于印发〈教育部直属师范大学免费师范毕业生在职攻读教育硕士专业学位实施办法（暂行）〉的通知》（教师［2010］3号）（以下简称《专业学位实施办法》）。《专业学位实施办法》规定，自2012年起，北京师范大学、华东师范大学、东北师范大学、华中师范大学、陕西师范大学和西南大学从到中小学任教的免费师范毕业生中招收教育硕士专业学位研究生，支持师范毕业生结合中小学教育教学工作实际继续深造和专业发展。免费师范毕业生到中小学任教满一学期后，均可申请免试在职攻读教育硕士专业学位，经任教学校考核合格，部属师范大学根据工作考核结果、本科学习成绩和综合表现考核录取。《专业学位实施办法》还规定，免费师范毕业生攻读教育硕士专业学位采取在职学习方式，学习年限一般为2—3年，实行学分制。课程学习主要通过远程教育和寒暑假集中面授方式进行。创新教育硕士研究生培养模式，采取部属师范大学与地方政府、中小学校合作培养教育硕士研究生的新机制。选择具备条件的免费师范毕业生任教学校建立教育硕士研究生培养基地，实行部属师范大学和中小学的双导师制，共同研究和实施教育硕士研究生培养方案。教育硕士研究生课程设置要突出实践性，密切结合中小学教育教学实践，并与本科阶段所学课程相衔接，整体设计。教育硕士研究生课程考查与考试可通过调查报告、课程论文、教学设计、教学视频和笔试、口试等多种方式进行。将免费师范毕业生在中小学教育教学工作岗位的实际表现作为教育硕士研究生成绩考查的重要内容。教育硕士专业学位论文撰写要立足教育实践，突出学以致用，要运用教育理论、知识、方法分析和解决中小学教育教学工作中迫切需要解决的实际问题，具有创新性和实用价值。

师范生免费教育政策实施以来，六所部属师范大学按照国务院、教育部的部署，依托国家"教师教育优势学科创新平台建设"项目，积极组织人力、物力进行相关课程的开发和实施，致力于提高免费师范生的教育教学能力，为未来培养大批优秀中小学教师做好基础性工作。但不可回避的一个事实是，一方面，中小学教育，尤其是西部农村中小学教育存在着很多现实困难，教育经费的落实和从业人员的工作收入尚不理想；另一方面，随着近年来高校扩招政策的推进，大学毕业生就业问题愈发突出，很多大学生毕业后难以找到自己理想的工作。我们想知道的是，面对中小学教育、大学生就业的基本现状及师范生免费教育的政策规定，免费师范生的职业选择是基于一种对中小学教育事业的热爱，还是为了规避就业压力的一种权宜之计；经过一段时间的专业学习或面临毕业就业，免费师范生是否已经作好"长期从教、终身从教"的心理准备，是否愿意按照相关协议从事中小学教育，是否已经作好成为"优秀中小学教师"的职业生涯规划；国家关于师范生免费教育的政策规定对"吸引优秀青年终身从教"有何实际效果；新一轮教育改革即将启动，免费师范生能否作出自己应有贡献。以陕西师范大学在读免费师范生为对象，调研其职业选择与发展意愿的基本状况，对制定有效吸引免费师范生到农村和西部边远地区任教的政策规定，对做好免费师范生教育、培养未来优秀中小学教师的教学工作，对免费师范生毕业后的专业发展，在基础教育领域做好本职工作，成长为新时代的教育家有着重要意义。

二、研究对象、内容和方法

陕西师范大学是"211工程"重点建设大学，专业门类齐全，学科建设水平不断提升，为我国基础教育培养了大批优秀教师。从2007年秋季第一届免费师范生入学开始，陕西师范大学每年招收免费师范生的人数稳步上升，是六所部属师范大学招收免费师范生比例最多的学校，学生来自全国31个省、市、自治区，涵盖中文、数学、外语、物理、化学、历史、地理、教育管理、学前教育等各个专业。本研究虽然是针对陕西师范大学一所学校免费师范生的研究，但由于陕西师范大学每年招收免费师范生人数在部属师范大学居于前列，且招生的学科专业覆盖面广，所以通过对陕西师范大学免费师范生的调查研究，能够比较全面了解免费师范生职业选择与发展意愿及其相关问题。

通过对相关文献和政策规定的查阅，本研究把免费师范生职业选择与发展意愿具体化为三个方面：①中小学教师身份认同与发展意愿，如，对中小学教师社会贡献、社会地位、经济待遇的认识，从事中小学教师工作的情感倾向（是否愿意成为中小学教师，是否喜欢和中小学生交往，是否认为"教书育人"有成就感等），成为优秀中小学教师的发展意愿等。②师范生免费教育选择动因与政策态度，如，选择就读免费师范生的原因，是否赞同师范生免费教育的相关政策规定，如何看待攻读教育硕士的相关规定等。③农村任教与从教信念，如，对农村教育现状的了解情况，是否乐意去农村任教，如何看待农村任教对自己的影响，是否会违约及担心的问题，能否坚持"长期从教、终身从教"等。

本研究采用实证研究手段，主要以问卷调查和访谈的形式进行。

经过研究人员与相关专家的认真、充分讨论，本研究制定了详尽的访谈提纲。访谈之前，聘请陕西师范大学教育学院、心理学院的专家对

10名访谈人员进行了培训,并制定了严格的访谈程序。访谈中,要求访谈人员与访谈对象签订访谈协议,对访谈进行录音,并详细记录访谈内容。访谈结束后,访谈人员需对每个访谈对象的记录情况进行整理和总结。

为了保证第一手研究资料获取的有效性,本研究在陕西师范大学教师教育办公室、就业指导中心、文科基础部、理科基础部、教育学院、心理学院及相关院系的支持下,选择120名在读免费师范生于2010年5月下旬进行了访谈。其中,三年级(2007级)学生45名,二年级(2008级)学生40名,一年级(2009级)学生35名。此时,所有访谈对象至少已经入校近一年时间。问卷调查结束后,本研究又对其中的28名学生进行了回访。

在对访谈结果进行整理的基础上,经过研究人员与相关专家的认真、充分讨论,本研究编制了"陕西师范大学免费师范生职业选择与发展意愿调查问卷",并抽取2400名一、二、三年级免费师范生于2010年6月上旬实施问卷调查,并回收2078份调查问卷。数据录入与整理后,筛选出有效调查问卷1879份。其中,男生637名,女生1242名;一年级学生737名,二年级学生602名,三年级学生540名。

获得有效问卷调查数据后,本研究使用SPSS17.0统计分析软件对相关数据进行了统计处理。基于问卷调查数据的统计处理,结合访谈结果的整理,本研究对完善免费师范生教育培养方案提出若干意见和建议。

三、调查结果和分析

本研究从四个方面进行了相关问卷调查数据的分析,即中小学教师身份认同与发展意愿的调查和分析、师范生免费教育选择动因与政策态度的调查和分析、农村任教与从教信念的调查和分析、从教信念影响因素的调查和分析。数据分析时,前三部分主要进行描述统计和群体差异分析,群体差异分析包括性别差异、年级差异、家庭所在地差异、家庭收入差异四个方面;第四部分主要进行回归分析,以探测和描述从教信念的有效影响因素。

(一) 中小学教师身份认同与发展意愿的调查和分析

1. 社会地位：中小学教师社会贡献大，但社会地位、经济待遇低

中小学教师的社会贡献、社会地位和经济待遇问题一直是教育领域及社会各界关心的重要问题。免费师范生对这些问题的看法和感受也直接影响着他们在校期间的学习积极性，并可能进一步影响他们将来从事中小学教师工作的热情和投入度。本研究设计了三个问卷调查项目，以探测免费师范生对此类问题的看法和认识。这三个项目是：①你认为中小学教师对社会的贡献如何？②你认为当前中小学教师的社会地位如何？③你认为当前中小学教师的经济待遇如何？问卷调查中，以上三个项目均采用五级评分制。

数据分析显示，86.9%的人认为"中小学教师对社会的贡献"非常（或比较）大，而仅有20.0%的人认为"中小学教师的社会地位"非常（或比较）高，17.2%的人认为"中小学教师的经济待遇"非常（或比较）高。这说明，大多数免费师范生虽然认可中小学教师的社会贡献，但认为其社会地位、经济待遇较低。

"社会地位"的单因素方差分析显示，性别、年级、家庭所在地、家庭月收入均存在显著差异（见表1）。"经济待遇"的群体差异分析也显示出类似结果。这表明，不同群体的免费师范生对中小学教师的社会地位、经济待遇有认识和感受上的差异，其中，男生、高年级学生、农村学生、家庭低收入学生更倾向于认为中小学教师的"社会地位""经济待遇"低。

表1 中小学教师"社会地位"的差异比较（%）

		非常高	比较高	一般	非常低	比较低	平均值	标准差	F值
性别	男	6.6	12.7	47.4	24.9	8.5	3.32	1.01	10.71***
	女	2.9	17.6	54.8	21.7	2.9	3.18	0.81	

续表

		非常高	比较高	一般	非常低	比较低	平均值	标准差	F 值
年级	一年级	5.8	17.1	52.0	21.0	4.1	3.16	0.90	4.06*
	二年级	3.2	16.9	53.9	22.0	3.9	3.25	0.87	
	三年级	2.9	13.3	51.0	26.0	6.8	3.30	0.89	
家庭所在地	农村	3.0	10.8	53.1	26.7	6.4	3.38	0.86	43.30***
	城镇	4.3	22.4	52.0	18.4	2.9	3.05	0.86	
	大中城市	8.8	24.5	49.3	15.0	2.4	2.94	0.90	
家庭月收入	1000 元以下	2.3	10.9	51.8	26.5	8.4	3.44	0.89	24.40***
	1000—3000 元	4.0	16.5	53.7	22.5	3.2	3.20	0.83	
	3000—5000 元	5.6	19.3	53.5	18.6	3.0	3.03	0.93	
	5000 元以上	15.7	28.4	37.3	12.7	5.9	2.80	0.97	

注:* $p<.05$,** $p<.01$,*** $p<.001$

2. 情感倾向：喜欢和中小学生交往，认为"教书育人"有成就感，但部分人从事中小学教师工作的积极性不够

从情感取向上，是否愿意从事教师工作，是否喜欢和中小学生交往反映了中小学教师的一种基本从业素质和职业情感，而免费师范生的职业准备应该包含这种基本情感取向。本研究设计了三个问卷调查项目，以探测免费师范生的此种职业准备。这三个项目是：①你喜欢和中小学生交往吗？②你认为"教书育人"有成就感吗？③你愿意做中小学教师吗？问卷调查中，以上三个项目均采用五级评分制。

数据分析显示，73.0%的人非常（或比较）喜欢"和中小学生交往"，并有76.3%的人倾向于认为"教书育人"有成就感。在"你愿意做中小学教师吗"的项目上，58.9%的人选择"非常愿意"或"比较愿意"，也有9.8%的人选择"不太愿意"或"很不愿意"，并有31.0%的人选择"一般"。这说明，大多数免费师范生从情感取向上喜欢和中小学生交往，并认为"教书育人"有成就感，但部分人从事中小学教师工作的积极性不够。

"教书育人"有成就感的单因素方差分析显示，性别、年级、家庭所在地、家庭月收入均存在显著差异（见表2）。这表明，不同群体的免费师范生对中小学教师的情感取向有所不同，其中，女生、低年级学生、农村学生、家庭低收入学生更倾向于认为"教书育人"有成就感。

表2 "教书育人"有成就感的差异比较（%）

		完全符合	比较符合	一般	有些不符合	完全不符合	平均值	标准差	F值
性别	男	28.0	41.6	21.6	7.4	1.3	2.12	0.95	18.60***
	女	32.1	47.6	15.5	4.3	0.5	1.94	0.83	
年级	一年级	35.4	45.8	13.7	4.4	0.7	1.89	0.85	10.56***
	二年级	27.6	46.2	21.3	4.7	0.2	2.04	0.83	
	三年级	26.8	45.8	18.5	7.2	1.7	2.11	0.94	
家庭所在地	农村	33.1	47.8	14.0	4.5	0.6	1.91	0.83	11.56***
	城镇	28.5	41.9	21.5	6.9	1.2	2.10	0.94	
	大中城市	24.8	44.9	24.5	4.8	1.0	2.12	0.87	
家庭月收入	1000元以下	35.7	44.3	14.6	4.2	1.2	1.91	0.88	4.73**
	1000—3000元	29.4	46.4	18.6	5.1	0.5	2.01	0.85	
	3000—5000元	25.9	46.3	20.7	6.3	0.7	2.10	0.88	
	5000元以上	24.5	46.1	17.6	9.8	2.0	2.19	0.98	

注：* $p<.05$，** $p<.01$，*** $p<.001$

3. 发展意愿：希望成为优秀中小学教师，但信心程度尚需提升

《教育实施办法》把培养大批优秀中小学教师作为师范生免费教育的基本价值导向，而免费师范生是否在专业学习过程中把成为中小学优秀教师内化为自己的发展意愿是这种价值导向能否落实的关键。本研究设计了三个问卷调查项目，以探测免费师范生对这种价值导向的认同。这三个项目是：①你是否希望自己成为优秀中小学教师？②在未来的工作中，你认为自己成为优秀中小学教师的可能性有多大？③你认为成为一名优秀中小学教师的重要素质是什么？（"对教育事业的热爱""高超的教学技能""先进的教育思想""较强的科研能力""独特的人格魅力"）问卷调查中，以上三个项目均采用五级评分制。

数据分析显示，80.1%的人倾向于"希望自己成为优秀中小学教师"，并有68.3%的人认为自己"成为优秀中小学教师的可能性"非常（或比较）大；而在对"优秀中小学教师素质"的看法上，超过90.0%的人均认可"对教育事业的热爱""高超的教学技能""先进的教育思想""独特的人格魅力"四个方面，也有69.0%的人认可"较强的科研能力"。这说明，大多数免费师范生有着成为优秀中小学教师的发展意愿，并对优秀中小学教师的素质要求有较高的赞同，但信心程度尚需提升。

"希望自己成为优秀中小学教师"的单因素方差分析显示，除年级外，性别、家庭所在地、家庭月收入均存在显著差异（见表3）。这表明，不同群体的免费师范生在发展意愿上存在一定程度的差异，女生、农村学生、家庭低收入学生更倾向于"希望自己成为优秀中小学教师"，而不同年级之间表现一致。

表3 "希望自己成为优秀中小学教师"的差异比较（%）

		完全符合	比较符合	一般	有些不符合	完全不符合	平均值	标准差	F 值
性别	男	30.9	40.6	20.4	5.7	2.4	2.08	0.97	65.09***
	女	48.7	35.1	12.1	3.7	0.4	1.72	0.85	
年级	一年级	43.8	36.3	14.5	4.4	1.0	1.82	0.90	1.49
	二年级	43.7	36.5	15.6	3.6	0.7	1.81	0.87	
	三年级	39.8	38.7	15.0	4.7	1.7	1.90	0.94	
家庭所在地	农村	47.4	36.4	12.3	3.1	0.8	1.74	0.85	18.41***
	城镇	39.9	37.2	15.4	5.9	1.6	1.92	0.96	
	大中城市	32.1	37.5	23.2	5.8	1.4	2.07	0.95	
家庭月收入	1000元以下	48.3	35.2	12.2	3.7	0.7	1.73	0.86	10.90***
	1000—3000元	44.6	36.1	14.3	3.9	1.0	1.81	0.90	
	3000—5000元	32.6	43.4	17.6	5.2	1.1	1.99	0.90	
	5000元以上	28.4	37.3	25.5	3.9	4.9	2.20	1.05	

注：* $p<.05$，** $p<.01$，*** $p<.001$

(二) 师范生免费教育选择动因与政策态度的调查和分析

1. 选择动因：就业保障与家长意愿是主要选择原因，再次选择成为免费师范生的可能性较低

师范生免费教育有着较为强烈的政策导向，并带有一定程度的试点性质，再加上近年来大学毕业生就业问题的凸显，使得师范生免费教育的选择和就读动机变得较为复杂。本研究设计了两个问卷调查项目，以探测免费师范生的报考动机。这两个项目是：①你选择就读免费师范生的原因是什么？（热爱教师职业、就业有保障、家长意愿、经济原因、老师或他人的影响）②如果再给你一次机会，你选择成为免费师范生的可能性有多大？问卷调查中，第一个项目为多项选择，并设计了"其他"选项；第二个项目采用五级评分制。

数据分析显示，从"选择就读免费师范生的原因"上，选择比例最高的选项为"就业有保障"，其次为"家长意愿"，分别为48.0%、42.2%；而"老师或他人的影响""经济原因""热爱教师职业"等选项选择率基本一致，分别为30.3%、30.1%、28.9%。"再次选择成为免费师范生的可能性"的项目中，非常（或比较）大的选择率仅为44.2%。这说明，较多的免费师范生主要由于就业有保障，并听从了家长的意见，而选择师范生免费教育，但如有可能，再次选择成为免费师范生的可能性较低。

"就读免费师范生原因"各选项的卡方分析显示，和男生相比，女生更多选择"热爱教师职业""家长意愿"；和二年级学生相比，一、三年级学生更多选择"老师或他人影响"；和城市学生相比，农村学生更多选择"经济原因""老师或他人影响"，而更少选择"家长意愿"；和家庭高收入学生相比，家庭低收入学生更多选择"经济原因""老师或他人影响"，而更少选择"就业有保障"（见表4）。这说明，不同群体的免费师范生在选择动因上存在一定程度的差异。

表4 就读免费师范生原因的差异比较（%）

		热爱教师职业	就业有保障	家长意愿	经济原因	老师或他人影响
性别	男	22.6	48.1	35.1	28.4	32.3
	女	32.4	48.2	46.2	31.7	29.5
	卡方值	18.40***	0.00	19.77***	2.04	1.42
年级	一年级	30.4	49.4	40.0	30.4	34.2
	二年级	28.2	48.0	45.8	31.9	24.8
	三年级	27.5	46.2	42.4	28.1	31.5
	卡方值	1.48	1.24	4.58	1.99	13.90***
家庭所在地	农村	30.0	46.8	39.1	40.8	35.6
	城镇	28.3	52.1	49.1	18.7	24.8
	大中城市	25.7	44.9	43.5	10.3	21.6
	卡方值	2.19	5.08	13.76***	142.77***	31.21***
家庭月收入	1000元以下	28.9	41.7	38.9	48.3	37.5
	1000—3000元	30.6	50.7	43.4	28.5	30.1
	3000—5000元	25.0	51.1	46.6	9.3	21.3
	5000元以上	27.5	52.0	43.1	5.9	20.6
	卡方值	3.25	13.34**	5.28	172.68***	28.62***

注：* $p<.05$，** $p<.01$，*** $p<.001$

2. 政策态度：对政策规定的态度表现出两个极端，尤其反对"不得报考脱产研究生"

《教育实施办法》对免费师范生提供"两免一补"的同时，为了保证教师队伍的稳定，也对其接受师范生免费教育进行了一些政策性规定，如"二年农村支教""不得报考脱产研究生"等，并与免费师范生在入学前签订了三方协议。本研究在前期访谈中发现，在读免费师范生对这些政策性规定有一些保留意见。本研究设计了两个相关问卷调查项目：①签署协议时，你了解师范生免费教育的相关政策吗？②你对师范生免费教育相关政策的看法是什么？（"一般回生源所在省份中小学任教""到城镇学校工作的,应根据教育行政部门的相关安排,到农村学校支教服务两年""毕业前及在协议规定服务期内,一般不得报考脱产研究生""双向选择未就业者,安排到师资紧缺的中小学任教""省级教育行政部门建立诚信档案,公布违约记录,并记入人事档案")问卷调查中,以上两个项目均采用五级评分制。

数据分析显示,对于"师范生免费教育的相关政策",仅有34.8%的人签署协议时完全(或比较)了解,36.8%的人了解"一般",而有28.4%的人不太(或很不)了解。在对一些"师范生免费教育的相关政策"看法中,"到城镇学校工作的,应根据教育行政部门的相关安排,到农村学校支教服务两年""一般回生源所在省份中小学任教"两项政策获得较高的认同,完全(或比较)赞同的选择率分别为59.1%、57.5%,比较(或完全)反对的选择率均为20.0%左右;"省级教育行政部门建立诚信档案,公布违约记录,并记入人事档案""双向选择未就业者,安排到师资紧缺的中小学任教"两项政策的认同率次之,完全(或比较)赞同的选择率分别为51.4%、48.6%,比较(或完全)反对的选择率均为25.0%左右;"毕业前及在协议规定服务期内,一般不得报考脱产研究生"政策的认同率最低,完全(或比较)赞同的选择率仅为29.1%,而比较(或完全)反对的选择率则为48.3%。这说明,较多的免费师范生是在对相关政策缺乏了解的情况下报考,而对这些政策的态度表现出两个极端,尤其反对"毕业前及在协议规定服务期内,一般不得报考脱产研究生"的规定。

"农村学校支教服务两年"政策态度的单因素方差分析显示,年级、家庭所在地存在显著差异,表现为低年级学生、农村学生更倾向于支持该项政策,而性别、不同家庭月收入学生之间不存在显著差异(见表5)。

"不得报考脱产研究生"政策态度的单因素方差分析显示,性别存在显著差异,表现为女生更倾向于反对该项政策,而不同年级学生、不同家庭所在地学生、不同家庭月收入学生之间不存在显著差异(见表6)。

表5 "农村学校支教服务两年"政策态度差异比较（%）

		完全赞同	比较赞同	一般	比较反对	完全反对	平均值	标准差	F值
性别	男	10.4	47.2	24.8	12.9	4.7	2.54	1.00	0.43
	女	10.3	48.4	23.9	14.6	2.7	2.51	0.96	
年级	一年级	11.1	48.0	23.1	14.0	3.7	2.51	0.99	3.98*
	二年级	11.5	48.6	24.5	14.3	1.2	2.45	0.91	
	三年级	7.4	47.9	25.8	13.8	5.1	2.61	0.98	
家庭所在地	农村	11.8	50.1	23.0	12.7	2.3	2.44	0.94	7.99***
	城镇	8.3	47.4	24.3	16.6	3.4	2.60	0.97	
	大中城市	9.2	42.9	27.6	15.3	5.1	2.64	1.01	
家庭月收入	1000元以下	11.1	50.0	21.5	13.7	3.6	2.49	0.98	0.54
	1000—3000元	10.8	47.7	24.0	15.2	2.3	2.50	0.95	
	3000—5000元	8.9	46.7	27.4	12.6	4.4	2.57	0.97	
	5000元以上	9.8	48.0	24.5	11.8	5.9	2.56	1.02	

注：* $p<.05$，** $p<.01$，*** $p<.001$

表6 "不得报考脱产研究生"政策态度差异比较（%）

		完全赞同	比较赞同	一般	比较反对	完全反对	平均值	标准差	F值
性别	男	6.2	28.3	26.5	25.3	13.7	3.12	1.15	28.54***
	女	3.4	19.1	25.6	36.4	15.4	3.41	1.07	
年级	一年级	4.8	21.2	24.6	34.6	14.8	3.34	1.11	2.36
	二年级	4.1	19.8	26.4	35.2	14.6	3.36	1.08	
	三年级	4.2	26.5	26.9	27.3	15.2	3.23	1.12	
家庭所在地	农村	4.3	21.9	26.4	33.6	13.9	3.31	1.09	0.63
	城镇	4.1	26.0	24.5	31.0	14.4	3.26	1.16	
	大中城市	6.1	18.7	26.2	32.7	16.3	3.34	1.14	

续表

		完全赞同	比较赞同	一般	比较反对	完全反对	平均值	标准差	F值
家庭月收入	1000元以下	4.3	21.9	24.5	33.9	15.3	3.34	1.11	1.60
	1000—3000元	3.8	21.7	27.0	33.5	14.1	3.32	1.08	
	3000—5000元	7.1	24.2	23.8	28.3	16.7	3.23	1.19	
	5000元以上	5.9	28.4	26.5	26.5	12.7	3.12	1.14	

注：* $p<.05$，** $p<.01$，*** $p<.001$

3. 深造意愿：有较为强烈的教育硕士专业学位攻读意愿，攻读方式得到基本认同

《教育实施办法》指出，免费师范毕业生经考核符合要求的，可录取为教育硕士专业学位研究生。《专业学位实施办法》则对免费师范生攻读教育硕士专业学位进行了较为详细的规范。为了了解免费师范生对教育硕士专业学位攻读的认识，本研究设计了四个问卷调查项目：①你是否打算在职攻读教育硕士？（是、不确定、否）②你倾向于何时攻读教育硕士？（1年内、1—2年、3—4年、5—6年、6年以上）③如果可以选择攻读教育硕士的学校，你的首要考虑是什么？（"教学科研条件好""离工作地点近""自己的母校"）④你对相关教育硕士攻读方式的看法是什么？（"工作考核结果＋本科学习成绩＋综合表现考核的录取方式""远程教育＋寒暑假集中面授的培养方式""部属师范大学和中小学的教师双导师制""课程设置突出实践性""教学工作中的实际表现作为成绩考核的重要内容""学位论文撰写立足教育实践"）问卷调查中，第一、第二个项目为单项选择；第三个项目亦为单项选择，但设计了"其他"选项；第四个项目采用五级评分制。

数据分析显示，66.8%的人有在职攻读教育硕士的打算，86.9%的人倾向于在两年内攻读教育硕士，52.3%的人希望到"教学科研条件好"的学校攻读。而在对"攻读教育硕士相关方式"的看法中，"课程设置突出实践性""教学工作中的实际表现作为成绩考核的重要内容""学位论文撰写立足教育实践""工作考核结果＋本科学习成绩＋综合表现考核的录取方式"四项得到较多的支持，完全（或比较）赞同的选择率均为

70.0%左右（见表7）。这说明，较多的免费师范生有较为强烈的教育硕士攻读意愿，并希望到教学科研条件较好的学校早日攻读，而对教育硕士的攻读方式基本认同。

表7 "攻读教育硕士方式"总体分析表（%）

攻读方式	完全赞同	比较赞同	一般	比较反对	完全反对
①"工作考核结果＋本科学习成绩＋综合表现考核"的录取方式	11.3	56.6	19.3	10.3	2.5
②"远程教育＋寒暑假集中面授"的培养方式	8.7	51.8	26.2	11.3	2.0
③部属师范大学和中小学的教师双导师制	10.8	50.4	32.0	5.4	1.4
④课程设置突出实践性	20.6	57.8	18.0	2.9	0.8
⑤教学工作中的实际表现作为成绩考核的重要内容	20.4	55.0	18.4	5.1	1.1
⑥学位论文撰写立足教育实践	17.4	54.4	21.1	5.9	1.2

"是否打算攻读教育硕士"的卡方分析显示，性别、年级存在显著差异，表现为女生、高年级学生攻读教育硕士意愿更为强烈，不同家庭所在地、不同家庭月收入学生不存在显著差异；"攻读学校的首要考虑"的卡方分析亦显示，性别、年级存在显著差异，表现为女生、低年级学生更愿意选择"教学科研条件好"的学校攻读教育硕士，不同家庭所在地、不同家庭月收入学生不存在显著差异（见表8）。

表8 教育硕士攻读意愿的差异比较（%）

		是否打算攻读教育硕士			攻读学校的首要考虑		
		是	否	不确定	教学科研条件好	离工作地点近	自己的母校
性别	男	59.0	18.4	22.6	43.6	26.9	26.4
	女	70.1	9.2	20.7	57.2	22.0	18.1
	卡方值	35.43***			31.07***		

续表

		是否打算攻读教育硕士			攻读学校的首要考虑		
		是	否	不确定	教学科研条件好	离工作地点近	自己的母校
年级	一年级	63.2	12.0	24.8	55.3	20.8	20.7
	二年级	66.2	12.6	21.2	54.9	24.1	18.3
	三年级	72.3	12.7	15.0	46.1	26.5	25.0
	卡方值	18.26***			16.57*		
家庭所在地	农村	67.4	11.3	21.3	53.6	22.4	20.7
	城镇	65.2	13.3	21.5	52.6	25.5	20.3
	大中城市	66.0	14.4	19.6	45.9	26.7	24.3
	卡方值	3.05***			10.01*		
家庭月收入	1000 元以下	67.6	12.2	20.2	56.6	21.8	18.5
	1000—3000 元	66.5	11.5	21.9	52.6	24.3	20.8
	3000—5000 元	66.2	12.6	21.2	44.8	26.5	25.4
	5000 元以上	65.7	18.6	15.7	44.6	27.7	24.8
	卡方值	5.76			14.81		

注：* $p<.05$，** $p<.01$，*** $p<.001$

(三) 农村任教与从教信念的调查和分析

1. 农村任教：对农村教育现状缺乏了解，对农村任教存在顾虑，认可农村任教对自己"教学经验"积累、"教育思想"形成的积极作用

长期以来，农村尤其是西部地区的农村中小学教育面临着诸多困境，而其中师资力量的匮乏严重制约着农村中小学教育的发展和提高。《教育实施办法》和《就业实施办法》均指出，到城镇学校工作的免费师范毕业生，由当地政府教育行政部门结合城镇教师支援农村教育工作，安排到农村学校任教服务两年。这就意味着，不管工作是否落实到农村中小学，免费师范毕业生肯定会有农村任教经历。本研究设计了五个相关问卷调查项目：①你对当前农村教育现状了解程度如何？②你认为免费师范生将对改变农村教育现状的作用有多大？③你乐意去农村任教吗？④如果有人不愿意去农村任教，你认为可能的原因是什么？（"生活条件艰苦""回去脸上无光""工资待遇低""影响自己发展""工作环境差""难回城镇学校"）⑤你认为两年农村支教对自己今后发展的影响是什么？（"人际交往""教学经验""教学硬件设施的操作能力""知识结构""教育思想"）问卷调查中，第一、第二、第三个项目采用五级评分制；第四个项目为多项选择，并设计了"其他"选项；第五个项目所包含的各个方面均采用三级评分制，即"积极影响""无影响""消极影响"。

数据分析显示，31.4%的人表示对农村教育现状非常（或比较）了解，42.5%的人了解"一般"，而有26.1%的人不太（或很不）了解。而就"免费师范生将对改变农村教育现状的作用"来看，49.5%的人认为作用非常（或比较）大，36.9%的人认为作用"一般"，13.6%的认为作用比较（或非常）小。这说明，免费师范生对农村教育现状缺乏了解，并对"免费师范生将对改变农村教育现状的作用"保留一定的看法和意见。

"免费师范生将对改变农村教育现状的作用"的单因素方差分析显示，年级、家庭所在地、家庭月收入均存在显著差异，表现为低年级学生、农村学生、家庭低收入学生对改变农村教育现状的作用持较为乐观的态度，不同性别之间没有显著差异（见表9）。

表9 "免费师范生将对改变农村教育现状作用"态度差异比较（%）

		非常大	比较大	一般	比较小	非常小	平均值	标准差	F值
性别	男	10.8	39.0	36.6	9.6	4.0	2.57	0.95	0.41
	女	6.3	43.2	37.0	11.3	2.2	2.60	0.85	
年级	一年级	12.0	45.2	31.4	8.4	2.9	2.45	0.91	18.95***
	二年级	6.9	40.5	40.2	10.6	1.7	2.60	0.83	
	三年级	3.2	38.9	40.3	14.2	3.4	2.76	0.86	

续表

		非常大	比较大	一般	比较小	非常小	平均值	标准差	F 值
家庭所在地	农村	9.1	45.3	35.0	8.2	2.3	2.49	0.86	14.08***
	城镇	5.7	39.8	38.8	12.8	2.8	2.67	0.87	
	大中城市	6.1	34.7	40.1	15.3	3.7	2.76	0.92	
家庭月收入	1000元以下	10.5	42.2	36.1	8.5	2.8	2.51	0.89	0.83**
	1000—3000元	6.5	45.6	35.7	9.5	2.7	2.56	0.86	
	3000—5000元	7.1	31.6	45.4	14.9	1.1	2.71	0.84	
	5000元以上	8.0	43.0	27.0	17.0	5.0	2.68	1.01	

注：* $p<.05$，** $p<.01$，*** $p<.001$

数据分析亦显示，40.4%的人表示非常（或比较）乐意去农村任教，34.6%的人表示"一般"，而有24.7%的人表示不太（或很不）乐意去农村任教。而不愿去农村任教的主要原因是"工资待遇低""影响自己发展""工作环境差""生活条件艰苦"，选择率分别为62.3%、57.1%、52.9%、50.8%。这说明，免费师范生对农村任教尚未作好思想和情感准备，对农村任教尚有顾虑。从"两年农村支教对自己今后发展的影响"来看，对"人际交往""知识结构"的选择存在分歧，选择"积极影响"和"消极影响"的基本持平；"教学经验""教育思想"更多的人认为会产生"积极影响"，"教育技术"则更多的人认为会产生"消极影响"（见表10）。这说明，免费师范生基本认可农村任教对自己"教学经验"积累、"教育思想"形成产生的积极作用。

表10 "两年支教对今后发展的影响"总体分析表（%）

农村支教对今后发展的影响	积极影响	消极影响	无影响
①人际交往	42.5	41.9	15.5
②教学经验	64.8	23.8	11.4
③教育技术	23.1	67.0	9.9
④知识结构	40.3	40.4	19.3
⑤教育思想	56.5	30.7	12.8

2. 毕业就业：不能接受农村就业，担心公平就业，"从事其他行业""更好的待遇"是违约的主要可能激发因素

就业公平一直是近年来大学生就业工作的中心话题，免费师范生的就业虽然有制度保障"有编有岗"，但是否能够消除他们的顾虑尚需验证。此外，本研究前期访谈发现，违约问题也是免费师范生较为关注的问题。本研究设计了五个相关问卷调查项目：①你能接受的就业去向是什么？（"大中城市""县城""农村""无所谓，只要有发展前途就行"）②你能接受的工作月收入是什么？（"1000—1499元""1500—1999元""2000—2499元""2500—2999元""3000元以上"）③你是否担心就业过程中会有暗箱操作？④你会在什么情况下选择违约？（"感情问题""更好的待遇""读脱产研究生""从事其他行业"）⑤如果违约，你担心的是什么？（"教育费用的退还及违约金的缴纳""公布违约记录，并记入诚信档案"）问卷调查中，第一、第二个项目为单项选择；第三个项目采用五级评分制；第四个项目为多项选择，并设计了"其他"选项；第五个项目采用五级评分制。

数据分析显示，3.1%的人能接受农村就业，30.8%的人接受县城就业，40.3%的人接受大中城市就业，但也有25.8%的人承认"只要有发展前途就行"；而从工作收入来看，超过90%的人能接受2000元以上的收入，仅有6.8%的人能接受2000元以下的收入。在就业过程中，78.9%的人非常（或比较）担心"会有暗箱操作"，很不（或不太）担心的人仅为5.3%。这说明，免费师范生不能接受农村就业和任教，且对工作收入有一定的期望，同时对公平就业较为担心。

"暗箱操作"的单因素方差分析显示，性别、家庭所在地、家庭月收入存在显著差异，表现为女生、农村学生、家庭低收入学生会更多担心就业过程中的"暗箱操作"，不同年级之间不存在显著差异（见表11）。

表 11 "担心就业过程中会有暗箱操作"的差异比较（%）

		非常担心	比较担心	一般	不太担心	很不担心	平均值	标准差	F 值
性别	男	36.0	38.3	19.2	5.9	0.7	1.97	0.92	14.69***
	女	44.5	36.5	14.1	4.4	0.5	1.80	0.88	
年级	一年级	42.6	37.8	14.4	4.4	0.8	1.83	0.89	0.71
	二年级	38.4	40.0	16.4	4.7	0.5	1.89	0.88	
	三年级	44.9	31.7	17.7	5.3	0.4	1.85	0.92	
家庭所在地	农村	44.6	36.8	13.8	4.3	0.5	1.79	0.87	6.47**
	城镇	39.6	37.4	17.6	4.8	0.6	1.90	0.90	
	大中城市	36.3	36.0	21.2	5.5	1.0	1.99	0.94	
家庭月收入	1000 元以下	46.6	35.3	13.7	4.2	0.2	1.76	0.85	10.40***
	1000—3000 元	43.9	35.5	16.1	4.1	0.3	1.81	0.87	
	3000—5000 元	33.1	39.8	18.6	7.8	0.7	2.03	0.95	
	5000 元以上	25.5	45.1	20.6	5.9	2.9	2.16	0.97	

注：* $p<.05$，** $p<.01$，*** $p<.001$

数据分析亦显示，"从事其他行业""更好的待遇"是免费师范生违约的主要可能激发因素，选择率分别为 36.3%、29.1%，"读脱产研究生"的选择率为 20.1%，而为了"感情问题"选择违约的比例最小，为 12.4%。从违约所可能带来的负面效应来看，更大的比例倾向于担心"公布违约记录，并记入人事档案"，完全（或比较）符合的选择率为 74.8%；相应地，倾向于担心"教育费用的退还及违约金的缴纳"的比例较低，完全（或比较）符合的选择率仅为 50.8%。这说明，免费师范生可能会主要基于个人发展的角度考虑违约问题，并对由此带来的诚信问题较为担心。

违约原因的卡方分析显示，相对于女生，男生更可能会由于"更好的待遇"，而不是由于"从事其他行业"选择违约；相对于低年级学生，高年级学生更可能会由于"感情问题"，而不是由于"从事其他行业"选择违约；相对于农村学生，城市学生更可能会由于"读脱产研究生"选择违约；相对于家庭低收入学生，家庭高收入学生更可能会由于"更好的待遇"，而不会由于"感情问题"选择违约（见表12）。这说明，不同群体之间对违约的激发原因有着不同感受和认识。

表12 违约原因的差异比较（%）

		感情问题	更好的待遇	读脱产研究生	从事其他行业
性别	男	11.9	33.1	20.8	32.6
	女	12.4	27.3	19.4	38.8
	卡方值	0.07	6.30**	0.53	6.47**
年级	一年级	9.1	28.3	21.4	38.0
	二年级	13.8	26.7	18.4	39.8
	三年级	14.4	32.0	20.5	31.2
	卡方值	9.87**	3.86	1.79	9.57**
家庭所在地	农村	12.9	29.0	18.0	37.1
	城镇	11.8	28.0	22.8	36.7
	大中城市	11.0	30.8	22.9	33.2
	卡方值	0.89	0.70	6.59*	1.55
家庭月收入	1000元以下	10.7	29.9	17.5	37.2
	1000—3000元	14.5	26.0	21.6	36.1
	3000—5000元	11.6	36.0	19.9	34.1
	5000元以上	6.0	32.0	22.0	39.0
	卡方值	8.75*	10.58*	3.81	1.10

注：* $p<.05$，** $p<.01$，*** $p<.001$

3. 从教信念："长期从教、终身从教"有待强化，"培养更多优秀学生"的职业价值得到认可

师资队伍的稳定一直是困扰我国中小学教育的核心问题。《教育实施办法》指出，鼓励更多的优秀青年终身做教育工作者，并规定免费师范

生入学前与学校和生源所在地省级教育行政部门签订协议，承诺毕业后从事中小学教育十年以上。本研究设计了五个相关问卷调查项目：①你立志"长期从教、终身从教"吗？②你认为自己坚持"从事中小学教育不少于十年"的可能性有多大？③你是否考虑工作十年后会转向其他行业？（是、不确定、否）④你认为能体现教师职业价值的是什么？（"得到学生和家长认可""形成自己教育思想""培养更多优秀学生""实现服务教育人生价值"）⑤在未来的工作中，你希望自己在哪方面获得最好的发展？（"学科教学""教育研究""行政管理""教辅工作"）问卷调查中，第一、第二个项目采用五级评分制；第三个项目为单项选择；第四个项目为多项选择，并设计了"其他"选项；第五个项目为单项选择，并设计了"其他"选项。

数据分析显示，50.0%的人倾向于"长期从教、终身从教"，38.7%的人选择"不确定"，而有11.3%的人否认"长期从教、终身从教"的可能；"从事中小学教育不少于十年"的可能性上，61.4%的人认为可能性非常（或比较）大，23.8%的人认为"不确定"，而有14.8%的人认为可能性比较（或非常）小；而在"是否考虑工作十年后转向其他行业"的项目上，51.4%的人选择"不确定"，26.3%的人选择"否"，而有22.3%的人予以肯定，选择"是"。这说明，部分免费师范生对自己长期从教尚不确定，对自己任教生涯的选择较为模糊。

"从事中小学教育不少于十年"的单因素方差分析显示，性别、家庭所在地、家庭月收入存在显著差异，表现为女生、农村学生、家庭低收入学生更多认为自己坚持"从事中小学教育不少于十年"的可能性较大，不同年级学生之间不存在显著差异（见表13）。

表13 "从事中小学教育不少于十年"可能性的差异比较（%）

		非常大	比较大	不确定	比较小	非常小	平均值	标准差	F值
性别	男	20.1	35.1	26.8	12.9	5.0	2.48	1.10	18.15***
	女	27.1	37.4	22.3	10.0	3.2	2.25	1.06	

续表

		非常大	比较大	不确定	比较小	非常小	平均值	标准差	F 值
年级	一年级	25.6	37.0	21.9	10.6	5.0	2.32	1.11	0.46
	二年级	22.8	37.7	24.4	11.8	3.2	2.35	1.06	
	三年级	25.5	36.1	25.0	11.0	2.5	2.29	1.04	
家庭所在地	农村	28.0	38.6	20.7	10.2	2.5	2.21	1.04	16.55***
	城镇	22.3	34.7	26.6	11.8	4.7	2.42	1.10	
	大中城市	15.7	36.2	29.0	13.3	5.8	2.57	1.09	
家庭月收入	1000元以下	29.4	36.0	21.6	8.9	4.2	2.22	1.09	5.67***
	1000—3000元	24.0	38.5	22.9	11.9	2.7	2.31	1.05	
	3000—5000元	22.4	33.6	28.4	12.7	3.0	2.40	1.06	
	5000元以上	12.7	40.2	24.5	12.7	9.8	2.67	1.15	

注：* $p<.05$，** $p<.01$，*** $p<.001$

数据分析亦显示，在"体现教师职业价值"的项目上，"培养更多优秀学生"得到首肯，选择率为48.7%；"形成自己教育思想"选择率次之，为34.8%；"得到学生和家长认可""实现服务教育人生价值"的选择率分别为29.9%、25.7%。进一步追问项目中，38.7%的人希望在未来工作中的"学科教学"方面获得好的发展，此外，亦有30.7%的人寻求"行政管理"的发展可能。这说明，免费师范生更多期望从事学科教学工作，并基本认可了教师的职业价值，以"培养更多优秀学生"为己任。

"体现教师职业价值"各选项的卡方分析显示，相对于女生，男生更多认可"形成自己教育思想"，而较少认可"得到学生和家长认可""培养更多优秀学生"；相对于高年级学生，低年级学生更多认可"得到学生和家长认可""培养更多优秀学生"；相对于农村学生，城市学生更多认可"形成自己教育思想"；相对于家庭高收入学生，家庭低收入学生更多认可"培养更多优秀学生"（见表14）。这说明，不同群体之间对于教师职业价值的体现有着不同的认识。

表 14 "体现教师职业价值"的差异比较（%）

		得到学生和家长认可	形成自己教育思想	培养更多优秀学生	实现服务教育人生价值
性别	男	25.6	40.3	43.8	23.8
	女	32.2	32.0	51.9	26.7
	卡方值	8.03**	12.07***	10.40***	1.80
年级	一年级	29.6	32.6	47.5	28.1
	二年级	33.6	34.8	54.0	24.6
	三年级	27.0	37.9	45.9	24.0
	卡方值	5.75*	3.64	8.20**	3.18
家庭所在地	农村	31.1	32.5	50.6	26.2
	城镇	27.4	39.6	47.6	24.7
	大中城市	30.8	35.7	45.8	26.6
	卡方值	2.23	7.47*	2.63	0.46
家庭月收入	1000 元以下	28.7	33.0	50.7	25.4
	1000—3000 元	31.3	34.7	48.8	26.3
	3000—5000 元	29.7	35.4	50.2	24.3
	5000 元以上	25.3	43.4	32.3	26.3
	卡方值	2.28	4.11	11.77**	0.46

注：* $p<.05$，** $p<.01$，*** $p<.001$

（四）从教信念影响因素的调查和分析

1. 从教信念因变量的设定与检验

设定"从教信念"为因变量，以"你立志'长期从教、终身从教'吗""你认为自己坚持'从事中小学教育不少于十年'可能性大吗""你是否考虑工作十年后转向其他行业"三个项目作为"从教信念"的指标变量。为了检验指标变量反映"从教信念"的有效性，使用调查数据进行探索性因子分析。分析结果表明，三个指标变量只能抽取一个因子，可以解释 61.78% 的变异量，各个项目的因子负载见表 15。这说明，三个指标变量可以合成一个分数反映"从教信念"的个体差异。回归分析中，三个指标变量相加所得的总分将作为"从教信念"个体差异的指标。

表15　各项目因子负载表

项　　目	因子负载
①你立志"长期从教、终身从教"吗？	0.853
②你认为自己坚持"从事中小学教育不少于十年"可能性大吗？	0.795
③你是否考虑工作十年后转向其他行业？	0.704

2. 影响因素预测变量的设定与检验

设定"中小学教师身份认同与发展意愿"部分的"贡献与地位""情感倾向""发展意愿"，"免费师范生选择动因与政策态度"部分的"选择动因""政策态度""深造意愿"，"农村任教与从教信念"部分的"农村任教""毕业就业"相关项目及项目合并得分为预测变量，对因变量"从教信念"进行回归分析。

回归分析过程中，各预测变量所涉及的项目得分及分数合成与转化如下（见表16）。

（1）"贡献与地位"所包含的"你认为当前中小学教师的社会地位高吗""你认为当前中小学教师的经济待遇高吗"两个项目相关程度较高，且只能抽取出一个因子，可以解释83.65%的变异量。回归分析中，该两个项目得分相加，作为中小学教师"贡献与地位"评估的衡量指标。

（2）"情感倾向"所包含的"你喜欢和中小学生交往吗""你觉得'教书育人'有成就感吗""你愿意做中小学教师吗"三个项目相关程度较高，且只能抽取出一个因子，可以解释61.83%的变异量。回归分析中，该三个项目得分相加，作为是否愿意成为中小学教师"情感倾向"的衡量指标。

（3）"发展意愿"所包含的"你希望自己成为优秀中小学教师吗""你认为自己成为优秀中小学教师的可能性大吗"两个项目相关程度较高，且只能抽取出一个因子，可以解释73.86%的变异量。回归分析中，该两个项目得分相加,作为是否希望或有信心成为优秀中小学教师"发展意愿"的衡量指标。

(4)"选择动因"所包含的"你选择就读免费师范生的原因是什么"项目为类别变量,分析中,该项目所涉及的"热爱教师职业""就业有保障""家长意愿""经济原因""老师或他人影响"五个选项转化为虚拟变量。

(5)"政策态度"所包含的"你赞同免费师范生政策的相关规定吗"项目包括对五条相关免费师范生重要政策性规定的态度等级判断。回归分析中,该项目所涉及五条相关政策规定的态度等级判断得分相加,作为"赞同"这些政策规定程度的衡量指标。

表16　回归分析预测变量构成表

项目与编号	项目合成与转化
贡献与地位： A11：你认为中小学教师对社会的贡献大吗？ A12：你认为当前中小学教师的社会地位高吗？ A13：你认为当前中小学教师的经济待遇高吗？	A12、A13项目得分相加作为"贡献与地位"衡量指标
情感倾向： A21：你喜欢和中小学生交往吗？ A22：你觉得"教书育人"有成就感吗？ A23：你愿意做中小学教师吗？	A21、A22、A23项目得分相加作为"情感倾向"衡量指标
发展意愿： A31：你希望自己成为优秀中小学教师吗？ A32：你认为自己成为优秀中小学教师的可能性大吗？	A31、A32项目得分相加作为"发展意愿"衡量指标
选择动因： B11：你选择就读免费师范生的原因是什么？（热爱教师职业、就业有保障、家长意愿、经济原因、老师或他人影响） B12：你再次选择成为免费师范生的可能性大吗？	B11所涉及五个选项转化为虚拟变量

续表

项目与编号	项目合成与转化
政策态度： B21：签署协议时，你了解免费师范生的相关政策吗？ B22：你赞同免费师范生政策的相关规定吗？	B22 所涉及五个相关政策得分相加作为"赞同"程度指标
深造意愿： B31：你打算在职攻读教育硕士吗？ B32：你倾向于何时在职攻读教育硕士？ B33：你赞同免费师范生攻读教育硕士的相关规定吗？	B33 所涉及六个相关规定得分相加作为"赞同"程度指标
农村任教： C11：你了解当前农村教育的现状吗？ C12：你认为免费师范生对改变农村教育现状的作用大吗？ C13：你乐意去农村任教吗？ C14：你认为有人不愿去农村任教的原因是什么？（生活条件艰苦、回去脸上无光、工资待遇低、影响自己发展、工作环境差、难回城镇学校）	C14 所涉及六个选项转化为虚拟变量
毕业就业： C21：你能接受的就业去向是什么？（大中城市、县城、农村、无所谓，有发展前途就行） C22：你能接受的工作收入是什么？ C23：你会在什么情况下选择违约？（感情问题、更好的待遇、读脱产研究生、从事其他行业）	C21 所涉及四个选项转化为虚拟变量 C23 所涉及四个选项转化为虚拟变量

（6）"深造意愿"所包含的"你赞同免费师范生攻读教育硕士的相关规定吗"项目包括对六条免费师范生攻读教育硕士重要政策性规定的态度等级判断。回归分析中，该项目所涉及六条相关政策规定的态度等级判断得分相加，作为"赞同"这些政策规定程度的衡量指标。

（7）"农村任教"所包含的"你认为有人不愿去农村任教的原因是什么"项目为类别变量。回归分析中，该项目所涉及的"生活条件艰苦"

"回去脸上无光""工资待遇低""影响自己发展""工作环境差""难回城镇学校"六个选项转化为虚拟变量。

(8)"毕业就业"所包含的"你能接受的就业去向是什么""你会在什么情况下选择违约"两个项目为类别变量。回归分析中，该两个项目所分别涉及的"大中城市""县城""农村""无所谓，有发展前途就行"四个选项及"感情问题""更好的待遇""读脱产研究生""从事其他行业"四个选项转化为虚拟变量。

此外，上述未加说明的相关项目均作为等级变量投入到回归分析中。这些项目包括：①"贡献与地位"所包含的"你认为中小学教师对社会的贡献大吗"；②"选择动因"所包含的"你再次选择成为免费师范生的可能性大吗"；③"政策态度"所包含的"签署协议时，你了解免费师范生的相关政策吗"；④"深造意愿"所包含的"你打算在职攻读教育硕士吗""你倾向于何时在职攻读教育硕士"；⑤"农村任教"所包含的"你了解当前农村教育的现状吗""你认为免费师范生对改变农村教育现状的作用大吗""你乐意去农村任教吗"；⑥"毕业就业"所包含的"你能接受的工作收入是什么"。

3. 回归分析

使用逐步回归法进行回归分析，结果表明，有11个预测变量进入回归方程，可以联合解释因变量54.7%的变异，而其他预测变量没有进入回归方程（见表17）。

这说明，一种良好的"喜欢和中小学生交往"、认为"教书育人"有成就感、愿意做中小学教师的"情感倾向"，由于"热爱教师职业"而选择就读免费师范生且对这种选择不后悔，"希望成为优秀中小学教师"并认为可能性较大，赞同免费师范生政策的相关规定，"毕业就业"时能接受较低的工作收入，有助于个体坚持"长期从教、终身从教"的信念；而由于"工作环境差"不愿去农村任教，且可能会因为"从事其他行业""更好的待遇""感情问题""读脱产研究生"等原因选择违约，不利于个体"长期从教、终身从教"信念的坚持。

表 17 "从教信念"回归分析表

预测变量	B	SE	β
1. 情感倾向： 喜欢和中小学生交往 "教书育人"有成就感 愿意做中小学教师	.246	.025	.234***
2. 选择动因： 再次选择成为免费师范生的可能性	.489	.038	.273***
3. 发展意愿： 希望成为优秀中小学教师 认为成为优秀中小学教师的可能性	.353	.031	.238***
4. 选择动因： 选择免费师范生的原因（热爱教师职业）	.517	.094	.111***
5. 毕业就业： 在什么情况下选择违约（从事其他行业）	-.750	.102	-.171***
6. 政策态度： 赞同免费师范生政策的相关规定	.054	.012	.093***
7. 毕业就业： 能接受的工作收入	-.121	.040	-.054**
8. 农村任教： 不愿去农村任教的原因（工作环境差）	.234	.076	.055**
9. 毕业就业： 在什么情况下选择违约（更好的待遇）	-.415	.105	-.089***
10. 毕业就业： 在什么情况下选择违约（读脱产研究生）	-.356	.116	-.065**
11. 毕业就业： 在什么情况下选择违约（感情问题） （常数项）	-.300 1.828	.128 .355	-.045*

注：$R^2 = .547$；* $p < .05$，** $p < .01$，*** $p < .001$

四、问题讨论和建议

通过对免费师范生职业选择与发展意愿的调查分析可见,制定有效吸引免费师范生到农村和西部边远地区任教的政策规定,做好免费师范生教育、培养未来优秀中小学教师的教学工作,使免费师范生毕业后专业得到良好发展,在基础教育领域做好本职工作,成长为新时代的教育家,必须做好以下工作。

(一) 贯彻《国家中长期教育改革和发展规划纲要(2010—2020年)》,大力提高中小学教师的社会地位和经济待遇

自改革开放,尤其是20世纪90年代以来,从中央到地方一直在为提高中小学教师的社会地位和经济待遇作出种种努力。但一个不争的事实是,中小学教师,尤其是农村中小学教师的社会地位和经济待遇并没有得到实质性的提高,与其他行业(特别是公务员)相比,农村中小学教师的待遇依然很低(续润华,2010)。一项调查表明,虽然中小学教师工资的绝对数值近年来上升幅度较大,但由于社会经济整体发展迅速,教师的行业工资水平相比仍然滞后。而从城乡对比来看,相当一部分中小学教师工资较低,而农村教师的工资收入水平偏低现象更为严重,多数农村教师的地方性补贴难以落实(杨玉春,2009)。针对西部九省市的一项调查亦表明,西部地区大部分教师对目前的工资待遇、福利水平感到不满,初中教师的月收入集中在1000—1400元,高中教师的月收入集中在1400—2000元,代课教师的收入更低。另外,西部地区尊师重教氛围不浓厚,在问到对教师职业的看法时,一半的教师也认为目前教师的社会地位不受重视(刘霄,等,2009)。

为了解免费师范生对相关问题的看法,本研究特设定了"社会贡献""社会地位""经济待遇"三个问卷调查项目进行调查。结果显示,免费师范生对中小学教师社会地位的看法与从业人员较为一致,大多数免费师范生认可中小学教师的"社会贡献",但只有少部分免费师范生认

可其"社会地位"和"经济待遇"。群体差异分析则显示，农村学生、家庭低收入学生更倾向于认为中小学教师的"社会地位""经济待遇"较低。此外，从报考动机来看，48.0%的人选择"就业有保障"，42.2%的人选择"家长意愿"，而只有28.9%的人选择"热爱教师职业"。群体差异分析则显示，农村学生、家庭低收入学生更多由于经济原因，家庭高收入学生更多由于就业有保障报考师范生免费教育。而从"是否愿意做中小学教师"的调查结果来看，只有58.9%的人选择"非常愿意"或"比较愿意"。这说明，较多的免费师范生主要由于就业有保障，或听从家长意见选择就读师范生免费教育，而并非出于对教师职业的热爱。其原因可能在于中小学教师，尤其是农村中小学教师的社会地位、经济待遇较低，抑制了他们对教师职业的向往和期待。在访谈中，很多免费师范生也对未来中小学教师的从教生涯表示担忧，其中的一个很大的问题是，在物价飞涨的今天，他们能否靠工作收入养活自己和家人。

在新一轮教育改革即将启动之际，中共中央、国务院于2010年7月13日在北京召开了第四次全国教育工作会议，并于2010年7月29日印发了《国家中长期教育改革和发展规划纲要（2010—2020年）》（以下简称《教育规划纲要》）。《教育规划纲要》指出，坚持以人为本、全面实施素质教育是我国教育改革发展的战略主题；而为了实现发展战略，首要的保障措施就是加强教师队伍建设，提高教师地位，维护教师权益，改善教师待遇，使教师成为受人尊重的职业。依法保证教师平均工资水平不低于或者高于国家公务员的平均工资水平，并逐步提高。对长期在农村基层和艰苦边远地区工作的教师，在工资、职务（职称）等方面实行倾斜政策，完善津贴补贴标准。本研究认为，从近年来国家政策导向来看，为了全力推行素质教育，提高中小学教师的专业化水平和从教素质，国家试图从提高教师社会地位和经济待遇入手，以吸引更多的优秀人才从事中小学教育。但现实的工作收入还很难达到从业人员的相关预期，中小学教师的素质提高和队伍建设及我国新一轮教育改革的推进可能会由此受到严重干扰。免费师范生政策的实施虽然可以在一定程度上缓解中小学教师素质不高的窘迫，并能在一定时间内保证他们从事中小学教育,但他们能否在以后的工作中安心于基础教育还是一个未知数。本研究问卷调查用于"从教信念"的分析结果可以从另一个角度说明问题。因此,中小学教师及未来免费师范生队伍的建设和稳定应从根本入手,全面贯彻《教育规划纲要》精神,大力提高中小学教师的社会地位和经济待遇。

(二) 推行高等学校分类入学考试制度,选择有志从事中小学教育的青年接受师范生免费教育

从我国的社会传统来看,"尊师重教"是普遍被接受的价值观念,而在现代教育体制建立的过程中,"师范教育"也走过一条独立发展的道路(栗洪武,2009)。《教育实施办法》指出,国务院决定在教育部直属师范大学实行师范生免费教育。采取这一重大举措,就是要进一步形成尊师重教的浓厚氛围,让教育成为全社会最受尊重的事业;就是要培养大批优秀的教师;就是要提倡教育家办学,鼓励更多的优秀青年终身做教育工作者。然而由于近年来中小学教师的社会地位和经济待遇并没有实质性的提高,再加上大学毕业生就业问题在2008年金融危机后的凸显,免费师范生的报考动机变得更加复杂(熊丙奇,2010)。调查显示,不到半数的免费师范生把教师职业作为自己的职业定向。进一步的分析表明,农村学生更多是出于经济原因报考免费师范生,而城市学生更多是出于就业原因报考免费师范生;家庭收入越低,经济因素对学生报考免费师范生动机影响越大(谢丽娜,2010)。使用因素分析方法,另一项调查亦显示,免费师范生报考免费师范专业的最大动机是"两免一补"——免除学费、免缴住宿费并补助生活费,第二大动机是"教师职业理想",第三大动机是"就业有保障",第四大动机是"'211工程'重点建设高校、部属师范大学",第五大动机是"高考成绩"(李高峰,2010)。

本研究访谈和调查的对象涉及2007级、2008级、2009级三个年级的免费师范生,访谈和调查进行时,免费师范生已经进行了至少近一年的学校学习,亦在一定程度上了解了中小学教师的职业特点。为了细致了解免费师范生对从事中小学教师职业的选择倾向,本研究调查问卷设

计了涉及"情感倾向""发展意愿""选择动因"三个方面的问题。结果显示，大多数免费师范生从情感取向上喜欢和中小学生交往，并认为"教书育人"有成就感，但从"是否愿意做中小学教师"的结果来看，只有58.9%的人选择"非常愿意"或"比较愿意"。而在"发展意愿"上，80.1%的人倾向于"希望自己成为优秀中小学教师"，并有68.3%的人认为自己"成为优秀中小学教师的可能性"非常（或比较）大。从"选择动因"来看，较多的免费师范生主要由于就业保障问题，并听从了家长的意见而选择就读免费师范生，而在追问项目中，"再次选择成为免费师范生的可能性"非常（或比较）大的选择率仅为44.2%。上述调查结果可以说明，在读免费师范生的选择动机更多出于一种外在价值导向，而非完全出于对中小学教师职业的热爱；但从成就动机来看，他们仍可接受中小学教师的职业定位，并愿意按照师范生免费教育的政策导向，希望自己成为优秀的中小学教师。

但问题的关键是，积极的"情感倾向"、良好的"发展意愿"是否就一定会转化为一种稳定的职业行为，是否可以使他们安心于中小学教师的职业，还是一个值得怀疑的问题。正像我们在访谈中所了解到的一样，有免费师范生表示："理想很丰满，现实很骨感。"一个不争的事实是，2001年启动的高校扩招政策确实在短期内极大地满足了青年学子接受高等教育的需求，但在一定程度上使得大学毕业生的就业问题日益突出，大学毕业生普遍陷入就业迷茫，一些大学毕业生虽然没有找到合适的工作但仍选择在城市里漂泊，成为一个特殊的群体——"蚁族"，并被看成是继农民、农民工、下岗工人之后的第四大弱势群体（廉思，2009）。而从本研究的调查结果及前述相关调查结果来看，为了规避就业压力，一些人选择师范生免费教育主要是为了"就业保障"，这种行为选择只能解释为一种策略的选择，而非源于一种对教育事业的热爱。本研究认为，《教育规划纲要》提出的"高等学校分类入学考试"制度为师范生免费教育的发展和完善指出了更加明确的道路，有必要启动可行的师范生免费教育人才选拔和招生机制，从源头上真正选择有志于从事中小学教育的青年接受师范生免费教育，杜绝教育资源的浪费和不良示范效应的产生。

(三) 关注就业弱势群体，保障免费师范生的公平就业

从目前就业工作的相关法律法规来看，大学毕业生在就业过程中可以享有两大方面的权利：一是择业过程中的权利，二是录用单位给予的权利。前者主要包括获取信息权、接受就业指导权、被推荐权、选择权、公平待遇权、违约及求偿权等八个方面，后者主要包括"履行协议，并接收毕业生的权利""按照《劳动法》的规定，提供毕业生各种劳动保障的权利""追究用人单位违约责任的权利"三个方面（蒋梅，2006）。近年来，由于我国大学生就业市场的不成熟、现行关于大学生就业的法律法规不健全、用人单位的利益驱动等多种原因，大学毕业生尤其是一些就业不利人员，就业过程中的相关权益难以得到很好的保障，社会歧视现象较为严重（王泽兵，2010）。有研究认为，目前我国大学毕业生就业过程中的社会歧视主要表现为性别歧视、生理歧视、身份歧视、地域歧视四个方面，女性毕业生、容貌不佳或生理缺陷毕业生、社会关系欠缺或家庭经济状况较差毕业生、非本地户籍毕业生在就业过程中容易遭受更多的不公正（黄海涛，2006）。以陕西省六所高校毕业生为调查对象，我们于2009—2010年进行的调查显示，50%左右的人认为就业过程很不公平（或较不公平），只有10%左右的人认为就业过程很公平（或比较公平）。而就免费师范生而言，他们在入学时已经和当地省级教育部门、培养单位签订了三方协议，在承诺履行相关义务的同时，也被保证"有编有岗"，并享受"两免一补"，而《就业实施办法》也对免费师范生的就业去向及相关工作进行了较为明确的安排和规定。但在访谈中发现，在读免费师范生对此存在的疑虑仍然较多，尤其是"毕业就业"及与之相关的"农村任教"问题。

关于"毕业就业"问题，本研究调查问卷设计了五个项目。结果显示，仅有3.1%的人能接受农村就业，6.8%的人能接受2000元以下的工作收入；而关于公平就业问题，78.9%的人非常（或比较）担心"会有暗箱操作"，很不（或不太）担心的人仅为5.3%；如果违约的话，"从事其他行业""更好的待遇"是主要的可能激发因素，选择率分别为

36.3%、29.1%。群体差异分析显示，女生、农村学生、家庭低收入学生更多地担心就业过程中的"暗箱操作"。关于"农村任教"相关调查项目的分析显示，40.4%的人表示非常（或比较）乐意去"农村任教"，34.6%的人表示"一般"，24.7%的人表示不太（或很不）乐意。而不愿去农村任教的主要原因是"工资待遇低""影响自己发展""工作环境差""生活条件艰苦"，选择率分别为62.3%、57.1%、52.9%、50.8%。这说明，虽然有相关政策的保障，免费师范生对自己将来的工作去向仍有一定程度的担心，不太愿意接受农村任教的工作安排，并对公平就业问题表示担忧，尤其是一些就业弱势群体，如女生、农村学生、家庭低收入学生。

《教育规划纲要》指出，教育公平是社会公平的重要基础，教育公平的关键是机会公平。不可否认，从中央到地方近年来一直在为大学毕业生，也包括为其他新增就业人员的顺利就业努力创造条件，并取得了一定的成效（莫荣，等，2011）。但我们看到的实际状况是，即便是有工作保障的免费师范生们也担心公平就业问题。而在首届免费师范生毕业前夕，教育部及各省、市、自治区教育厅一直在努力解决免费师范生的就业编制问题，各部属师范院校也在积极联系用人单位，发布需求信息，召开免费师范生毕业洽谈会。但就业公平保障不能仅仅靠教育部门或某一两个部门，免费师范生的就业问题能否落实恰当，尚需时日观察。问题的关键在于，大多数免费师范生来自于农村，尤其是西部农村，相对缺乏个人社会资源，其报考免费师范生也是因为就业有保障。如果第一届毕业生的安置问题不能得到很好落实，势必会影响优秀生源报考免费师范生，推出免费师范生教育的意义也会大打折扣。本研究认为，采取措施保障免费师范生，尤其是其中的弱势群体的公平就业在一定程度上决定着师范生免费教育的走向和未来，相关部门不仅应保证毕业生们"有编有岗"，更要加强对就业弱势群体的关注，切实保证他们的就业权益。

（四）制定和完善相关退出机制和在职培训政策，为免费师范生的专业选择和发展清除障碍

中小学尤其是农村中小学教师的从教素质和教师队伍的稳定问题一直是改革开放以来我国基础教育界非常关注的一个问题。进入20世纪90年代以来，虽然随着国家对基础教育投入的增加，教师待遇逐渐提高，但中小学教师的从教素质和教师队伍的稳定依然是一个重要问题。一项关于"中小学教师素质"的调查研究显示，教师的改革意识和创新精神不够强，素质教育的深层次观念在教师头脑中还没有形成；教师的知识结构不够合理，教育学、心理学知识欠缺，人文、社会与自然科学基础知识不足；创造运用教学方法的能力、运用现代化教学技术的能力和教学科研能力相对较弱；教师队伍心理素质总体情况一般，存在问题较多（门学泳，等，2006）。另一项关于"农村基础教育"的研究亦认为，农村地区尤其是在西部农村地区，由于历史、自然、经济等原因，农村教师数量不足、流失严重，教师队伍不稳定，教师结构不合理，教育资源不平衡等，直接影响着教师的整体水平和教育质量的提高（王嘉毅，等，2007）。也正是由于这个原因，《教育规划纲要》把建设一支"高素质的教师队伍"视为"素质教育"或"新时期教育改革"的重要保障条件。而师范生免费教育政策的推出也在着力以六所部属师范大学为试点，进行中小学优秀教师培养的探索工作。为了保证师范生免费教育政策的有效推行，教育部在设计相关政策时，除了为这些学子们提供"两免一补"和就业保障外，还对他们毕业后的工作去向及中小学教育从事的时间进行了规定。诚然，一项权利的获得必然应伴随着相关义务的履行。但问题在于，这些义务的履行是否能得到当事人的认同，才是相关政策能否顺利推行的关键所在。而从近几年的就业形势来看，大学毕业生面临着越来越严峻的就业压力，为了规避就业压力，很多大学毕业生选择了报考研究生或公务员的发展道路。本研究调查问卷的相关问题分析亦显示，较多学生报考免费师范生的原因并不是"热爱教育职业",而是由于"就业有保障"。

为此,本研究结合《教育实施办法》的相关描述,抽取出五条主要的相关政策规定,以探测在读免费师范生对这些政策的认同度。此外,结合《专业学位实施办法》相关规定,本研究还设计相关项目,探测免费师范生对教育硕士攻读政策的看法和态度。结果显示,"到城镇学校工作的,应根据教育行政部门的相关安排,到农村学校支教服务两年""一般回生源所在省份中小学任教"两项政策获得较高的认同,完全(或比较)赞同的选择率分别为59.1%、57.5%,比较(或完全)反对的选择率均为20%左右;"省级教育行政部门建立诚信档案,公布违约记录,并记入人事档案""双向选择未就业者,安排到师资紧缺的中小学任教"两项政策的认同率次之,完全(或比较)赞同的选择率分别为51.4%、48.6%,比较(或完全)反对的选择率均为25%左右;"毕业前及在协议规定服务期内,一般不得报考脱产研究生"政策的认同率最低,完全(或比较)赞同的选择率为29.1%,而比较(或完全)反对的选择率则为48.3%。而关于教育硕士的攻读问题,66.8%的人有在职攻读教育硕士的打算,86.9%的人倾向于在两年内攻读教育硕士,而有52.3%的人希望到"教学科研条件好"的学校攻读。由此可见,教育硕士政策的推出在一定程度上得到了免费师范生的认可,免费师范生们的深造意愿强烈。此外,关于教育硕士的攻读方式也基本上得到了免费师范生的认可。本研究认为,"不得报考脱产研究生"政策认同率之所以很低,一个关键原因是,妨碍了免费师范生的发展可能。而教育硕士政策的推出之所以获得较高的认同则从另一个方面说明了相关问题。不可否认的一个事实是,在读的免费师范生们即使是因为"热爱教育"而报考免费师范生,他们也期望自己有其他的发展空间。正如我们在访谈中所听到的一样:"免费师范生制度在一定程度上限制了我们以后的个人发展,四万元买断了一个人十年的自由,让我们觉得青春如此的廉价。"

结合调查结果,本研究认为,要想使师范生免费教育政策起到良好的示范效应,必须进一步制定和完善相关退出机制和在职培训政策,缩小政策理想与政策实施的差距，为免费师范生的专业选择和发展清除障碍，以确保政策目标的最终实现。首先，在自由与规范、发展与责任相统一的原则下，对现行政策中不适合实际的规定进行调整和完善。如适当缩短免费师范毕业生到中小学任教的服务年限，允许部分优秀免费师范生报考学术型脱产研究生，允许免费师范毕业生面向全国教育系统就业等。其次，建立健全免费师范生退出机制，使不愿意或不适宜从事教师职业的免费师范生能够在一定条件下退出免费师范生行列。再次，建立健全免费师范生的激励与约束机制，对于品学兼优的免费师范生给予奖励，表现特别优秀的学生派送到国外高校进行交换学习和深造；对于学业成绩较差的免费师范生给予警示和督促，对学习动力不足、挂科较多的免费师范生及时进行学业劝诫。最后，完善免费师范生教育硕士攻读政策，在条件许可的情况下，适时推出教育博士的攻读政策，为其职后的发展和培养产生推力。

（五）注重教师职业情感培养，强化免费师范生"长期从教、终身从教"的职业意识

为了进一步探测免费师范生坚持"长期从教、终身从教"的可能及相关影响因素，本研究除了对"从教信念"所涉及的四个项目进行描述统计和群体差异检验以外，还设定"从教信念"为因变量，以"你立志'长期从教、终身从教'吗""你认为自己坚持'从事中小学教育不少于十年'可能性大吗""你是否考虑工作十年后转向其他行业"三个项目作为"从教信念"的指标变量进行了回归分析，以探测"从教信念"的有效影响因素。分析结果显示，积极的情感倾向（如"喜欢和中小学生交往"、认为"教书育人"有成就感、愿意做中小学教师的），良好的内部动机（如"热爱教师职业"而选择师范生免费教育且对这种选择不后悔，"希望成为优秀中小学教师"），适当的价值态度（如赞同师范生免费教育政策的相关规定，"毕业就业"时能接受较低的工作收入），有助于免费师范生坚持"长期从教、终身从教"的信念；而由于"工作环境差"不愿去农村任教，且可能会因为"从事其他行业""更好的待遇""感情问

题""读脱产研究生"等原因选择违约，不利于免费师范生"长期从教、终身从教"信念的坚持。

本研究认为，免费师范生政策的推出确实有可能在一定程度上改善中小学教师，尤其是西部地区中小学教师的从教素质，并有利于中小学教育教师队伍的稳定和专业化发展。但从当时的历史场景来看，该项政策酝酿和推出的时间较短，相关宣传尚不到位，以至于有些学生报考动机不明，政策理解欠缺，稀里糊涂就上了免费师范生，对自己未来的发展缺乏认识和规划。一项调查显示：只有12.1%的学校经常宣传教育动态与政策，67.5%的学校偶尔宣传，有20.2%的学校几乎没有作过宣传；学校在宣传过程中也会不甚明了，比如知道北京师范大学和华东师范大学是免费师范生政策试点的学生较多，知道其他几所试点学校的学生较少（刘霄，等，2009）。另一项调查亦显示：在明确把"家庭经济困难"作为选择就读免费师范生因素的学生中，"没有认真研究过《师范生免费教育协议书》，先上了大学再说"的占54%（周挥辉，2010）。本研究前期访谈及问卷调查分析也发现，很多免费师范生入学时对相关政策并不了解。入校以后，很多免费师范生才开始了解师范生免费政策和中小学教师职业，逐渐树立"从教信念"。本研究问卷调查的分析亦显示，免费师范生们虽然较多地"希望自己成为优秀的中小学教师"，但他们"长期从教、终身从教"的信念并没有由于一纸协议而坚定起来，相当多的人对前途感到迷茫。那么，有哪些人可能会有更加坚定的"从教信念"呢？本研究的回归分析提供了这种指向。

这提醒我们，在激情澎湃的时代浪潮中，已经成为免费师范生的青年学子们能否肩负起振兴中小学教育的重任，还有着更长的蜕变过程。他们对教育事业的热爱、积极的情感倾向以及不为世俗所羁绊的情怀，还需教育部门及全社会有识之士积极创造条件。本研究认为，作为免费师范生培养单位，可以尝试从以下几方面强化免费师范生"长期从教、终身从教"的职业意识：首先，加强免费师范生教师职业生涯规划的指导工作，从评估能力、性格、兴趣入手进行职业适配度分析，引导其树立合适的职业发展目标；其次，通过各种教学实践和教育实习活动的开展，增强免费师范生对教育工作的感情及对中小学生的热爱，促进其职业情感的发生、发展；再次，努力创造良好的教学科研氛围，帮助免费师范生寻求和培养自身职业发展的优势，加强学科专业的修养和自身素质的提高，以为其职后职业发展提供坚实的专业基础。

参考文献

蒋梅.2006.大学生就业权益及其法律保护[J].高等教育研究（10）：77-81.

黄海涛.2006.大学生就业中社会歧视现象的表现及危害分析[J].黑龙江高教研究（4）：64-66.

李高峰.2010.免费师范生报考动机的调查研究——以陕西师范大学为例[J].黑龙江高等教育（6）：1-4.

栗洪武.2009."教师教育"不能取代"师范教育"[J].教育研究（5）：68-72.

廉思.2009.蚁族——大学毕业生聚集村实录[M].桂林：广西师范大学出版社.

刘霄，谢长坤，李建宏，刘世清.2009.免费师范生政策实施中存在的问题与对策研究——基于西部九省市的调查[J].现代教育科学（6）：1-3.

门学泳，郭欣，孙旭春.2006.中小学教师素质状况及继续教育对策[J].继续教育研究（2）：12-14.

莫荣，罗传银.2011.我国当前的就业形势和产业政策[G]//汝信，陆学艺，李培林.2011年中国社会形势分析与预测.北京：社会科学文献出版社：28-37.

王嘉毅，梁永平.2007.西北贫困地区农村基础教育发展现状调查与政策建议[J].北京大学教育评论（4）：147-156.

王泽兵.2010.论社会主义和谐社会视野下大学生公平就业环境的构建[J].四川师范大学学报：社会科学版（3）：49-53.

谢丽娜.2010.免费师范生报考动机调查研究——以西南大学为例[J].新课程研究（下旬刊）（1）：9-10.

熊丙奇.2010.金融危机与中国教育[G]//杨东平.中国教育发展报告（2010）.北京：社会科学文献出版社：28-49.

续润华.2010.改善待遇 充电进修 定期流动——提高农村中小学教师素质的深度

思考[J]. 河北师范大学学报：教育科学版（10）：5-10.

杨玉春. 2009. 中小学教师待遇问题调研报告[J]. 当代教育科学（5）：17-21.

周挥辉. 2010. 师范生免费教育实践的矛盾分析与政策调试[J]. 教育研究（8）：58-61.

当前师范院校教育学课程群建设
——从全国性变革走向探求西北地区的对策

● 栗洪武 龙宝新 朱智斌*

摘要：我国教师教育课程体系的主干课程——教育学课程正处在从"老三样教育学课程"向"教师教育课程模块"和"教育学课程群"扩充与延伸的重要阶段，并且呈现出多样化、整合化、弹性化、个性化、实用化与终身化的变革走向。尽管如此，我国师范院校开设的教育学课程仍面临着前所未有的挑战，由于课程门类泛滥、两极化倾向明显、职业性教养乏力、课程选修指导滞后、桥梁性课程不足、基本教育能力关注不够等问题的出现，使得教育学课程建设任重而道远。针对这些问题，西部各师范院校应从全国性的变革走向中探求自身改革和发展对策，考虑整体构建教育学课程体系，凸显八类课程群建设样态，即光谱型教育学课程群、同心圆式教育学课程群、理论与实践互嵌式教育学课程群、理论与实践关联型教育学课程群、方案型与处方型教育学课程群、阶梯型教育学课程群、多模态资源集成式教育学课程群、多元课程建设主体参与的教育学课程群等，其最终目的是要培育师范生一种执著的职业信念与深厚的"师范"精神。

关键词：师范院校，教育学课程群建设，全国性的变革走向，西北地区的对策

基金项目：陕西普通本科高等学校教学改革研究项目：师范院校理论与实践相融通的教育学课程群建设研究（09BZ15），主持人：栗洪武；国家社会科学基金课题：教育学的专业改造与学科建设研究（BAA100013），主持人：郝文武。

作者简介：
栗洪武，陕西师范大学教育学院教授、博士、博士生导师，主要研究领域为中国教育史与教育现实问题，电子邮箱：lihongwu@snnu.edu.cn；
龙宝新，陕西师范大学教育学院副教授、博士、硕士生导师，主要研究领域为教师教育，电子邮箱：longbx@snnu.edu.cn；
朱智斌，陕西师范大学教育学院副教授、硕士生导师，主要研究领域为中国教育史与教育现实问题，电子邮箱：zhuzhibin@snnu.edu.cn。

* 参加调研的还有曹敏、李攀、赵艳、吴婷婷、赵慧敏等。

The Construction of Pedagogy Course Group in Normal Universities and Colleges
—Exploring Countermeasures for North-west Region Based on Nation-wide Reform

Li Hongwu Long Baoxin Zhu Zhibin

Abstract: The current situation shows that core course Pedagogy of teacher education is changing its pattern from tradition THREE to module course or group course, and takes on some characters, such as diversity, integrity, flexibility, individuality, utility and life-long based. In this transition period, pedagogy courses our teacher education institutions offered are facing unprecedented challenges, existing courses are not reasonable, for example, they include many categories, lack bridge courses, poor professional training, short elective course and going extreme, insufficient concern about basic professional ability, all that makes constructing pedagogy course pressing and very important. To consider that condition, each north-west institution of teacher education should explore countermeasures to these problems based on nation-wide change, and try to construct pedagogy curriculum systems which embody eight kinds of group courses: such as spectral type of pedagogy group courses, concentric course, the courses embedded in theory and practice, program and prescription-based, ladder-based courses, the courses with integrated multi-model resources, multiple body involved in the building of core courses, all these aim to cultivate students with steadfast professional belief and profound spirit of "being a teacher".

Key Words: normal universities and colleges, constructing pedagogy group course, nation-wide trend of reform, countermeasure for north-west China

Fund Project: Study on constructing pedagogy group course: integrating practical course and theoretical course in normal universities and colleges, Shaanxi teaching reform program in general universities (09BZ15); The Subject reconstruction and constructing for Discipline Pedagogy, Fund Project of state social science (BAA100013).

Authors:
Li Hongwu. Ph. D Advisor. Proffesor of Education. Research Areas: Chinese Education History and Practical Problem of Education, e-mail lihongwu@snnu.edu.cn;

Long Baoxin. Master Advisor. Associate Professor of Education. Research Areas: Teacher Education, e-mail: longbx@snnu.edu.cn;

Zhu Zhibin, Master Advisor. Associate Professor of Education. Research Areas: Chinese Education History and Practical Problem of Education. e-mail: zhuzhibin@snnu.edu.cn.

杜威（2006）[175]指出，"职业好像磁石一样去吸收资料，又好像胶水一样去保存资料"。对教师而言，一切关于教育活动的资料、知识与课程都必须围绕教师职业这个轴心来旋转，教师工作是串联一切教育理论知识的枢纽与主线。进而言之，以培养、培训教师为使命的教师教育实践是一切教育学课程学习、开发与研究的聚焦点与作用点，是一架衡量教育学课程价值大小的天平。在当代，"课程不再被视为固定的、先验的'跑道'，而成为达成个人转变的通道"（多尔，2000）[6]。教育学课程为教师教育实践而生，为加速教师成长与转变而存，为提升教师教育效能而兴，不断优化教育学课程结构是教师教育走向勃兴的奠基工程。目前，随着"教育学课程"向"教师教育课程""教师教育课程模块"的扩充与延伸，教育学课程不断分化，迅速膨胀，并日益走向师范院校课程体系的中心，教育学课程群建设问题已经成为教育工作者关注的焦点。主要有：教育学课程在实践中到底衍生出了哪些重要分支？它的发展态势如何？它是如何引领教师教育变革进程的？带着这些问题，近期我们集中力量对国内六所具有一定代表意义的师范大学——北京师范大学、华东师范大学、首都师范大学、南京师范大学、西北师范大学、陕西师范大学的教育学课程实施情况进行了一次专题调研，就事关教育学课程发展的关键问题开展了研讨与座谈，得出了一些引人注目的调研结论，并根据全国性的教师教育课程变革走向提出西北地区教师教育课程改革和发展的对策。

一、教育学课程成为教师教育课程体系的主干课程

教育学课程的发展是与教师专业建设的需要密切相关的，是随着人们对教育人才培养规律的认识深化而不断变动的。从 20 世纪 80 年代的"老三门"到当代的"教师教育课程模块"，教师教育课程群日益壮大；与之相应，教育学课程开始从教师专业课程中的"微量元素"擢升为教师教育体系中的"核心构成"。如果说教师职业为教育工作而生，那么就应该将"与做好教育工作直接相关的知识集成"——教育学课程置于教

师教育课程体系的耀眼位置。正是基于这样的考虑，当代教育学课程在教师教育课程中实现了门类与地位的双重拔升，它在教师养成中的独特功能、专业地位和核心位置日益得到了社会与教育工作者的广泛认可。

（一）"老三门"中的教育学与"模块课程"中的教育学

1981年，教育部颁布了《高等师范院校四年制本科文科三个专业教学计划试行草案》，其中规定：教育类课程由教育学、心理学、学科教材教法三门构成，开启了教师教育课程的"老三门"时代。这时，教育学课程在学校教学总时数所占的比重不到2%。在"老三门"的课程框架中，教育学只是教师从教、学会教学的"理论基础"而已，为学生学习"学科教学法"知识发挥着"垫底"角色，学习教育学的直接价值在于形成学生的理论素养与专业基础，而非为学生专业发展提供有效的实践策略。"老三门"课程只能称为教育类课程的"框架"而非"体系"。或者说，它只是三门课程的简单集合、直接拼置、线性组合，而非基于实践需要的有机组合。在这里，人们所见的只有"逻辑简单性"，而没有自然复杂性，所以面向实践需要的教育学课程是"老三门"框架所难以包容的。同时，在该课程框架中，理论执掌着实践、演绎出技能，而教育实践只是"沉默的羔羊"和"驯服的奴隶"，内在隐藏着一种理论的高压思维，使整个教育学科课程设计遵循着环环紧套、层递推进的关系（如图1所示）。其结果是教育学课程纯粹变成了一门基础理论课，成了联结心理学与教学法的桥梁课程。学生学完了教育学课程只会"谈论"教育、"言说教育""依葫芦画瓢"式地教书教课，却不会独立自如、游刃有余地去"做教育""干教育"。这是"老三门"时代教育学课程的通病。

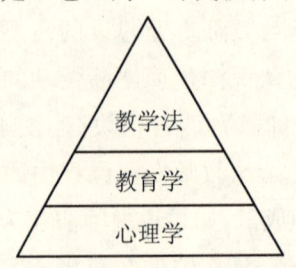

图1　"老三门"课程框架中的教育学

"老三门"框架的弊病及其对教育实践的"待生性"、流变性与实践逻辑的"熟视无睹",自然招致了教师教育效能的普遍低迷。为此,20世纪我国的教师教育始终面临着来自实践的发难与指责。因为,教育实践才是教师教育课程的立基点,一切为了教育实践、一切服务于教育实践的理念,日益成为教育学课程获得重生的诉求;教育实践是复杂多维的,从每一维度、每一个视野中都可能延伸出一门教育学分支课程,所以围绕教育实践的需要有机整合、合理安排各类分支教育学课程就显得尤为迫切,随之而来的模块式教师教育课程便应运而生。如果说"老三门"课程框架是基于一种"自下而上""拾级而上"的阶梯形课程结构,在其中教育学属于一门过渡性课程;那么,模块式课程则是基于一种"由内而外""向外辐射"的同心圆式课程结构,在其中教育学课程变成了一门枢纽课程,构成了连接教育学分支课程的结合点与关节点(如图2所示)。这样一来,整个教师教育模块课程就构成了一个"一主+多辅"式的新结构,教育学课程在走向分化、细化的过程中得到了教育学分支学科群的有力支撑。

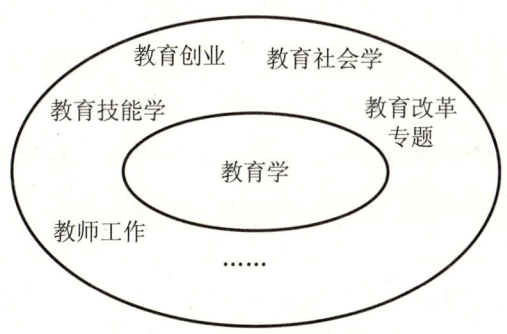

图2 当代我国教育学课程(群)构成图

(二)教育学课程从边缘走向中坚

要素组成结构,结构决定要素;要素在互动关联中生成了结构,结构在生成中安置着各要素的相对地位。从梯形"老三门"课程到同心辐射式"模块"课程,教育学课程的地位发生了根本性的变化:它不再是教师教育课程的边缘成分，不只是师范生学习学科教学法、练就专业技能的基础与辅助，而是推动教师专业成长的中坚力量和顶梁柱，更是关联教师教育课程板块的轴心。这一地位的微妙变化体现在三个方面。

其一，从"小课程"走向"大课程"，从"单一课程"走向"课程群落"。在"老三门"课程框架中，教育学课程是"教育学基础理论"的代名词，是"教育学学科知识"的另一种说法；而在模块式课程结构中，教育学的学科视野在放大，教育学的专业领域在扩展，进而使教育学课程变成了"教育及其相关知识与技能"的总称，实现了从"学科"向"模块"的迅速扩张，"教育学课程群"成为它的最恰当称谓之一。凡是与教师"学会教学"相关，为教师从事教育工作所需要的所有知识技能、人格教养等内容都被纳入了教育学课程群的范畴之列。也正是由于教育学课程观的放大、泛化所致，师范专业"教师教育课程"板块在其整个课程体系中的学时比重迅速提高。有研究表明，当前该比重已经从20世纪80年代的2%提高到了现在的10%左右（岳刚德，2005）。

其二，从"普通专业课程"走向"核心课程"。在"老三门"课程中，所有教师教育课程的归结点是"学科教学法"，为学生掌握"教学法知识"、传递本体性知识而服务是教育学课程跻身师范院校的立身之本，同其他专业课程相比，教育学课程无特殊性可言；而在模块式课程体系中，所有教师教育课程的要旨是帮助学生全面参与教育实践，顺利扮演教师角色，其归结点是"具体教育活动"。这就决定了以"学会从教"为内核的"教育学知识总体"才是教师在教育工作中安身立命之根本。教育学课程是形成教师核心职业能力的基础性资源，是铸就教师专业资质的根本原料。为此，"六所师大"都加大了教育学课程在教师教育课程模块中的比重，如图3、图4[①]所示。

[①] 图3、图4的参考资料为《北京师范大学教育学部2009级本科生教学计划》《华东师范大学本科教学计划2007》《首都师范大学本科人才培养方案》《南京师范大学本科生人才培养方案2006》《西北师范大学本科专业学分制教学计划总则2006》《陕西师范大学本科人才培养方案2009》。这些都是上述师范院校正在施行的教师人才培养方案。

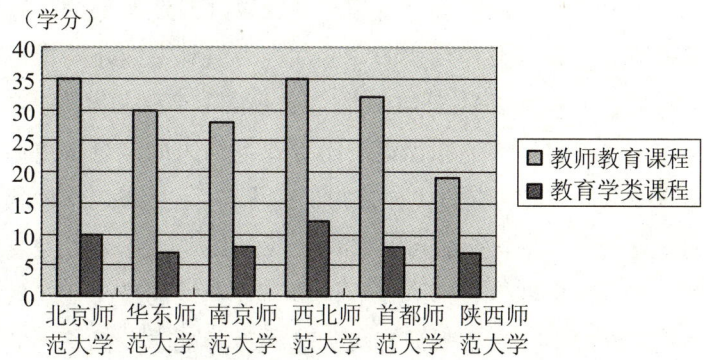

图3　教育学课程（群）与教师教育课程模块间的学分对比

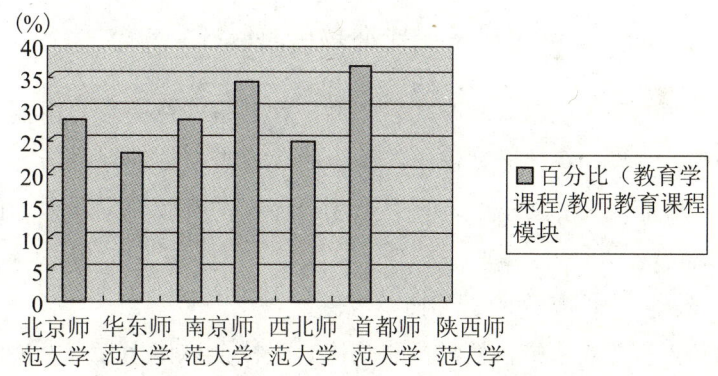

图4　教育学课程（群）占教师教育课程模块的学分比重

由图3、图4可知，"六所师大"的教育学课程占整个教师教育课程模块的大致比例在1/3，与教育实习所占比重大致相当，成为教师教育课程模块中的一支核心力量。

其三，从"装饰性课程"走向"专业支柱课程"。教育学课程从单科独存向模块集成转变的真实背景是教师专业化思潮的幕后操控。教师行业是一个专门行业，教师专业素养是其区别于其他行业与业余人员的根本标志。一般而言，素养源自知识的积累、技能的历练与情意的沉积；尽管知识结构的变动并不一定导致个人素养的同步同向发展，但知识、技能、情意毕竟是影响素养形成的核心变量。教师专业素养的形成亦是如此，而其知识、技能、情意方面的教育因素与教育资源的集成就是教育学课程。教育学课程在统筹、蓄积、聚合教师专业发展的影响因素与教育资源中培育滋养着教师行业的专业性,为教师专业化的推进搭建起了课程的桥梁。正如斯腾伯格(1997)等人所言:"专家和新手之间最基本的差异在于专家将更多的知识运用于专业范围内的问题解决中,并且比新手更有效""专家享有的优势是知识的优势"。所以,在模块型教师教育课程中,教育学不再是教师从教的一种装饰与点缀,而是支撑教师专业素养的支柱,是催生教师的专业优势与专业性的酵母;在教育学课程分化与模块集成中,教育学课程成为建构教师的专业品格、完成教师教育使命的主力,成为教师专业课程的内核与支撑点。

(三) 教育学课程地位变化的动因考察

教育学课程地位飙升是时代转型的产物,是外在因素与内在因素耦合、共鸣的结果。在这个过程中,社会的教育需要、教育市场力量的介入、教师职业发展的要求等都在有形无形地推动着教育学课程地位的变动与飞升。

1. 社会:教育需要结构的变化

教师生活在社会中,教师行业是依附于社会机体生存与发展的,而社会与教师行业的连接点就是教育需要。在20世纪90年代,普及与大众化教育是时代的教育主题,"有学可上"是社会对教育的主导需要;社会教育需要的基本内容是受教育需求;与之相应,教育回应社会教育需要的基本方式是教育规模的扩展、学额学位的批量供给。在当代,随着基本受教育需求的日益满足,选择与优质化教育成为时代的教育主题,"上好学"是社会对教育的主导需要;而社会教育需要的基本内容是对优质教育的需求,创造优质教育已成为教育事业回应社会的基本方式。所谓"优质教育",顾名思义,即"质量优异的教育",它不同于"优质教育资源";优质教育资源只是创建优质教育的必要条件,而非充分条件。以笔者之见,这种"优异"体现在三个方面,即优异的教育理念、优异的教育方式与优异的教育结果,这一切都源自教师对教育现象的理解,对教育实践的驾驭与对教育生活的创造。这三种"优异"的实现几乎都需要教师的教育专业优异，而非仅仅是学科专业优异。这是因为优质教育需要专业优秀的教师，一流的专业教师队伍是优质教育资源的首要构成要素。在这种条件下，教师的素质与专业水平就成为决定教育事业生命力的关键指标，成为教师教育活动的首要关注点；而扩张教育学课程，提高教育学课程的地位，有力回应社会的教育需要，就成为顺理成章之事。

2. 市场：教育人才进入社会的方式变化

社会教育需求对教育学课程地位的影响是间接的，它需要通过教师教育机构及其工作者的意识与敏感的中转才可能实现；与之相比，教育人才市场是社会与教师教育机构之间的直接关联渠道，它通过向教师教育机构的产品——新教师发出市场信号或供需信息的方式来直接影响教师教育机构的课程结构调整。20 世纪 90 年代之前，在教育人才明显匮乏、供不应求的形势下，我国高师院校的教育产品——师范毕业生是通过行政部门的指令性计划与分配进入教育行业的，学校只需要从"想当然合理"的角度设计师范生的课程结构，无须考虑来自社会的"反馈"与"响应"。但在当前，教育行业需求的相对饱和、教育人才市场的初步形成赋予了学校以更有力的反馈手段——就业选择，于是教育实践需要开始借助于教育市场的力量领跑教师教育课程的改革。从此，"供给型教师教育"让位于"需求型教师教育"，社会、实践、市场等需要选择师范院校的课程，决定各门课程地位的格局初步形成，师范院校课程设计权利受到了牵制与束缚。特别是目前的教育人才市场已发生了根本性的变化，表现为教师人员从"卖方市场"转向"买方市场"，社会、用人单位对新教师的选择空间放大，教师的培养模式日渐"从数量满足型转向质量提高型"。在这种形势下，教师教育机构不得不关注来自教育实践、教育市场的"呼声"，在人才选聘环节与"市场力"提升上给力日益成为教师教育机构提高自己教育产品社会竞争力的经常性方式。显然，面试、试讲、说课等各个教师选聘环节都是围绕教育学课程而展开的，对教师核心工作能力——教育教学能力提高有直接效能的也是教育学课程，随之而来的教育学课程地位提升就具有了社会必然性。

3. 行业：教师成长规律的要求

教师教育是一门学问，构成这一学问的根本是教师成长规律问题。

教师既在培养环境中成长又在实践环境中成长，既在自觉过程中成长又在自然过程中成长，既在日常生活中成长又在教育生活中成长。所以，多种成长方式的交错与共在是教师成长复杂性的体现，而教师教育的实质是一个基于教师自然成长基础上，利用理性、自觉、自主的培养方式加速教师的自然成长节律。因此，对教师成长规律的认识与尊重是有效教师教育的重要特征。在20世纪90年代，教育理论的强势地位以及对教育实践反作用功能的漠视，导致了一种以素质设计型教师教育——操纵专业课程结构的设计——影响未来教师的素质结构，是这一时期的教师教育模式的基本路线。然而，知识结构毕竟只是一种理论的幻想，它虽能够改变教师的认知结构，却不一定能积淀为教师的素质结构，更不可能面对教育实践呼风唤雨。素质是人用知识与习惯来应对实践情境的产物，素质设计型教师注定是低效或无效的。教育实践是教师成长的摇篮，是专业知识结构整合、生成素质的场址。"专家教师拥有的知识以脚本、命题结构和图式的形式出现，比新教师的知识整合得更完整"（斯腾伯格，等，1997），这种整合是通过教育实践来实现的。因此，在实践中成长更是教师发展的根本规律，教育实践是教师专业课程的统合点与中枢神经，更是教师教育课程模块集成的方向。一切有利于教育实践优化、改进的课程都是教师专业成长的元素。教育学课程地位的飙升是人们对教师成长规律认识深化的必然后果，是教师教育向教育实践理性回归的内在要求。

二、我国六所师范大学教育学课程改革的特点

在新的时代背景下，我国师范大学无不被卷入教育市场的大潮之中。作为教育人才市场的主体之一——师范大学的生存之道就是自觉地循着教育市场的信息，按照教育人才供需关系的变动，灵活地调整自己的专业课程结构，不断强化自己的市场求生能力，巩固自己教育产品的市场份额。其中，教育学课程改革是师范院校应对市场挑战的一个重要切入点，是改善毕业生的素质结构与市场反应力的主要出路之一。优势在比较中呈现，

实力在竞争中胜出。在教育市场面前，各师范大学"八仙过海，各显神通"，纷纷推出了独具特色的教育学课程改革方案，影响着我国教师教育改革的方向。可以说，当代的教育学课程改革真正步入了一个"群落时代""丛林时代"，一些具有时代性的新特点在教育学课程群中赫然而显。

（一）多样化

在教育改革力量的推动下，教育学课程不再是铁板一块，而是呈现出四面开花、百花齐放的景象：在"教育学基础"的统率下，一大批辅助性的教育学课程纷纷涌现，使教育学课程大家族空前扩张，成为教师教育课程模块中阵容最为庞大的一个课程族群。在此，我们将"六所师大"开设的 80 余门教育学分支课程分六类呈示如下。

1. 素养拓展类课程

该类课程与教育实践之间保持着一定距离，其目的在于养成新教师的专业素养和教育理念，深化他们对教育工作的理性认识。它主要包括以下学科门类：中国教育传统与变革（H）、教育与文化专题（H）、理解教育专题（H）、教师修养（X）、国际比较教育（X）、教育社会学专题（C）、教育经济学专题（C）、社区教育（C）、电影·教育·艺术（C）、教育人类学专题研究（C）、国际与比较教育（C）、学校教育（C）、教育伦理学（N）、学校德育原理（N）、基础教育的社会学视野（N）、中外教育思想史（N）、国际教育新理念（N）、教师职业道德（S）、现当代国际教育比较（S）、现当代中国教育思想研究（S）、现当代外国教育思想研究（S）、教育社会学（S）、教育哲学基础（S）、中国教育史（S）、外国教育史（S）、教育名著选读（H）、当代中国教育思想研究（H）、当代国际教育思潮研究（H）等。[①]

2. 德育与管理类课程

该类课程的直接服务对象是中小学德育与学校管理工作，其目的在

[①] 括号中所标示的字母为院校的代号，分别为北京师范大学（B）、华东师范大学（H）、首都师范大学（C）、南京师范大学（N）、西北师范大学（X）、陕西师范大学（S），以下均同此。

于提高中小学教师的教育工作艺术,增进教师对学生人格塑造的效能,提高学校教育与管理工作的规范性与效能性。它主要由以下课程门类组成:领导研究(B)、中小学德育实践指导(H)、中小学德育原理与方法(H)、班级活动的组织(H)、师生沟通的艺术(H)、家庭与学校的合作(H)、学校管理的理论与实践(H)、学校改革与实验指导(H)、校外教育指导(H)、教育政策与法规(H,S,X,C)、学校法律案例评析(X)、班主任工作(H,X,N)、教育政策与法规(H,S,X,C)、学校法律案例评析(X)、品德心理与品德教育(X)、班级管理(C)、家庭、学校与社区(N)、班主任工作与班级管理(S)、教育行政与管理(S)、家庭教育学(S)等。

3. 教学实施类课程

该类课程设置的直接意图是养成教师全面开展教学工作的实际能力,增强教师对教学工作的适应性与胜任力。教学是学校与教师的主要工作,提高教师的教学能力是教育学课程设置的基本目的。同时,教学工作是一门涉及多维度、多环节的系统实践,从课程开发到课程评价,从课程实施到智慧生成,都需要新教师接受各方面的培养与训练才能胜任。这就决定了教学实施类课程是教育学分支课程的主要构成者,它主要包括以下课程门类:教育评估的理论与实践(B)、教学技能实训(B)、教育实践智慧的生成(H)、教师口语(H)、校本课程开发专题(H)、案例教学的理论与方法(H)、中小学课堂教学艺术(H)、教育评价与测量(H)、研究性学习指导(H)、教学设计(H)、课程设计与评价(H)、教师行为研究与训练(H)、学习与教学策略(X)、综合活动课程设计与教学(X)、研究性学习设计(X)、课外活动设计(X)、教师技能(X)、板书设计与汉字书写技能训练(X)、研究性学习(C)、教学管理专题(C)、课程与教学论专题(C)、教的艺术与哲学(C)、微格教学技能训练(C,N)、课堂教学基本技能(C)、课堂教学基本功(C)、教师通用职业技能(N)、教师的教育智慧与形象设计(N)、课堂教学现场与教学细节(N)、课堂行为策略(N)、教师教学基本功(N)、校本课程开发与教研(S)、学科课程设计与评价(S)等。

4. 教育研究类课程

教育教学工作需要一定的研究基础，而研究技能和方法方面的专门训练是教师获致自主发展能力、成长为一名专业教师的必备条件。为此，"六所师大"都把教育研究类课程视为教育学课程的重要组成部分来建设。该类课程主要涉及研究技术、研究方法、研究成果表达等方面，包括以下课程门类：科研训练与创新活动（B）、质的研究方法导论（H）、教育研究与拓展课程（H）、教育行动研究（X）、课堂观察与分析技术（X）、教育研究概论（C）、行动研究实践（C）、课堂生活研究（C）、中学教育与教学研究（N）、学术规范与论文写作（N，H，X，S）、教育科学研究方法（S）等。

5. 时代性教育课程

当前，各师范院校陆续将教育改革的时代性主题纳入了教育学课程的群落，努力实现最新教育学知识、教育改革实践与当代课程建设之间的良性互动与及时摄入，确保教育学课程建设与时俱进。为此，一些师范大学主要设立了以下课程：教育前沿知识讲座（H）、新课程改革教学指导（H）、基础教育课程改革专题（S）、基础教育课程改革前沿问题（C，S）、教育改革专题（C）、教育投资专题（C）、教育舆论案例研究专题（C）等。

6. 教师发展类课程

教育学知识的直接服务对象是教师及其专业发展。帮助教师更好地设计自己的职业生涯，顺利实现从职前向职后、新手向能手的转变与过渡，确保他们专业的迅速、高效、可持续发展已成为当代教育学课程建设的新使命。在这方面，"六所师大"设置的针对性教育学课程有：职业信念与养成教育（B）、教育知识与技能养成（H）、教育家与教育实践（H）、教师专业发展导论（H）、中国现当代名师（H）、教师专业发展（S）、新教师工作指南（C）等。

（二）整合化

多样化教育学分支课程的产生，并不意味着各门课程之间是毫无关联、杂乱拼合在一起的；而注重各课程分支间的有机联系，使之服务于教师专业发展与教育实践需要，是贯穿各门分支学科课程间的主线。这些新生教育学课程之间存在着一种高度整合的关系，追求整合化是当代教育学课程的又一显著特点。纵观这些课程，不难发现它们之间的整合点与设计主线是较为清晰的。以形形色色的整合点将纷乱的课程门类串联起来，最终实现教育学课程设置的基本意图，是"六所师大"教育学课程设置的一条主线；同时，在教育学课程改革实践中，不同学校所选取的整合点是不同的，从而形成了不同的整合方式。

1. 基于教师专业成长过程的整合

北京师范大学的教育学课程设置明显是按照教师成长的一般节律来展开的，其大致设计思路是：基础知识——基本技能——研究拓展——实践演练——职业信念；其内在逻辑为教师成长是沿着一种"转化逻辑"展开的：教育知识在实训中转化为教育教学技能，教育教学技能在研究、实习中转化为从教能力，在日常养成教育活动中教师对职业的感性认识转化为职业信念。图5以北京师范大学特殊教育专业的教师教育课程整合方式为例予以说明。

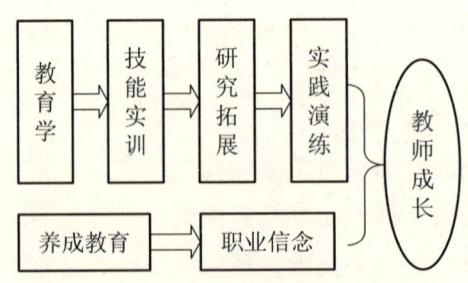

图5　北京师范大学教育学课程整合方式

2. 基于理想教师素养结构的整合

如果说北京师范大学着重关注的是教师专业成长过程，那么华东师范大学则较为关注理想教师素养结构的形成问题。所谓素养，是指从事某一行业或实践的人预先具备的专门独特的观念、能力、人格、品性等的总称。尽管从客观意义上看，教师素养结构与教育学课程结构之间不一定——对应；但毋庸置疑的是，缺乏相应课程知识与技能储备的教师是很难具有一定专业素质的，教师发展的实质就是"教师将所学的公共教育理论知识内化为个体内在素质，并外化为个体行为能力的过程"（陈振华，2003）。因此，教育学课程知识结构的合理设计必定有利于教师理想专业素养的形成。换一个角度讲，师范教育属于职前教师教育阶段，其根本属性是预备性、虚拟性，其主要使命是完成教师的预备专业化、虚拟专业化，这就决定了教师教育机构也只能从立基于理想教师的素养构成角度思考教育学课程开设问题。正是基于这一考虑，华东师范大学为师范生设立了三类教育学课程：教育与心理基础类课程、教育研究与拓展类课程、教育实践与技能类课程；其目的在于培养教师的三种素养：基本教育素养、专业教育素养、实践教育素养。尤其是在专业教育素养方面，华东师范大学为师范生设立了五类课程：教育历史与理论、课程与教学、学生发展、教师发展、德育与管理；分别着重培养学生的五类教育观念，即教育观、课程与教学观、学生观、教师观和德育观，以及学生的五类教育技能，即认识教育问题的技能、课程开发与教学实施技能、指导学生学习的技能、自我发展的技能、班级管理的技能。这些观念、知识与技能是作为一名未来教师应该具备的，是理想教师素养的应然构成。这里以华东师范大学颁发的《职前教师教育课程结构》为例，将其教育学课程整合思路用图 6 予以说明。

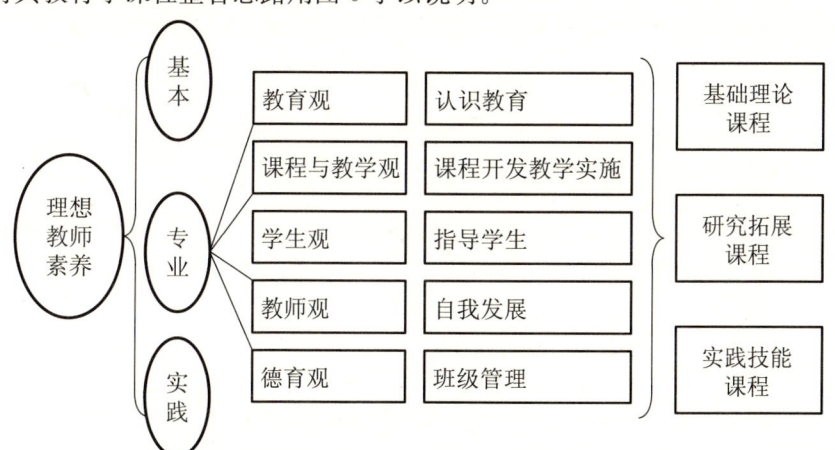

图 6　华东师范大学教育学课程整合方式

3. 基于教育实践需要的整合

南京师范大学在教育学课程设置上显然是从教育实践需要层面来整合学科门类，达到整体设计的目的。在其颁发的《教师专业化教育实施方案》中明确指出：教育学课程设置要遵循实践性原则，因为"教师专业素养必须在实践中发展，教师专业化教育课程必须体现实践导向"（南京师范大学教务处，2006）。教育实践需要教师具备哪些认识、知识、能力、修养，教育学课程就应该通过教育内容的精选、课程模块的组合、教育过程的设计来培养新教师的这些专业品质。显然，教师是教育实践的主导者与责任人，而要顺利开展教育实践，教师必须具备四方面的品质，即教育认识、教育能力、教学能力、研究能力；与之相应，中学教师应该学习四类教育学课程，即中学教育概论、班主任工作、教师通用技能、中学课程与教学研究。同时，这四类主干课程还需要借助于选修课来拓展与延伸，以实现新教师认识视野和专业能力的扩充与深化。为此，从基于"教育认识"提升目的的课程中延伸出基础教育的社会学视野、中外教育思想、国际教育新理念等科目，从"教师通用技能"课程中延伸出了教师的教育智慧与形象设计、课堂教学现场与教育细节、课堂行为策略等科目，从"班主任工作"课程中延伸出了教育伦理学、家庭学校与社区、学校德育原理等科目。在此，我们对南京师范大学教育学课程整合的思路剖析如图7所示。

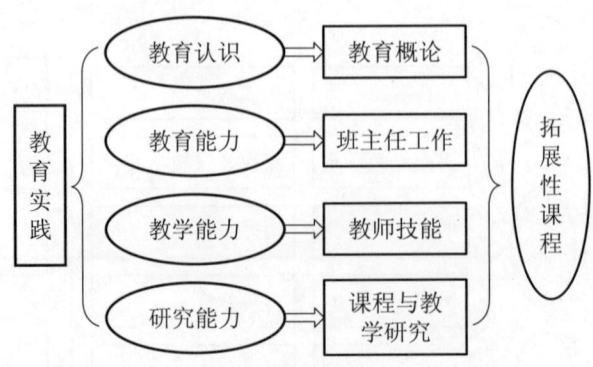

图7　南京师范大学教育学课程整合方式

由上可见，不同的师范大学对教师工作的认识理解与关注的焦点不同，就决定了他们对教育学课程整合点的选取有较大差异。教育学课程门类的整合既可能是为了达到特定培养目标的整合，也可能是为了实现某种理念上完整与卓异的教师素质养成的目的。无论是基于哪种整合点来安排教育学课程及其结构，都是有其合理性的。在教育学课程结构的整合上，各院校都是"摸着石头过河"，需要有一个探索的过程；而每一种探索与尝试都是达成理想教育学课程结构的一种途径和渠道，都蕴涵着一种课程设计的智慧和立场，应该给予宽容与关注。

（三）弹性化

追求弹性化是我国新一轮教育学课程改革的又一内在精神诉求。在"老三门"教育学课程框架中，整个课程体系是封闭的、定型的，所有师范生面对的都是这三门课程，任何教师教育机构与教师教育者都没有权利去增删或修改某一门课程，所以固定性、闭合性、指令性是传统教育学课程的基本特征。在当前，随着教育视野的开阔、教育学知识的倍增、教育知识生产能力的膨胀、教育活动领域的扩张、教育实践方式的丰富，"老三门"教育学课程已经难以为继，来自教育学界与教育实践领域的问责与呼声愈来愈强烈，迫使这种课程构架向外敞开，模块化教育学课程建设方案便随之产生。实际上，模块式教育学课程的产生不仅是教育学课程框架被迫开放的结果，而且是教育学课程细化与重组的产物。将铁板一块式的教育学课程分解为一个个学科门类或单元，让学习者在选科原则的指导下灵活地根据自己的兴趣与爱好选配课程门类，形成个性化的课程修习方案，是模块式教育学课程的基本功能。在模块式教育学课程群中，课程具有了必修与选修之分：必修课体现了教育实践对教师的共性要求，保证着教师培养的基本资质；选修课体现着教育实践对部分教师的特殊要求，以确保教师的个性化成长。在选科原则的调控下，教育学课程板块具有了无穷的可变性和组合方式，整个课程发展成为"一个个或独立或相互联系的课程形式"（钟启泉，等，2005），教育学课程的灵活多变性得到了高度体现，个性化教师的养成有了可能。在这种情况下，教育学课程具有了可组合性与弹性，学习者具有了选择权，对新教师的培养具有了差异性，这就为教师教育活动最优化地满足教师个体的发展需要创造了条件。具体而言，模块式教育学课程的弹性主要表现为三种形式。

1. 课程门类及开设的弹性

在模块式教育学课程中，"教育学基础"相对稳定、必不可缺，但选修课是可以不断增减的。例如，首都师范大学、西北师范大学、陕西师范大学等校的教师教育课程模块实际上由两部分组成：一个是学校颁布的指导性开课方案，一个是教师个体自主开发的教育学课程新门类。尤其是后者，大多数学校规定，只要教师完成了本课程的开发并获得了学校的认可，就可以面向全校或部分学院开设该门教育学课程，这就使选修板块的教育学课程始终处在更新变化之中。如西北师范大学在其课程方案中指出："任选模块中的课程根据教学需要将继续增加。"（西北师范大学教务处，2007）因此，整个教育学课程门类始终是不定型的、动态更新的。

2. 课程实施的弹性

有学者指出，"教"与"学"不同，"教"的发生是"被组织的"（organized）结果，而"学"在很大程度是"自组织的"（self-organized）（周成海，2007），故从"教"到"学"，从"课程组织"到"课程实施"，必须是一个因应学生个性而进行的弹性调适过程。在各个教育学分支课程的实施中，由于课程开发与设计完全是由某一位教师负责组织实施的，他（她）完全可以不受强制性教学大纲的限制，根据学生的需要、教育实践的发展及自己的经验结构和教育理念灵活地选择课程内容，进行创造性编排，形成独具特色的课程体系。这就使每门教育学课程，尤其是教育学选修课程更具灵活性与伸缩性。

3. 课程组合的弹性

如上所言，课程组合的弹性主要体现在学生可以按照选科原则与学分要求以及自己的兴趣意愿选出自己要学习的教育学课程门类，形成个性化的课程组合方式与修习方案，最大化地满足自己的学习需求。

总之，教育学课程的弹性化为教师教育实践的开展注入了新的养分与活力，使教育学课程更具有丰富的可变性。

（四）个性化

在模块化设计思路的影响下，当前我国师范院校教育学课程的开设与修习日益具有了个性化的特点：学校具有教育学课程模块设计的自主权，这就为不同院校个性化教育学课程模块的设计提供了条件，全国千人一面的教育学课程开设面貌被根本改变，每所院校、每个学生的教育学课程具有了自己的特色与风格；教师开设教育学选修课程权利的获得，致使教育学分支课程呈现出百花齐放、百舸争流的局面，只要有学生选修就可以自主开设，教学大纲的拟定、课程内容的筛选由教师自主决定，每门教育学课程都具有了个性化的品质，使封闭型的课程格局被彻底打破；学生自主选修课程、选择开课教师，并为每个学生赋予了参与制订个性化教育学课程学习方案的权利，使他们在自由选择、自由组合中生成着自己的专业学习计划，个性化的教师成长道路得以保证。一句话，在模块化课程设计思想的指导下，学校、教师、学生参与教育学课程建设与创造的积极性得到了空前的激发，教育学课程个性化发展的道路日益明显。而且，在实践中教育学课程的个性化具体表现在以下三个方面。

1. "六所师大"教育学课程模块各具特色

在调研中我们发现，每所学校的教育学课程模块都独具特色，教育学课程群建设个性化的势头日趋明显。

北京师范大学在教育学课程模块设计中注重对师范生两方面专业品性的培养与养成：一是职业信念，二是科研训练。相对而言，该校更为注重师范生的职业信念与养成教育。以课程开设计划为例，"职业信念与养成教育"一科在师范生八个学期中都要开设，其课时达到128学时，由此形成了一种"以职业信念养成为重点的教育学课程模块设计风格"。

华东师范大学在教育学课程模块设计中更为强调课程的丰富性与学习的个性化特点。从该校的教育学课程模块看，必修课2学分（教育学基础），选修课5学分（除"学生发展"这一心理学板块），开设出50门选修课供选择，为学生个性化选择提供了较大的自由空间。华东师范大学教育学课程模块突出的是丰富性这一独特品格。

南京师范大学强调的是教育实践。该校教育学必修课程总共为22学分，其中班主任工作、教师通用技能就占了4学分，这与国内其他师范大学相比是绝无仅有的。同时，在学校开设的12门教育学选修课中有4门是与教育实践密切相关的（家庭、学校与社会，课堂教学现场与教学细节，课堂行为策略，教师的教育智慧与形象设计），占了全部选修学科的1/3。南京师范大学教育学课程模块在设计中体现出的是"以教育实践为本"的特色。

西北师范大学不仅加大了教育学必修课程的比重（达到了12学分）以及扩大了其课程的门类，而且还为学生规定了6学分的教育学选修课程。该校为学生开设的16门教育学任选课中有9门就明确要求——采用案例教学的方式，这显然对于提高师范生的实际教育教学能力很有帮助。所以，"强调案例教学"是西北师范大学教育学课程模块设计的鲜明特色。

首都师范大学的教育学课程亦有其特色。该校明确要求所有教育专业相关院系，如教育学院、基础教育发展研究院、文学院、数学学院等都要开设教育学类选修课程，从而构成了一个规模庞大的教师教育课程模块。在这一模块中，许多课程都新颖别致，告别了传统的教育学科类，紧随时代教育事业的发展步调，凸显出现代化、新颖性的气息。如电影·教育·艺术、教育舆论案例研究专题、教学的艺术与哲学等，都散发着浓郁的时代气息。可以看出，首都师范大学在教育学课程设计中体现出的是"开放性与时代性"特色。

陕西师范大学在教育学课程开设中的独特之处有二：一是将"基础教育改革专题"列为教育必修课；二是开设了由"通识教育核心选修课"与"任选课"两大板块构成的教育学选修课模块。其中"通识教育核心选修课"是由学校规定的一系列指导性选修课目，包括教育学课程17门；而"任选课"则是由教师根据个人提出开课计划、开课对象来自主开设。在17门核心选修课中，有5门是围绕基础教育改革这一时代主题开设的，如基础教育课程改革专题、现当代国际教育比较、现当代中国教育思想研究、现当代外国教育思想研究、校本课程开发与教研都与教育改革时代密切合拍。可见，该校在教育学课程模块设计中体现出的是"以基础教育改革为中心"的时代特色。

2. 形成学生修习方案的特色

在模块式教育课课程中，"六所师大"各自设计出了独具特色的必修课与选修课的组合方式，为引导学生科学组合教育学课程门类、形成既能保证基本教育质量又能满足个人学习兴趣的修习方案提供了导引。

北京师范大学教育学课程选修模式为：必修（2）＋专业平台上选修（3/4）[①]。例如，特殊教育专业师范生都必须修习"教育学基础"与"教学技能实训"两门课，教育学课程模块中的研究与拓展板块的选科方式是从学校教育与学生健康、教育评估的理论与实践、教育媒体理论与实践、领导研究4科中选择3科修习。这4门课程全由本专业梯队教师开设。

华东师范大学教育学课程选修模式为：必修（1）＋专业学院平台上分六类选修（6/50）。所有师范生在选择必修课程"教育学基础"之后，再从教育研究与拓展板块中——教育前沿知识讲座、教育历史与理论、课程与教学、学生发展、教师发展、德育与管理等各类板块中分别选择1门课程，进而构成学生的教育学课程修习方案。

南京师范大学教育学课程选修模式为：必修（3）＋专业学院平台上选修A类［(1—n)/12］。所有师范生在选修了教育学公共必修课程，如中学教育概论、班主任工作、教师通用职业技能之后，再需从A类教育选修课程中选修至少1门课程（至少2学分）。这些课程均由教师教育学院与教育科学学院负责开设。

西北师范大学教育学课程选修模式为：必修（4）＋专业学院平台上选修（6/14＋[②]）。所有师范生必须修读教育学概论、教育科研方法、教

---

① "3/4"意指"4门课程中选修3门教育学类课程"，其中均不包括心理学类、教育技术类、教育实习类课程，以下同。

② "＋"代表教育学选修课程的备选门类在不断增加。

育测量与评价、教师专业发展 4 门必修课，然后再从 14 门任选课程和教师个人新开设任选课课程（14＋）组成的选修模块中选修 6 门教育学类课程（6 学分课程），由此组成自己的修读方案。

首都师范大学教育学课程选修模式为：必修（2.5）① ＋学校平台上选修［（4—8）/n］。选修方法是：学生除选修必修课教育学基础外，还须在学校组建的教师教育选修课程模块中选修 4—8 门教育学课程，总共修够 8 学分。

陕西师范大学教育学课程选修模式为：必修（4）＋专业学院平台上选修［（1—2）/17＋］。具体做法是：所有师范生在修读 4 门教育学必修课程——教育学、基础教育课程改革专题、教师职业道德、教育政策法规之外，还须从 17 门核心教师教育系列通识选修课和教师自主开设的公共任选课程中选修 1—2 门课程，达到 2 学分的修习标准。

个性是事物和个体存在的标志，是事物之间、个体之间相对而言的差异性、区分性。就教育而言，有差异的事物与个体之间才会产生相互学习、共同壮大的行为，差异是事物、个体之间产生学习动力的基础，差异本身就是一种学习的资源与对象。个性化发展趋势的形成是教育学课程整体走强的物质基础，"六所师大"教育学课程模块的个性化设计是全国范围内师范院校之间相互学习对方的课程开发理念、课程设计思想、课程管理思维的平台；不同教师开设的个性化教育学课程门类是教师之间相互学习的桥梁，他们在课程开设中取长补短、优势互补、特色共享、相互借鉴，这是促使一所学校教育学课程整体走向强势的基本途径；不同学生所形成的个性化学习方案是引导师范生在相互参照、相互借鉴中形成最优化、最适合自己的量体裁衣式学习方案的条件。没有比较就没有差异，没有差异就没有个性，没有个性就没有学习。学习不仅是外在的信息、道理、精神力量向学习者身心的进入，更是学习者社群内部的各个个体个性互动与差异对流活动。有个性的学校课程设计模块有助于创造一个学习型大学共同体，有个性的教师课程开设方案有助于创造一

---

① 首都师范大学的教育学基础课程包括半年的嵌入式教育见习，故为 2.5 门。

个学习型教师共同体,有个性的学生学习方案有助于创造一个学习型学生共同体。所以,教育学课程个性化的发展态势必将催生出一系列学习型社区、学习型社群、学习型集体,成为我国教育学课程群落推陈出新、日渐强大的巨大推动力。

(五) 实用化

在当代教育学课程改革中凸显出来的另一个重要趋势是实用化。在"老三门"教育学课程框架中,强调知识性、理论性和一定的抽象性是教育学课程的首要特点,而教育学课程则处于相关学科基础理论(如心理学)向学科教学理论发展的理论交接点上;课程设计者认为教育理论是以不变而应万变、一劳永逸的事情,是最具实践效力的一种从教资本,在教育实践中没有教育理论解决不了的事情与问题。在这种思维的主导下,教育学课程成了教育理论的堆砌场所、教育观念的聚会之地,追求高理论成了教育学课程的立基点。在当前,随着市场化力量的介入,教育实践对教师教育机构的反作用力量与选择权利的日益强化,教育实践及其要求成为判断教育学课程优劣的首要标准,追求有深度、高浓缩、强张力的教育理论受到了教育实践的无声抵抗,日益陷入孤家寡人的境地。随之,教育学课程走向实务化、实效化和实际化的趋势日益明显,教育学与教育实践之间的联姻、联盟关系日益清晰。在新的教育学课程板块中,新增课程门类大多是以服务于教育实践为导向的,新教师进入教育实践所需要的教育技能类课程、微格教学类课程、教师实训类课程、教学研习类课程、教育智慧类课程大量增加,为师范生将习得的教育理论融入教育实践、适用于教育实践,并生成现实的教育技能与教育智慧搭建了桥梁。所以,在模块化课程设计中教育学课程实用化走向体现在许多方面。

1. 技术类、工作类、实训类、艺术类课程门类增加

以"六所师大"为例,北京师范大学开设的教学技能实训,华东师范大学开设的课程设计与评价、校本课程开发专题、教学设计、中小学课堂教学艺术、班主任工作、新课程改革教学指导、教师行为研究与训练、班级活动的组织、中小学德育实践指导等，南京师范大学开设的班主任工作、教师通用职业技能、教师的教育智慧与形象设计、课堂教学现场与教学细节、课堂行为策略等，西北师范大学开设的综合实践活动课程设计与教学、学习与教学策略、课堂观察与分析技术、课外活动设计等，首都师范大学开设的行动研究实践、微格教学技能训练、课堂教学基本功、班级管理、××学科教学技能训练等，陕西师范大学开设的校本课程开发与教研、班主任工作与班级管理、学科课程设计与评价、名课视频赏析与课堂教学技能等，这些新型教育学课程门类的出现意味着教育学课程实用化的走向日益明显。

2. 理论课程中实践成分的增加

在实用化取向的推动下，一系列原本纯理论性的教育学课程纷纷在课程名称中增加了"……与实践"、"……与方法"等字样，使这些课程中的实践成分随之大大增加。譬如，北京师范大学开设的教育评估的理论与实践，华东师范大学开设的课程开发的理论与技术、案例教学的理论与方法、学校管理的理论与实践、中小学生德育原理与方法等，都是这些课程受实用化潮流影响的直接结果。同时，教育学理论课程中嵌入教育实践的内容已经成为大势所趋。如首都师范大学在教育学课程开设中直接嵌入0.5学分的教育见习，陕西师范大学在教育学课程中直接导入教师"课堂教学技能"，对说课、听课、评课、讲课的实际技能进行专门训练。这些新举措的实施有效地"淡化""稀释""降低"了教育学理论课程的理论性与抽象性，为打造有实效、重实际的教师教育课程模块创造了条件。

3. 理论课程与实践课程之间的中间性课程开始出现

在"老三门"教育学课程框架中，学生对教育实习、实践课程的学习是自己的事情，教育理论在大学课堂讲授完毕即可了事，教育理论与教育实践间的落差偏大，直接导致了"教非所学""学非所教"的理论教学与实践学习之间脱节现象的屡屡发生。在模块化教育学课程中，比较引人注目的是一系列中间性课程大量出现，正在陆续填充着这道理论与实践间的"鸿沟"。如微格教学（S、X）、新教师工作指南（S）、教学技能实训（B）、首都师范大学的实习嵌入式教育学课程等，都促使教育学理论课程实用化趋势的发生，而那种高理论、远实践、轻技能的课程设计思维日渐淡出教育学课程领域。

（六）终身化

教育学是一个学科门类，师范生学习教育学课程的目的是为了获取一门初步的职业能力，成为一名专任教师或一位专职管理者。这就决定了教育学理论与技能的学习都只是大学生进入职业领域、跨入教师行业门槛的准备与基础，而实际的职业发展与专业成长则是一个漫长、曲折的复杂过程。正如杜威（2006）[172]所言："职业是一个表示有连续性的具体名词。它既包括专业性的和事务性的职业，也包括一种艺术能力、特殊的科学能力以及有效的公民品德的发展。"因此，如何将专业学习向专业实践延伸，增进未来教师自己获取新知识、新技能的能力，最终实现教师专业的持续发展，成为当代教育学课程开发者与设计者思考的一个重要问题。针对这一问题，面向教师一生的专业发展组建课程模块正成为当代教育学课程发展的又一重要趋势。在"六所师大"教育学课程模块中，这种终身化的倾向随处可见，集中表现在三个方面。

1. 教师及其发展类课程独立化设置倾向明显

不了解教师职业特点的人是难以成为一名优秀教师的，这一点已成为当代教师教育者的共识。所以，促进师范生掌握教师专业发展的规律与特点，学会自主设计职业生涯，调控专业发展方向，是师范大学专业教育的重任之一。因之，"六所师大"几乎都将"教师专业发展"列为教育学课程模块中的重要一块，且独立化设置的势头已经出现。如华东师范大学将"教师发展"列为六大类教育学选修课程中的一类，要求学生必须从中选其一，这就确保了对该类课程的开设与教学。尤其值得注意的是，该课程模块考虑到了教师专业发展全程的需要，着力按照教师专业成长这一线索来设计课程。按照新教师"入职——知能养成——实践研究——智慧生成——成就名师——成就教育家"这一成长线索，华东师范大学分别为学生开设了以下课程：教师专业发展导论、教师知识与技能养成、教师行为研究和训练、质的研究法导论、教师实践智慧的生成、中国当代名师、教育家与教育实践等。这一课程设计思路对师范生专业成长真正做到了全程呵护。再如，北京师范大学开设的职业信念与养成教育，显然是面向师范生终身专业发展的；首都师范大学还专门为新教师专业成长的起步设置了一门职业导入性教育学课程——新教师工作指南；西北师范大学为学生开设了教师专业发展必修课；陕西师范大学的选修课模块中也独立设置了教师专业发展这一课程。这些迹象表明，从专业发展全程角度将教师教育辐射到师范生一生的教育工作中去，已成为教育学课程改革的重要思路。

2. 通过加大科研训练提高师范生独立解决实践难题的能力

可以说，教育学课程所涉及的知识和技能都是着眼于已经预见到的教育问题而设计的。在校内教师技能比赛中这些知识技能应该是非常奏效的，但一到真实的教育实践情境中，情形可能会发生很大变化。在未来教育实践中，教育难题层出不穷、次第涌现，教育情境千姿百态、千变万化，教育形式游移不定、难以把捉，这就需要新教师具备研究教育问题、创造性地形成教育对策的能力与智慧。为此，加大研究性课程、培养研究型和反思型教师，日益成为教育学课程设计与开发的方向标。从"六所师大"情况来看，北京师范大学的表现最为突出，在其教师教育课程模块中专门设置了科研训练与创新活动模块，加强对师范生研究能力的培养；华东师范大学亦强调学生科研素养的培养，在教师发展模块中专门为学生开设了教育研究方法与质的研究方法导论两门课；首都师范大学教育学课程模块按照教育理论基础、教育实践基础、教育科研基础三大部分来设计，并开设了教育研究概论与课堂研究两门课程；西北师范大学除了为师范生开设教育科学研究方法必修课之外，还设有教育行动研究和课堂观察与分析技术两门选修课；陕西师范大学不仅在教师教育课程模块中设有教育科学研究方法一门课，而且在实践模块中还设计了科研训练一科。加大与强化研究类课程，对提高师范生处理复杂教育实践问题的应变力与适应力，顺利实现他们一生的专业发展无疑有重要的教育意义。

三、我国师范院校教育学课程改革面临的问题与挑战

教育学课程群是师范生专业素养综合提升的基本依托，是促使其专业能力终身持续提高的理念和能力的支点，也是我国师范院校不辱社会使命、办出特色、整体走强的根本保证。当前，教育学课程的新发展对于打破封闭、僵化、单调、呆板的"老三门"课程框架，创造一种开放、灵活、多元、有效的教育学课程模块具有重要意义。但是，任何事物的发展都有其两面性，在教育学课程模块对既往课程设计范式进行新一轮扬弃之后，一些新问题、新挑战又会接踵而来。如果我们对新的教育学课程模块缺乏一种理性检审能力与鉴别能力，那么教育学课程群建设就可能会面临新的危机。在当代教育学课程的新发展中亦然带有一些致命性问题有待我们积极去应对，并予以克服。所以，发现问题、自觉改进、与时俱进、优中更优，是教师教育工作者推进教育学课程建设更上一层楼的重要战略。

（一）忧思：影响教育学课程的关键问题

当前，教育学课程在建设中所暴露出来的问题与弊端不乏其有，如果对这些问题和弊端缺乏高度警惕，尤其是对一些关键性问题缺乏心理准备与应对预案，极有可能湮没其优势与进步，最终使课程建设回复到以前的老路上来。在此，我们将这些问题归纳为以下几点。

1. 课程泛滥倾向

教育学课程门类的多样化不是一件稀罕的事情，这种趋势的产生具有其内在必然性和自然性。一方面，由于专业教育研究队伍的壮大、教育机构的上移、教育理论研究的活跃、教育实践研究的普遍开展、中西教育交流的制度化等原因，教育学知识呈现出突飞猛增的趋势，并患上了一种时代顽疾——"信息膨胀症"（乔治·瑞泽尔）。概念泛化、学科互涉界限模糊等就是这种时代顽疾的表现。因此，大量的教育知识向教师教育领域挺进的直接结果就使得教育学课程增加，教材变"厚"、变

"多"。另一方面,从教育学教材演变的角度来看,课程的细化必然导致教育学知识"章节"向教育学分支课程加速"升级"趋势的发生。如教育的发展、教育与社会的关系、教师发展等章节,逐渐演变为教育史专题、教育与社会专题、教师专业发展等教育学独立分支课程。教育学知识的剧增与教育学课程的细化导致了我国师范院校教育学课程门类的激增与教育学课程群的形成。现实中,教育学课程"泛滥"现象的产生引发了这样几个方面的问题:一是教育学课程知识走向零散化。原本统一于一门课程、一个体系(如教育学)的课程,现在分为一个具有相对独立的新体系的学科,这些知识之间的联系被弱化,不利于凸显教育学课程的内在逻辑联系,也不利于学生形成完善的教育学知识架构。二是导致了大量的重复学习、过度学习现象的发生。一个知识点可能在教育学及某几个教育专题等多门学科中重复出现,成为好几门学科的知识交叉带与重合区,既浪费了学生的学习精力又影响了他们的学习热情。三是表面上看似教育学课程群落很完善,便于学生专业全面发展,但许多教育学分支课程是以选修的方式出现的,学生不一定修习所有教育学分支课程,这就造成了许多学生实际上只学习了原本完整的教育学分支课程中的一部分内容,每个学生身上最终形成的专业素养结构是不完整的,甚至可能存在严重的缺陷。四是加重了学生的学习负担,误导着学生的学习与选科,甚至学生在专业学习中容易滋生避难从易、应付差事的心态,不利于他们开展扎实的专业学习与实践训练。

课程门类泛滥是教育学课程建设中的理想主义表现,一些教育学课程设计的表面化、形式化、装饰化倾向,实际上只是给这门课程增加了许多完美的脚注与饰品而已,在实践中则难以取代教育学这门课程的修习。所以,表面的完美无瑕并不意味着教育学课程效能的完美无缺,有的教育学分支课程只为学生打开了审视教育实践活动的一个视野、一个窗口和一个角度,却没有真正把学生引入到这个视野中去探索、去思考、去实践。

2. 两极化倾向

在教育学课程模块设计上,各院校尽管千差万别、不拘一格,但在教育理论与教育实践的侧重上则各执一端，分野之处异常明显，形成两极化倾向。那些以研究型综合性大学为发展定位的师范大学在教育学课程设计上走的是理论化、重研究的一极，而那些立足于区域发展战略、重视教师教育特色的师范大学走的则是实践化、技能化的一极。以北京师范大学与南京师范大学为例：北京师范大学实践类教育学类课程在课程模块中的比重偏低，只有1学分的必修课（教学技能实训）；而南京师范大学为全校师范生设置了2学分的教育实践课（教师通用技能）和2学分的班主任工作课程，二者均为必修课。可见，两校在对教育实践课程的重视程度上相差较大。

两极化倾向的形成源自多种因素，其中学校总体发展规划、教师教育的组织机构、主导学校的就业市场等是主因。一般而言，强调教师教育特色的师范院校，如南京师范大学、陕西师范大学等较为重视教师技能训练，而发展定位为"研究型综合性大学"目标的院校如北京师范大学则较为注重教育理论研究。那些由专门的教师教育机构负责教育学课程开设的学院则较为注重教师技能类课程，如南京师范大学的教育学课程教学主要由教师教育学院负责，首都师范大学的教育学课程教学主要由基础教育研究院负责，故较为注重教师技能训练；而那些主要由专业学院，如教育学院或教育科学学院负责师范生教育学课程教学的学院则较为注重教育理论课程。那些就业主导市场以一线中小学为主的师范院校则较为注重技能类教育学课程开设，如南京师范大学、首都师范大学；而就业主导市场以研究机构、大专院校或面向考研的师范院校，则强调教育理论与研究类课程开设，如北京师范大学。总之，各校对学校总体发展定位的不同，承担课程开发的教育机构不同，对教育市场的依附程度不同，就会顺应不同的教育学课程建设发展方向。

其实，两极化倾向的形成极不利于师范院校的健康发展。一方面，过于偏重于教育教学技能训练的教育学课程设计思路容易导致学校办学格调降低，教育人才培养层次下降，教育学课程学习庸俗化、程式化倾向滋生。对师范大学而言，其培养教师的主要工作不仅仅是实践或实习，而且还是理论知识的储备、研究素养的造就与发展潜质的培育。正如杜威（2001）所言："模仿结局是一件表面的和短暂的事情"，毕竟教育实践是千变万化的，要在面对教育实践时游刃有余，教师必须具备教育理论的准备和形成自己的有效实践理论与个人教育哲学的能力。国外有研究也表明："昨日和今日的专业技能无法满足未来的需要，专业学校却完全被那些陈旧的技能迷住了，无暇顾及正不断涌现出来的新能力。"（阿吉里斯，等，2008）[136]教育学对教师从教能力的帮助集中体现在专业知识的导引上，一切教育教学技能的形成都必须建基于教育理论摄入、介入、融入的基础之上。跨过教育理论的桥梁而直接引导师范生进入教育实践，刻意练习那些专门应对市场挑选的机械式教学技能，最终结果必然导致教育学理论在师范生学习中的"空壳"化现象的发生，使师范生在未来教育实践中的发展潜力、发展空间受到严重束缚。另一方面，过于偏重教育理论、教育研究的教育学课程设计思路也是有害的。理论的射程是有限的，"理论在两个相关命题中耗损：考虑完全的复杂性和具体性，以尽量可能简单的方式完成"。（阿吉里斯，等，2008）[18]教育学是一门实践之学，是基于实践、发展于实践、为了实践的学科；如果只停留于书斋与大学课堂中，对理论之学故步自封，学生足不出户、目无实践、没有丝毫教学技能与教学经验体验，那么教育理论与教育研究就会断源截流，失去源头活水；教育学最终可能陷入从理论到理论的旋涡之中而不能自拔，教育学课程也可能会因此在学生中、实践中失去生命力、吸引力和接入点。因此，两极化教育学课程设计的思维方式必须摒弃掉，当代教育学课程需要的是一种教育理论与教育实践之间平衡、互动、互依、相长的课程设计理念和思维方式。这种设计理念和思维方式是：教育理论、教育研究必须向教育实践而生，向教育实践延伸，为教育实践而调整，为教育实践而深化，始终围绕教育实践的轴心和目的而展开；故教育学课程中的教育学理论知识不仅不可或缺，而且还要适当增加、大力强化。从一定角度看，教育学理论和研究的强化就是师范生专业潜能的扩展与扩容，也是其专业生命力的潜在延伸与无形拓宽。作为新教师的职前教育准备工作，师范教育为学生首先要准备的是教育知识、研究能力、发展潜力，其次才是可以直接用到的教学技能、教育技术、教学程式。潜力是增生性的，而技能是定型化了的；潜力对教师专业活动的改进是全方位的，而技能对教师专业活动的改变是点对点式的。因此，弱理论甚至无理论的教育学课程教学是最无效的教学。同时，教育实践必须是有教育理论指导、加载、思考、准备下的实践，教育技能训练必须是那些被教育理论验证为可行、可信、可靠的活动方式与行动策略的训练；否则，教育教学技能的训练就成为成熟教育经验的模仿与复制，成为机械教学规则的运用，而这些训练显然不是教师职前教育的主要任务。实践证明，教师在教育生活中所用到的大部分实际教学技能都是在漫长职后教育实践中反复切磋、逐步成长起来的，在这一点上师范院校的教育与训练不可能一步到位。一句话，教育理论、教育研究对教师发展而言具有前瞻性、长效性、潜在性、根本性，而教育技能训练则具有实用性、直接性、即时性、表面性，二者只有在教育学课程中协调平衡起来，才可能提高教育学课程的整体效能。

3. 职业性向教养之力

教育研究表明，一位老师之所以能够胜任教师职业，不单单是他（她）具有地道的教育眼光、懂得相关的教育知识、具备从教的实践技能，更重要的是他（她）具有一种适合做教师的性格倾向、自然禀赋与人格气质。其中，后者就是教师的职业性向。所谓"性向"，就是沉积在人的人性层面的较为稳定、难以变异、惯性特强的心理品性。国外对这种"性向"的测试是通过"SAT"考试来实现的，具有特定性向是某些人能胜任特定职业的必需条件。相对于专业知识与技能而言，职业性向是人胜任某种职业的最大潜能与资质。对于教师职业而言，它需要的职业性向有性格温和、宽容理解、善解人意、亲和交流、沉稳大方、爱心仁慈、和蔼可亲、温存优雅、包容持重等。这些品性深藏于教师言行、作风和思想的深处，位于教师"专业素养冰山结构"的隐性层面，是一种微妙而又难以察觉的品性，是一种从各个方面、各个时空、各个层次上决定着教师的教育行为、教育话语生成方向的实在性力量与实质性要素，也是从根本上制约着教师职业活动、职业胜任力与职业成就的因素。

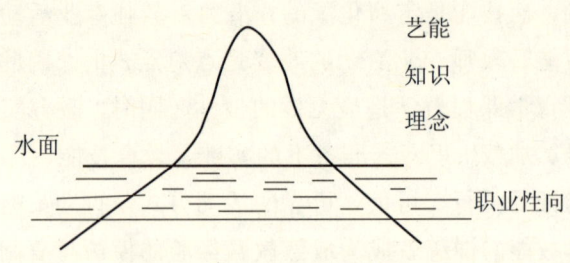

图 8 教师专业素养"冰山"结构图

教师的专业性向与教育艺能、教育知识、教育理念的培养方式不同，必须通过长期教养、持续积淀、风化习染的方式来进行。教育艺能可以通过实践训练习得，教育知识可以通过课堂传授来实现，教育理念可以通过体验性学习来改变，它们大都是可以后天习得的，只要通过对教育学课程群的合理设计与科学实施就能够完成这些培养任务；而专业性向则不同，它更多地与人的先天秉性、气质类型以及早期的生活经验密切相关，所以对它的改变就不是那么轻而易举的。一般而言，教师职业性向的形成有三条途径：一是自然形成，二是早期培养，三是后天一以贯之地教养。对于第一种途径，可以通过师范院校的招生遴选环节来实现教师行业"人——业"间的搭配；对于第二种途径，可以通过早期生活干预与刻意性向塑造方式来实现，师范院校无法介入、力不从心。因此，对已经入学的师范生而言，前两种性向改变途径已显得不可能，至少很艰难。我们唯一可以诉诸的就是第三种途径，即长期的性格教养，这就必须设计一类特殊的教育学课程。客观地看，现有的教育学课程模块难以达至教师职业性向培养和改造这一层面，其对师范生的教育生活全程、全面、深层的渗透力也是极为有限的，尤其对他们未来教育生活的影响力更是薄弱的。实际上，北京师范大学专门为师范生开设了一门贯穿四年专业学习生活的"职业信念与养成教育"课程，这在师范生职业性向教养上不能不说是一大创举。然而，这一做法需要完善之处还很多。我们认为，要增强教育学课程对师范生职业性向的教养效果，师范院校应该统筹设计四年的教育学课程修习计划，力争用职业性向教养这一内线把那些各顾一面的教育学课程"串联"起来，并把职业性向养成的任务有机地渗透进去，使之在不同阶段、从各个方面服务于师范生职业性向的养成上，努力实现对学生的显性课程学习与隐性性向教养合而为一。通过研究设计，师范生职业性向培养课程一般包括两类：一个是"擦边球"式隐性课程，即在上述教育学课程中隐蔽地参合进职业性向教养的内容；一个是"主题"式显性课程，即开设一系列专门的职业性向教养课程，如教育者性格重建、教育者人格塑造、教育者气质培育、教育者心态调适、教育者性情调养、教育者精神修炼等方面的课程。无论哪种职业性向课程，它们都需要长期的规划统筹、多样化的活动设计与丰富多彩的教育内容作保证。如果说一般教育学课程的主要任务是把教育活动的理念与要求"注入"到教师的教育活动、教育言行中去，那么性向类教育学课程的重任是将一种稳定的人格性向"植入"到教师的骨子里或者精髓中，沉积到教师教育生活的最底层中去。"冰冻三尺非一日之寒"，这是一个漫长而又艰巨的教养过程，需要教育学课程设计者和教育实践工作者付出更多的耐心与细心。

4. 课程选修指导滞后

可以看出，现有教育学课程群的设计是独具匠心的，它希望师范生能够按照自己的意图，形成一种既符合教育实践要求又能反映个人爱好兴趣的教育学课程修习方案。但是，目前的实际情况则不然，在众多的选修课程中，不同学生选修课程的心态与动机是复杂多样的，并非人人都是纯正无瑕的。尤其是一些学生在功利心态驱使下而选课，使课程设计者常常陷于束手无策的困境之中，课程选修制度也趋于无序状态。就目前而言，许多学校一贯采用的选修原则是"块中选一（或二）"，即将所有选修课程分为若干板块，每个板块中都含有若干门选修课，让学生从中选择符合自己兴趣或需要的一门或两门课程。向学生提出这种选修原则的确是必要的，其意在于保证学生最终形成的教育学知识结构基本完整。但这一原则的有效性是有限的，它尽管能够保证学生所选学科大致上符合学校的规定或培养目标，却不能保证学生形成的"必修＋选修"组合课程一定符合当下教育实践的要求或个人的真正学习兴趣。原则规定不了学习者的心性，原则也控制不了学生的不良选科心态。当这些不良选修心态在学生"兴趣需要"的幌子或名义下乘虚而入的时候，选修制度就会受到严重威胁。再完美的教育学课程选修原则或指导方针都代替不了对学生选修心态的扶正与引导工作，而健康、纯洁的学习心态要比选修规则重要得多。在当前教育学课程选修制度中，制度设计者试图通过几个简单的分类选择原则与几条机械的制度性规定来指望学生自主地、个性化地设计出自己的完美课程修习方案是极不现实的，甚至是一种幻想。师范生若没有对自己学习活动的负责任态度，没有对自己学习目标的清醒意识，没有对教育事业的纯洁心态，一切的选修原则与选修制度都可能被不良的学习心态所埋没和浸染。因此，在当前教育学课程选修制度中，最需要的是一种科学、完善、优化、实际的课程选修指导方案，更急需的是一种能够净化、纯化、升华师范生学习心态的心性导引方案。这种指导方案的建立与健全事关教育学选修课程的命运与未来。

科学的课程选修指导活动是对学生选修目的的端正、学习心态的纯化，也是对师范生课程设计意图的一次重申，而有效的课程指导制度的配套与辅佐是教育学课程选修制度中的核心制度之一。学生毕竟是学生，是以学习新知、生知为主业的人。面对教育学课程这一新领域，师范生是不成熟的，他们对教育实践的了解是肤浅的，对教育学领域的话题问题是陌生的，其心目中存留的只是一些对教育生活的感性认识与直觉体现，自然不是非常清楚自己需要什么、应该学习什么。所以，以学生的一些表面的认识为选修依据，一切屈就于他们的兴趣，是不能真正达到"选修课"设计的目标的。他们需要教师教育者的指导，需要在这种指导下实现教育实践需要、自己实际情况与课程设计意图三者之间的对接与契合。教育学课程选修指导活动的开展就是为了实现这一目的。在优化教育学课程选修制度中，应建立一种学生对自己现在及其今后的发展负责、对课程设计意图的知悉、对教育实践需要清晰的理性课程组合方案，而非单单满足于"选修原则＋个人兴趣"的技术性选修程序。优化课程选修指导制度的目的就是要净化师范生的选修目的，深化学生对课程选修制度的理解，增强其对教师职业的忠贞意识与执著信念。换言之，选修课程指导的目的不仅是指向学生的课程选修行为，不只是为了构建一种完美的课程选修制度，其最终目的是要在师范生身上培育一种执著的职业信念与深沉的"师范"精神。

5. 桥梁性课程不足

教师教育是一项系统工程，这种"系统性"集中体现在它要为学生从教育理论走向教育实践架起一座桥梁。在教育实践中教师实现自我发展是多渠道的，自学成师、实践成师等都是培育教师的不同渠道，这些渠道的共同特点是：教师自己在实践学习与摸索中成长为教师，是一种基于教师自身与教育实践的成师之道。与之相比，师范教育的特殊性则在于它走的是一条"教育理论——教育实践"的道路，是一条理论先导和引领的简捷式成师之道，这是新教师专业发展的一条快行道。因此，作为职前教师教育的师范教育，必须关注新教师从理论学习到实践技能生成的全程，并按照理论向实践转生的节律来设置三类课程，即理论类课程、桥梁性课程与技能类课程，以此为教育理论向教育实践的顺利转变提供有力支撑。统观"六所师大"的教育学课程群，不难发现，教育理论类课程如教育学基础、教育前沿知识讲座、课程与教学的基本原理等，以及教育技能类课程如教师通用职业技能、教学技能实训等不乏其有，但连接这两类课程间的桥梁性课程却显得不足。这势必导致教育理论课程与教育实践课程之间跨度太大，梯度不够合理，联系不够紧密。我们认为，对教育学课程而言，贯通教育理论与教育实践间的桥梁性课程至少包括以下几个门类。

（1）课堂研究类课程

课堂教学是教育理论与教育实践的主要结合部，是打通教育理论与教育实践间的关节点。师生针对课堂教学实践开展合作研讨，教育理论与教育实践间的具体结合部位与结合方式会变得更为清晰，有助于学生看到教育理论释放其效能的途径与策略。尽管西北师范大学在这方面作了有效的探讨，但它仅限于一门选修课开设而已，难以充分体现该类课程在教育学课程中的应有地位。在教育学课程群改革中，课堂研究类课程可以有两类开设方式：一种是嵌入在所有教育理论课程与教育实践课程的教学与实施当中，让教育理论类课程由此找到向教育实践衍生的

"触角",使教育实践类课程获得教育理论的"导航";一种是专门开设课堂教学研究课程,让课堂研究成为教育理论与教育实践的结合点、混生点、沟通点。课堂生活是会聚教育类课程的全景图与地图,所有教育学课程只有在课堂生活中找到自己的存身地位和用武之地,才能在教师教育课程模块中获得合法性存在的依据。通过教育学课程的学习,不仅要让师范生明白本门课程包括哪些基本知识与技能,而且要让他们在课堂教学这张"全景图"中找到自己的具体位置与进入路径;否则,教育学课程的学习始终难以走出"坐井观天"的窘境,顺利释放自身的学科效能。

(2) 教育咨询类课程

教育咨询就是为社会、家长和学生提供的一种特殊教育服务。针对家长和学生提出的特定教育问题,教育工作者给出科学有效的解决方案,以帮助咨询者排除教育方面的困扰,使教育知识直接服务于社会。显然,教育咨询课程既非教育知识学习,也非教育知识的实践应用,而是一种特殊的运用教育学知识的方式。这种运用的最大特点是师范生可以将所学教育知识围绕现实教育问题的解决而综合起来,使教育知识在使用和综合中得以活化和整合,实现教育知识与实践问题之间的关联和对接;随之而来,学生想要将这些知识用诸真实的教育实践就容易多了。实践是多维复杂的,理论是视角性的,任何一个教育实践问题都需要多视角的理解与配合才可能被"看透",故教育咨询课程的直接目的就是使师范生学会从不同角度来认识教育实践,给教育实践问题开出教育工作者的处方。因此,教育咨询课程具有中间性的特征,它既非教育理论的简单重现,也非教育知识的终端运用,而是一种教育理论走向教育实践的桥梁性课程。这种课程的匮乏是当前我国教育学理论课程难以"下移"于教育实践的症结所在,是未来教育学课程改革的重点之一。

(3) 情境模拟演练类课程

教育活动是一门实践性活动,帮助师范生"学会教书",生成从教能力,是教育学课程的核心目标。但教育学课程毕竟是在大学课堂情境中展开的以教育学知识授受为主导形态的课程,而要将之转变为师范生的教育教学实践能力，其间还需要一个向教育实践和教育智慧的转生过程。在当代教师教育课程模块设计中常常是通过设立教育见习、教育研习与教育实习等实践课程来实现的。所谓见习，就是让学生利用感官来获得对课堂教学生活的间接经验与现实体验，其目的是使学生对课堂教学"知其然"；所谓研习，就是师生一块探讨课堂教学生活组织与设计的内在逻辑与潜在道理，使师范生知道课堂教学构架"所以然"；所谓"实习"，就是让学生通过亲身试教实践来获得从教的直接经验体验，形成从教的现实能力与教育情感，使学生获得"关于如何做的知识"。教育活动的见习、研习、实习真的能够完成教育学课程知识向教育智慧和能力的转生任务吗？实践证明，这个问题的答案是或然的，而非必然的。在见习、研习、实习中，教育实践内在的"实践感"催生着师范生对教育活动的情境化认知与理解，诱使师范生用实习学校任职教师的教育经验和自己早期学习生活中的关于"如何做教师"的间接经验，应急式地解决其所遭遇的实践难题。在这种情势中，大学课堂中所习得的教育观念、教育理念和教育理论经常被师范生无意中"抛在脑后"、搁置一边，其结果是理性教育知识观念进入教育实践的直接路径被"实践感"和"情境性认知"切断了。究其原因，无论是教育见习和研习，还是教育实习，都是大学校外（中小学一线）的一种教育实践活动，都是一种教育者"全身置入真实实践情境"中的教育实践（简称"全身实践"）；如果在大学校内从事这种实践活动时，实践感、情境认知对教育理论介入教育实践的阻力就可能会被消除。为此，有学者（Carr, et al., 1933）指出："如果没有工作情境方面的知识，如果不了解需要做的事情，那么教师甚至不可能开始实践活动。在此意义上说，任何从事教育实践的人都必须先拥有一定的教育'理论'，这种理论组织他的活动，指导他的决策"。我们需要一种"半身实践"，即师范生身心有限介入的过渡性教育实践来强化学生的情境性认知能力与自觉向实践楔入理论的能力。这就是"情境模拟演练"，其做法是：通过同学之间在大学课堂中相互配合共同模拟一种教学实践情境，在这种情境中开展教育教学活动演练，以训练师范生的理性实践能力，增强教育理论对教育实践介入的深度与层面。"模拟情境"不同于"真实情境",它具有可复演、可调控、虚拟性的特点,教师可以根据训练的内容和目的灵活设计与组织,直接操控教育情境的发生、发展过程。这种"模拟情境"的最大优点,是能够为教育学理论知识向实践运用、转生专门创设一种有针对性的教育情境,实现教育理论向教育实践间的顺利嵌入与直接贯通。在这种情境的帮助下,师范生能够真正掌握教育理论介入教育实践、嵌入教育情境的实际技能和艺术,进一步获得理论与实践交相作用中生成的实践性知识,获得对教育情境的理性解读能力与掌控能力,从而使教育学课程对学生教育实践的干预力与影响力会大大提高,教育行为、教育实践中的理论性成分随之增强。

6. 基本教育能力关注不够

在当前教育学课程模块中还存在着一个致命性的弱点,那就是对师范生基本教育能力关注不够。不同于"教学能力",所谓"教育能力"是指教师对中小学学生进行思想道德教育的能力,属于教师的基本职业能力之一。教育活动是"教书"与"育人"、教学工作与教育工作的统一体,与之相适应,教师起码应该具备两项从教能力,即教学能力与教育能力。在当前教育实践中明显存在着一种误解,认为教师的教育能力可以由教学能力来替代,因为学生的道德教育主要是通过教学活动来实现的,故教师只要具备了教学能力就能够顺利开展对学生的思想道德教育活动了。这种误解影响教育学课程设计的直接表现之一,就是在上述院校中,整个教育学课程模块尤为重视教学技能训练类课程,如教学技能实训、教师通用职业技能、微格教学等,而对教师的教育能力训练类课程则很少提及,至多只在班主任工作、班级管理等课程中涉及。这显然是不妥当的,是当代社会中的应试教育思想在教育学课程设计中的反映。我们认为,思想道德教育是所有课堂教学活动与教育实践的重要一维活动和自然构成要素,它融入教育实践的各个角落与时空中,不会开展思想道德教育活动的教师是一种在专业素质结构上有严重缺陷的教师,也是一个不称职的教师。所以,忽视教师基本教育能力培养的教育学课程模块一定是有缺陷的课程模块。教师的教育能力包括教学中做学生思想工作的能力和班级管理能力，即利用课堂教学对学生的思想道德认识进行开导和教化的能力，对班级进行管理、组织的能力，以及将对学生的情感、态度和价值观教育融入教育教学全过程的能力。实际上，教育能力所包含的内容远比这些宽广得多，如对学生道德情感进行陶冶时应具备的道德情境设计的能力和开展移情体验活动的能力、对学生道德行为进行培养时应具备的实践指导能力、对学生道德人格的塑造能力、对学生道德情感的激发和激励能力、对学生不良道德行为的矫正能力、对学生学习目的的引导能力、对学生学习动机的净化能力，以及德育活动的设计能力等。这些能力是教师做好各项教育教学活动的前提，也理应属于教师的通用技能、核心技能、基本技能之列，在教育学课程群设计中无视或轻视这些能力培养的做法显然是需要检审的。

（二）挑战：事关教育学课程群的生存大计

当代教育学课程改革的原因不仅源自其内部存在的种种缺陷，而且还源自外来教育大环境的挑战，两者合而为一，共同推进着教育学课程改革前行。从外部环境来看，教育学课程群建设至少面临着以下五个方面的挑战。

1. 标准化的挑战

为了配合教师专业化进程的推进，提高教师行业的整体实力，教育部托华东师范大学开始了"教师教育专业标准"的研制工作，中国的教师教育随之进入了"标准化时代"。目前，这一标准的草稿已经基本完成，并已提交教育部审核。在教师教育专业标准中最重要的一个组成部分就是教师教育课程标准。尽管目前我们对教师教育课程标准的具体内容无从所知，但可以预测到，新的教师教育课程标准将对教育学课程的开设如科目、内容、实施、评估等作出细致的规定。面对标准化的如期而至，教育学课程群建设如何在新标准所允许的权力空间内继续坚持多元化、专业化、个性化、弹性化、实用化的改革势头，怎样将良好的建设传统和走势与标准化的要求协调起来，这不能不说是一个重要议题。无论是标准化改革还是个性化改革，其核心目的只有一个，那就是提高教师教育课程的实效性和科学性，促进教育学课程的内在结构调整与优化，最终为教师教育质量的整体提升创造条件。所以，对教育学课程建设而言，课程标准化的实施绝不是要压制百花齐放、百家争鸣式的教育学课程改革局面，也绝不是要抑制师范院校改革教育学课程群的热情，更不是要搞"一刀切"。我们坚信，在教育体制与管理分权的时代，在基础教育民主化课程改革的氛围中，教师教育课程标准化最多只能限制那些哗众取宠、形式主义的多元化、个性化教育学课程改革，而不可能抑制那些真正有创意、有内涵、有根基的教育学课程建设。一句话，"标准"总是相对于"个性"、"多元"而言的，也是为师范院校个性化、开拓性、创造性的教育学课程改革留足空间的；利用教师教育课程标准化留下的"有效空间"，继续推进多元、开放、灵活、个性的教育学课程群建设，将是教育学课程改革中面临的新课题。

2. 教育学知识的迅速膨胀

当今时代是一个教育学研究千帆竞发与研究队伍空前庞大的时代，也是教育研究一日千里与教育学知识倍增迭出的时代，教育学课程群建设不可能无视这一现实。教育学课程是教育学知识与教育实践之间的中转环节，是教育学知识延续的重要媒介，如何冷静面对教育学知识增长的新形势，保持教育学课程与最新教育理论之间的良性互动，是教育学课程建设中不能不思考的重要问题。课程来自知识，知识是课程的元素；而教育学知识的课程化转变是教育学课程群建设面临的艰巨课题。但是，教育学课程又不完全是教育学知识的储备库，它不可能快速地把所有新教育学知识都纳入其内。同时，教育学课程也不同于教育研究成果，教育研究成果是探索中的知识，而教育学课程是定论性的知识；教育研究成果是原创性的知识，而教育学课程是规范性的知识；教育研究成果更多的是问题关联起来的知识，而教育学课程更多的是工作需要关联起来的知识。总之，教育学知识绝不等同于教育学课程，教育学知识向教育学课程的演变需要经过一系列严谨的中转环节。教育学知识的迅速膨胀为教育学课程建设提供了丰富的素材和备选对象，形成教育学课程与教育学知识之间的动态平衡与沟通是教育学课程设计者的历史使命。这一使命要求：一方面，教育学课程设计者要善于将最新、最有效、最基础、教育工作最需要的新知识遴选到教育学课程中来，并将那些时代所淘汰的教育学知识及时淘汰出去，确保教育学课程呈现给师范生的是最有价值的教育学知识；另一方面，教育学课程设计者要善于对新知识进行结构化改造和创造性加工，努力用教材体系将之有机统合起来，形成一种最便于师范生学习的教育学课程形态，不断提高教育学课程的使用价值。为此，教育学课程群建设必须以教材的形式适时地整合最有效的教育学知识，实现教育学课程与教育学知识之间的良性互动和相互沟通。

3. 面对"教育学无用论"的尴尬

目前，受低效能教师培训活动的影响，在教师社群中"教育学无用论"悄然蔓延，成为制约我国教师教育发展的一大瓶颈性问题。在教育实践中，"教育学无用论"的表现是多种多样的。有教师认为，教育学学习对教育实践的改进意义不大；教育学盲目追求理论化、抽象化，变得越来越"不可爱"，淡忘了大批"教育实践工作者"这个理论应用主体。也有教师认为，教育经验比教育理论更为见效，对教育理论的学习是事倍功半；教育学理论偏离实践、实用和实际的方向，忽视理论向实践的转化环节，导致教育理论"漂浮在空中"，理论视野中没有了教师……"教育学无用论"的滋生是教育理论与教育实践间的"断裂现象"在教师社群中的折射和反映，是教育理论的实践效能、实践意识和实践取向被弱化的产物，个中原因之一就是教育学课程对教育学知识的吸纳能力方式不当所致。"教育学无用论"作为一种社会论调，以及一种来自教育基层的实践感觉，对于教育学课程建设敲响了警钟。如何使教育学课程既能在教育理论传播、消化、转化中发挥积极效能，又能减弱教育实践、教师社群对教育学理论的无声反击和种种抵制，的确是一项艰巨的工作。说到底，教育学课程是教育理论主导的课程，是教育理论走向教育实践的主要媒介，也是教育理论导引教育实践的根本依托。如何通过教育学课程的科学设计与有效实施来重塑教育学理论在教育实践中的形象，赢得教育工作者的尊重与爱戴，的确任重而道远。教育学理论是教育理论工作者的工作对象，创造对教育实践具有广泛影响力、认可度的教育学理论是专业教育工作者的奋斗目标。教育学理论毕竟是从"一般教育实践"角度来看教育问题的,其与具体教育实践、教师个体的教育活动之间存在"张力"与"落差"是在所难免的,教育学课程的开发与设计绝不应该成为对教育学知识的机械"搬运"过程;否则,它就难以避开教育理论无用论这块"暗礁"。正如杜威(2006)[149]所言,"'知识'作为一种资料,意思就是进一步探究的资本,必不可少的资源"。教育学课程应该把教育学知识、理论视为一种待用的资源和资料来认识,而非将之作为知识的定型、定论来"搬运"。显然,负责这一资源再开发任务的正是教育学课程,其具体执行者就是教育学课程的开发者与设计者。从对教育学知识的直接"搬运"走向对教育学知识的资源"重组",从对教育学理论的"移植"走向实践化的"改造",教育学课程责无旁贷。从一定意义上讲,正是由于教育学课程设计者与开发者不正确的教材观才招致了"教育学无用论"在教育实践中的泛起,教育学研究者及其教育学理论本身不应当承担来自教育实践的苛责与非议。因此,在未来教育学课程建设中,教育学课程设计者与开发者应树立正确的教材观与课程观,为努力改变教育学的尴尬境遇作出历史性贡献。

4."零实践"型教师教育者队伍的制约

教师教育者队伍是教育学课程的开发者、实施者和解读者,是教育学课程有效、顺利实施中最具能动性的关键要素。一般而言,教师教育者的水平和素质有多高,教育学课程的效能就有多大,教师培养质量就有多高。当前,我国教师教育者队伍,尤其是教育学课程专任教师队伍几乎是清一色的理论学习和研究出身,绝大多数教师都是"零教育实践"的背景,缺少从事基层实际工作的教育教学经验,这已经成为一个不争的事实。"零实践"型教师教育者大都是沿着教育学专业的学历层次——"本科——硕士——博士"依次直线上升,直接进入教师教育者队伍的。这些教师没有从事一线教育教学的经验与体验,无法感受到基层教育教学对教师教育的现实需要,对一般教育学工作的节奏与内容知之不多,对教育教学的认识大都停留在感性认识和"想当然"的知性层面上,对教育教学问题的思考局限于教育著作、教育概念操作的圈子内。这些问题影响他们对教育学课程的讲授常常表现出"本本主义"的倾向，难以对教育学课程进行生动具体、有声有色的解读与拓展。在这些教师的讲授中，原本与教育实践、教育实际就有一定"间距"的教育学课程离教育实践、教育实际的距离越来越远，即使是高质量的教育教学课程也难以呈现出来。当代课程理论指出，教育学课程的教材只是一个有待于师生共同去解读、去补充、去创读、去展开的"文本"，完整的教育学课程具有一种"教材＋解读"的结构。教材是死的，而教材的使用者——教师与学生是活的，教育学课程只有在师生围绕着"课程文本"的共舞、共鸣和交响中才可能彰显魅力与释放光彩，最终成为一个鲜活的课程存在。而在教育实际经验和体验匮乏的情况下，教师教育者对教育学课程文本的解读与创生受到了制约，教育学课程预期效能的释放受到了阻滞，其在学生心目中的地位势必降低。为此，面对"零实践"型教师占主体的教师教育者队伍，教育学课程群的改革者必须有充分的准备，审慎稳妥地推进各项课程改革。

5. 教育学课程对教育市场的依存度增加

当今教育时代不再是行政计划与政令叱咤风云的时代，更不再是一个为权力所全面把持的时代，而是市场化力量无孔不入、层层介入的教育时代。在我国，教育市场已经形成，它部分地代替了教育行政命令而成为干预师范院校及其教育学课程建设的一股直接力量。一种教育学课程改革方案是否可行与合理，研究者和管理者都不能给出结论，只有教育市场才能给出最终答案，教育市场成为教育学课程改革的最终决定者。为此，我们不得不承认，教育学课程建设对教育市场的依存度在增加，教育市场对教育学课程建设的干预力在增强。所以，在市场化的教育境遇中，教育学课程建设的关键词是"适应"，即适应教育市场的要求，接受教育市场的检验与挑选；而教育市场的重点领域是教育人才市场，基本架构是毕业生的就业市场、供需信号和社会效应。顺着市场与社会的反应、反馈、信号来调整和建设教育学课程，努力实现课程建设与市场需要之间的契合与适应，是当代教育学课程改革的基本思路。教育人才的核心素质是专业素养，是从事教育教学活动的实践能力。教育市场是近期市场与远期市场的统一。从近期教育市场效应来看，教育市场看重的是新教师的教育教学技巧与艺术；从远期教育市场效应来看，教育市场看重的是教师的专业潜能和教育成就。所以，远期教育市场效应造就着一所师范院校毕业生的专业品牌和口碑，而近期教育市场效应却影响着毕业生本人的成功就业和待遇。在这种情况下，教育学课程建设必须顾及两种教育市场的要求，努力将对师范生的教育素养、教育潜能和专业成长力的培育与教育技能、教育艺术、教育智慧、教师形象的训练结合起来，构建一种兼顾兼容师范生专业成长的近期需要与远期需要的教育学课程模块。

四、从全国性教育学课程变革走向探求西北地区教育学课程群建设对策

面对问题与挑战，教育学课程群只有在改革中才能求得生存，在发展中才能为自己争得生存空间。改革与发展是一项在特定理念与方向导引下的伟大实践，尤其是需要正确方向来领航，而这一"方向"就源自改革者对改革对象的内在缺陷与外部挑战的清醒觉知。对于教育学课程而言，在其问题中孕育着改革的路向，在面临挑战中隐藏着改革的标的。正是基于对当代教育学课程存在不足与挑战的认识，我国教育学课程的建设方向是走向丛生多姿、结构有序、效能最优的未来教育学课程群或课程模块。西北地区的教师教育发展与全国的教师教育发展相比较，既有共同性又有特殊性，教育学课程群建设也一样，要在研究全国性的变革走向基础上，针对西北地区教师教育发展的实际状况探求相应对策。

（一）光谱型教育学课程群

教育学课程结构的合理性在于整个课程模块中贯穿着一条从教育理论到教育实践延伸的内线，各门课程有序地排列在这条主线上，从而铺就一条教育理论向教育实践转换生成的连续性道路，我们将这条教育理论向教育实践转生的线路形象地比喻为"光谱"。在这条"光谱"上，各类教育学课程各占一个位置，在师范生培养、专业素养培育中行使着特

定的功能和使命。我们把按照这一"光谱"模式组织起来的教育学课程称为"光谱型课程群"。构架光谱型教育学课程模块的内在意图是为教育理论通达教育实践构筑一条无障碍的通道，努力打通阻碍教育理论向教育实践转生的各个关节。因此，该课程模块起码包括三类课程：教育理论主导型课程、理论实践融合型课程、实践训练主导型课程。我们将前述提及的教育学课程门类按照这一分类标准作简单的归类，如表1所示。

表1　光谱型教育学课程群

光谱型课程类型（序号）	教育理论主导型课程	理论实践融合型课程	实践训练主导型课程
1	教育哲学基础	课堂研究	班主任工作
2	教育前沿知识讲座	教育咨询	教师通用职业技能
3	基础教育改革专题	情境模拟演练	教学技能实训
4	教师专业发展导论		微格教学训练
5	教育科学研究方法		校本课程开发专题
6	……	……	……

在光谱型教育学课程中，教育理论主导型课程的主要任务是向师范生传授最新的教育理论，指导他们专业的教育思维，帮助他们树立科学的教育理念，为其进入教育实践场域作好理论和理念的前期储备；理论实践融合型课程的主要任务是创造一种教育理论与教育实践共同在场、相遇互生的场景，为引导学生学会用理论思维与专业眼光看待、思考、解决教育实践问题，形成理论"适用"[①] 能力提供专门训练；实践训练主导型课程的主要目的在于对师范生进行专业技能、通用技能、教育技能方面的特殊训练，提高他们应对常规教育问题的效率，推进教育理论知

[①] 所谓"适用"，正如法官断案："判决诚然是以普遍性的规则为尺度的，但不是机械地适用那个尺度，通过自始至终按照个别性思考个别事例，每次都重新规定法律这个尺度，有时还要修正法律"。由此，"个别参照普遍被规定，而普遍又按照个别被重新规定"。参见：丸山高司．迦达莫尔——视野融合［M］．刘文柱，等，译．石家庄：河北教育出版社，2002：164．

识向教育行动知识①转化，形成从教的基本能力与素养。在光谱型教育学课程群中，三类课程有机结合、相互协作，为实现教育理论在师范生身上向实践转生提供了有效途径。

（二）同心圆式教育学课程群

在教育学分支课程剧增的年代，教育学课程群的成员必然是千姿百态、多种多样、形形色色的。当然，课程门类的增多只是教育学课程群繁荣的表面现象，这种"繁荣"是否意味着真正的欣欣向荣，关键取决于这些分支课程是否统一于提高教师教育效能这一总体目标上，是否有助于提高教育学课程的产品——师范生的市场竞争力。这里，教育学课程群内部的结构统整尤为重要，未来教育学课程群的建设必须以提高教师教育效能为核心来统筹安排各门分支课程的地位，使之形成一种结构优化、效能最优的课程模块。显然，在教育学课程群落中，教师教育任务的主要承担者仍旧是教育学②这门课程，它始终是全面提高教师教育效能的根基，其他教育学分支课程只是这门课程的辅助或延伸而已。这样，以教育学课程为核心，系统整合教育学分支课程就显得特别重要。实际上，教育学必修课是其他教育学分支课程共同学习的基础，也是对这些分支课程所涉及学习领域的"概览"；而扩展教育学分支课程的目的是延伸这些学习领域，实现对这些学习领域的认识深化与视野拓展。如果我们把后面这些学习领域合称为教育学的广域课程，把教育学课程称为教育学的核心课程，那么理想的教育学课程群应该是一种"核心课程＋广域课程"构成的同心圆式结构，如图9所示。

---

① 实用性知识和行动性知识之间有很大区别，"前者告诉人们哪些知识是有用的，后者则告诉人们如何将这些有用的知识落实到日常生活中"。参见：阿吉里斯，舍恩. 实践理论——提高专业效能［M］. 北京：教育科学出版社，2008：（序言）7.

② 本文中的"教育学"课程特指"教育学基础"这门师范专业必修课，以区别于广义的教育学课程群及教育学分支课程。

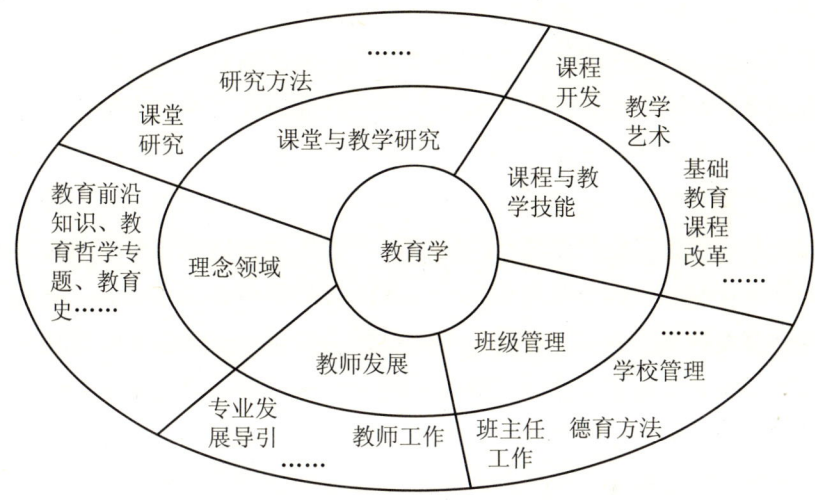

图 9　同心圆式教育学课程群

在图 9 中，"教育学"课程位于教育学课程群的核心，其他教育学课程的各个具体学习领域分布在图 9 的各个"扇面"上，由此构成了"核心＋广域"结构的教育学课程模块。在教育学课程群建设中，为了保证该课程模块的稳定性和统一性，我们必须从两个方面来努力：一是确保教育学这一核心课程对其他学习领域的统摄力，力求每一个学习领域的骨干性要素都能在教育学课程中找到自己的位置与章节，确保教育学课程对其他学习领域课程的辐射力、兼容力和基础性，形成既包罗万象又蜻蜓点水式的包容性知识构架；二是沿着各个"扇面"由内到外地统整各分支学习领域的课程结构，力求达到内容上的不重复、深度上逐步深化、知识上逐层细化，形成向外不断扩散、梯度适度、不断具体的课程结构。

（三）理论与实践互嵌式教育学课程群

教育学课程的两大基本功能是搭桥与助学。换言之，教育学课程的本然使命不只是拓宽教育学视野、深化教育学研究，更是要为教育理论向教育实践的转生搭建桥梁，为师范生学习最新教育理论打造平台。因此，教育学课程学习的终端目的是帮助师范生学会教书和育人，学会利用科学的理念掌控自己的教育实践与教学行为，发挥教育理论辅助教育实践的功能。正如杜威（2006）[211]所言："实践是第一位的，也是最终的，实践是开始，也是结局：是开始，因为它提出种种问题，只有这些问题能使研究具有教育的意义和性质；是结局，因为只有实践能检验、证实、修改和发展这些研究的结论，科学结论的地位是中间性的，辅助性的。"所以，教育学课程要彰显自己的效能，必须从一开始就要考虑教育实践问题。教育学课程群拒斥没有教育实践嵌入的任何教育学课程，教育实践的时刻在场是教育学课程的本性使然。在教育学课程群落建设中从多维度、多层次、多方位地嵌入教育实践，使课程设计者和开发者始终心存教育实践、关注教育实践，是教育学课程群提升其生存力的必由之路。为此，我们需要构建一种教育实践多维嵌入的教育学课程群，力求把教育实践渗透到教育学课程的各个角落与空间中去。

同时，教育学课程群同样也拒绝没有教育理论嵌入的教育学课程，尤其是只有纯粹的、赤裸裸的教育教学技能实训的教育学课程。正如前面所言，师范教育跻身于教师教育领域的根本在于它负载着教育理论，承担着将教育理念载入教育实践的特殊使命。所以，无论是"裸实践课程"还是"裸理论课程"，都不可能成为教育学课程群落的有效成员，而教育理论与教育实践间相互嵌入的教育学课程才是这个群落的真正一员。尽管这种嵌入有比重、方式、程度的差异，但无论是哪种嵌入，它都代表着教育理论与教育实践的同时共存、共同在场。以光谱式教育学课程为例，在教育理论与教育实践实现相互嵌入之后我们将会看到一种新型的教育学课程结构，即理论与实践互补式课程模块。

另外，理想的教育学课程群建设还应该处理好教育理论与教育实践相互嵌入的环节：在理论主导型教育学课程中，教育实践的嵌入应该是隐性的、无形的、低比重的；在教育实践主导型教育学课程中，教育理论的嵌入则是隐性的、无形的、低比重的；在教育理论与实践相融合型教育学课程中，二者间的比例是协调互涉的。

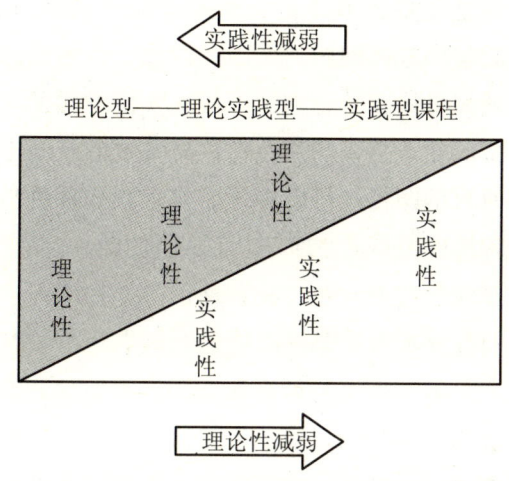

图10 理论与实践互嵌式教育学课程群

（四）理论与实践关联型教育学课程群

在教育学课程模块中，不仅每门课程是理论与实践相互嵌入的，而且还必须是互动中的嵌入。"思想不经过运用，往往自成一个特殊的世界。"（杜威，2006)[151]只有理论与实践的并置而没有相互间的互动，师范生只能学到一些教育理论教条或教学技能碎片，而难以生成活生生的、灵活再生的实际教育教学智慧。教育学课程实施的目标之一，就是培养师范生具备应对教育实践难题的教育智慧和教育能力等。显然，智慧与能力不是用教育理论和理念的公式来"框套"教育实践的结果，而是人试探性地用教育理论作用于教育实践并不断调适的产物。教育理论是高度抽象的，而教育实践是具体的；教育理论是一般原则的，而教育实践是个性化的。教育理论只是给教师提供了一种解决现实教育难题的视角、思路与建议，至于如何具体解决某个难题，则需要教师顺着这一思路并结合自己的情境性理解求解该难题。在同一教育理论指导下，人们可以根据具体的教育情境创造出丰富多彩、富有效能的多样化教育行动图式。因为，教育理论与教育实践间的关联方式、沟通渠道不是唯一的，教育理论与教育实践间的互动与连通是一门艺术，其中蕴涵着丰富的教育智慧。所以，教育智慧就是教师将教育理论与教育实践结合起来的智慧，有效地解决教育教学中具体问题的智慧。因此，教育学课程群要履行好自己的使命就必须积极构建教育理论与教育实践互动的立交桥，并将学生置于这一立交桥的交点上，使其在理论与实践的互动中生成教育智慧与从教能力。在教育学课程群建设中，要实现教育理论与教育实践间的互通、互动，课程建设者必须处理好以下三个问题。

一是知识与经验的关系问题。教育理论类课程学习生成的是教育知识、教育理念，而教育实训类课程生成的是教育经验、教育技能，二者之间的关联方式就是教育理论与教育实践的沟通方式。有学者指出：知识的作用不在于装饰人的门面，而在于"使一个经验能自由地用于其它经验"（杜威，2006）[188]。所以，教育知识、教育理念的功能在于促进教育经验的组织与运用，在于将零碎的教育经验连成一体。从这个角度来讲，教育知识、教育理念是教育经验、教育技能的组织者和统领者。教育经验一旦游离出教育知识、教育理念的视野和控制阈限，就可能走向感性化、随意化；而教育理念、教育知识一旦失去教育经验的支撑，则可能堕落为一种教条，一种生活的装饰品。教育知识与教育经验这种相互性关系提示我们：教育学课程群建设必须把教育实践与教育理论串联起来进行教学，形成一个理论与实践相依相随、相依相生、交互作用的链环，这样教育学课程群的魅力才可能显现。

二是学科组织架构的选择。在课程知识的组织中，至少有两种构架方式可供选择：体系式与问题式。其中，体系式构架要求课程设计者严格按照学科知识的衍生逻辑与内在线索来组织知识，使所有课程知识围绕逻辑主线统一起来。一般情况下，强调学科基本知识结构的教育学课程，如教育理论类课程会选择体系式知识组织方式。问题式构架要求课程设计者按照教师在教育实践中面临的一系列教育问题及其解决进程这一线索来组织知识，使所有课程知识围绕实践问题及其解决过程关联起来，可以称为基于"问题逻辑"的课程知识组织方式。一般情况下，那些强调提高学生实践能力的教育学课程会选择这一逻辑来编排知识。在理论主导类教育学课程中体系式编排较为常见，为了避免知识远离实践而产生的僵化，我们应该及时嵌入教育实践问题，用问题来活化理论知识；而在实践主导型教育学课程中问题式编排较为常见，但技能和实践类课程容易使知识走向零零散散，所以需要适度引入体系编排思路来使之走向系统化，以便于学生形成合理的知识结构。我们认为，要实现理论与实践间的互通与互动，最好应该选择体系编排与问题编排交错的方式来设计课程构架，努力实现学生教育知识积累与教育能力增长的双重目的。

三是互动方式的选择。在教育实践中实现理论与实践互动的渠道和方式是多样化的，既有课内互动与课外互动，又有课程内部互动与课程之间互动，甚至还有课程主体（如理论工作者与实践工作者）间的互动。在当前教育学课程实施中，尤其需要关注的是三类互动：教育学课程整体与教育实践之间的互动、教师教育者与基层教育工作者之间的互动、课程理论学习与过去学习经验之间的互动。其中，第一类互动能够提升教育学课程整体的实践关怀意识，提高教育学课程的社会效应与生存能力；第二类互动可以通过教师教育者下基层或与中小学教师开展人员交流等方式消除"零实践型"教师教育者队伍，丰富教师教育者的教育经验资源；第三类互动是以师范生为主体而展开的，这种互动能够促使师范生挖掘自己早期的学习经验，即替代性的教育教学经验，实现主体内部的理论与实践互动，提高教育理论课程学习的效果。

（五）方案型、处方型教育学课程群

在当代教育学课程群中最为缺乏的课程还是实务型课程。从一定意义上说，教育实践是一种实务活动，教师是一种实务人员，所以在教师的实践活动中，其行动生成的直接依据是概括性的"意象"，是经验的直觉，是舍恩所言的"实践理论"，而非抽象理论。"实践者的艺术体现在运用直觉、类比、隐喻，而非普遍规则来处理混乱的过程之中。"（多尔，2000）[63]这就决定了不仅新教师需要实务型课程，而且在职教师培训更需要实务课程。实务型课程不同于实践类、技能实训类课程：实践类课程主要涉及教育实习、见习等课程，它注重培养的是教师的实际从

教能力，形成直接从事教育教学的经验；实训类课程主要涉及教师的教育教学技能训练，它注重培养的是教师的零碎的教育教学技巧，增强教师对常规教学的应对能力；实务类课程则既不偏重综合从教能力培养，也不偏重具体教学技巧培养，而是强调培养师范生针对特定问题准备应对预案与可能性解决方案的能力。相比较而言，师范生进入教育实践后，针对特定的教育情境，其教育决策、教育行为的效能性取决于两大要素：一是学生聪敏机智的反应力，二是多种可能预案储备的丰富程度。显然，这种可能预案的准备应该由教育实务类课程来承担。实务教育学课程包括方案型课程与处方型课程两种，其中方案型课程强调的是师范生针对特定学生群体或某门中小学课程教学制订出较长一段时期内的工作方案的能力，处方型课程强调的是培养师范生针对某一具体情境、具体教育难题即时提出多种行之有效的可能解决方式或处方的能力。这两种课程对于发展师范生的教育实践应变力，提高他们利用教育理论解决实际教育问题的能力，从而增强他们的实际工作能力大有裨益。实务型教育学课程的开设，是优化教育学课程结构的切入点，也是降低教育理论与教育实践间的"落差"、提高师范生对真实教育情境适应力的一条捷径。

在实务型教育学课程中，教师教育者要着重培养师范生四方面的能力，即制订工作方案能力、教育问题诊断能力、教育策略形成能力和方案实施反馈能力等。在制订工作计划方面，教师要引导师范生在全面了解工作对象——某门课程或学生集体的现实情况、具体特点的基础上，运用教育教学理论和经验制订出科学、可行、有效的工作方案，以备在教育实践中使用；在教育问题诊断方面，教师要教会师范生把握问题症结及其实质的能力，教会他们用教育理论分析教育问题根源的能力，为制定解决问题的处方作好准备；在教育策略形成方面，教师要引导师范生善于在借鉴别人教育教学经验并结合自己的创造性思维的基础上提出针对特定教育问题有"特效"的解决处方；在方案实施中，教师要培养师范生从多角度来反馈方案是否对路、是否有效的能力。在当代教育学课程开发中，这些能力显然处于整个课程模块的边缘地带，引不起人们足够的重视；而在未来教育学课程改革中，实务型课程将会发展成为整个课程模块的一个增长点，尤其对在职教师培训更实用。

（六）阶梯形教育学课程群

教师专业成长不是一次性就能完成的，而是一个具有持续性和阶段性的延续教师终生的过程；与之相适应，教师所需要的教育知识、理论、理念和技能等也是在不断发展变化的，呈现出阶段性与连续性的特点。所以，在一个特定时期，如大学学习时间，是不可能学完所有的专业成长所需要的教育学课程的；并且，在特定的教师专业发展阶段，教师面对的问题、情境、要求和基础等不同，其所需要的教育知识与技能技巧也会随之不同。这就需要根据教师专业成长的阶段性与连续性的特点依次设计出具有一定台阶梯度、层层递进、螺旋上升式的教育学课程。如果说当前的教育学课程只是教育学课程模块的平面式、空间式组合，那么未来的教育学课程一定是一个按照时间性特点纵向组织起来的课程群——这就是阶梯形教育学课程群。可以说，教师专业成长过程可分为多少阶段，教育学课程就应该有多少种组织方式，形成不同的阶梯形教育学课程模块。从教师专业成长阶段来看，教师发展大致可以分为新手型教师、胜任型教师和专家型教师三个阶段，而教育学课程则应根据处在这三个阶段上的教师发展特殊需要与特点开发出不同类型的教育学课程模块。从这个角度来分析，当前师范院校所开设的教育学课程群只是新手型教师需要学习的教育学课程，只辐射到了教师专业成长阶段的1/3，还不能代表教育学课程的整体群。在未来，适应教师专业成长的阶段性、终身性要求，努力开发出阶梯形的教育学课程模块，为教师专业成长提供与阶段性发展需要相对接的教育学课程已成为大势所趋。为此，面向阶梯形教育学课程改革必须关注以下三个问题。

一是课程阶段间的梯度把握问题。在阶梯形教育学课程群中，相邻两个课程阶段间的梯度大小问题显得非常重要。不同课程阶段之间应保持多大的"梯度"才算合适，是一个值得思考的问题。首先，"梯度"是一个主观性、感觉性概念，如果学习者感觉下一阶段课程的难度较大，说明两个阶段教育学课程间的梯度太大，这就需要增加过渡性课程内容，以减小梯度；如果学习者感觉下一阶段教育学课程学习起来很容易，说明梯度过小，于是课程开发者就需要减少两个阶段课程间的过渡环节，适当增加课程的梯度。其次，对课程"梯度"的把握需要在全面评价教师学习者的学习需要、学习基础上来进行，主观感觉只是课程"梯度"的外在信号而已。

二是教育学课程模块的阶段性设计问题。根据教师专业发展的三阶段划分，教师成长各阶段的教育学课程模块设计大致要按照表2所示思路来进行。

表2 教育学课程模块的阶段性设计

专业发展阶段	新手型教师	胜任型教师	专家型教师
主要课程门类	理论基础类课程	专业发展类课程	研究方法类课程
	实践技能类课程	教学创新类课程	教育改革类课程
	工作指南类课程	课堂分析类课程	理论创造类课程
	……	……	……
主导课程形式	课堂教学 案例教学	专题讲座	经验交流

三是师范院校教育学课程与职后教育学课程之间的任务分工和技术对接性问题。师范院校教育学课程开设的任务是为新手教师提供全面的知识和技能准备，其中入门类、基础类教育学课程是教育学课程模块的主体；而教师一旦发展到了胜任阶段，其面临的主要问题是教学创造和创新，优质教育案例类课程成为教师学习的主要课程内容，故师范院校教育学课程群的实施要合理安排职前教育学课程门类，不能将第二阶段的教育学课程机械地前移，以防止大量"无效"或"过度"的教育学课程产生。

（七）多模态资源集成式教育学课程群

教育学课程不能是单一的文本载体、课堂教学和学科形式，而是具有多样化的课程模体与形态，更是一切帮助师范生学会从教工作的资源总汇。首先，从课程资源的来源来看，它涉及与教育教学工作相关的一切经验、体验、对话、认识、理论、思维、哲学等，是教育知识生产全程的伴生物。日本学者野中郁次郎等人认为，教育知识的形成是原创场、对话场、系统场和演练场四"场"连续作用、集体参与的过程，从"行动—体验"到"问题—对话"，从"问题—对话"到"问题—反思"，从"问题—反思"到"新的行动—体验"（王强，2006），教育知识产生的每一个环节都可能产生师范生学习的课程资源，如教育行动策略、教育问题的解决、教育思维的运作、教育体验经验和教育认识结论等，都可能成为新教师学习的对象。其次，从课程资源的存在形态来看，课程资料、教学日志、教育随笔、教学视频、教育故事、教育规则、教育电影、教育微博、教育网站、教育新闻和教育电视等，都是教育资源的客观载体。如果将课程资源仅限于课程文本，教育学课程就失去了丰富的表现力和吸引力，其生存空间就可能受到限制。最后，从课程资源的集成方式来看，不同的课程资源集成方式可能会形成不同的课程形态，产生多样化的教育学课程模态。所以在实践中，可以按照"专题"这一组织方式，把同一领域的教育学知识组织成为独立模块；可以按照"讲座"这一组织方式把对某一教育实践问题的课程知识集成起来；可以按照"活动"这一组织方式把一系列可操作性的教育技能及其训练活动集合起来；也可以按照"师范生讲堂"这一组织形式把对某一教育学科的知识、技能、视频和故事等集合起来；还可以按照"网络课程"这一组织形式把关于某一教育学课程的视频、资料、知识、文本等集合起来，等等。

可见，教育学课程资源具有多模态性，每一种课程资源的模态都有其特殊效能与自身的局限，故未来教育学课程一定是基于多模态资源之上而构成的一种混合态课程。为此，教育学课程模态需要在集成、拼接、重组中释放整体性效能，并在资源优选、优势互补、取长补短、优化组合中形成整体最优的课程模体。而且，未来教育学课程建设的重点在于多模态课程资源的集成问题。没有集成就没有优化，没有每门教育学课程资源的优化就不可能打造出一个高效能、高品质、高起点的教育学课程模块与群落。所以，资源集成、课程集成与模块集成是引领未来教育学课程群建设的重要理念之一。

（八）多元课程建设主体参与的教育学课程群

在当前教育学课程群建设中，课程建设主体的单一性是制约其建设进程与效果的一大瓶颈。每门教育学课程的开发、实施和评价几乎都采用专任或首任教师负责制，在整个课程建设中难以听到其他课程主体的声音，课程建设在专任或首任教师"一统天下"的格局中进行，使课程建设缺乏坚实智囊的支撑，导致各分支教育学课程眼界狭小、视野单一、闭门造车、自立为王，高品位的课程建设成果较少。尤其是在教育学课程多样化发展潮流中，许多教育学课程粗制滥造、滥竽充数、随波逐流，与建设精品课程的原初意图越来越远。面对课程建设主体单一的困境，扩充课程建设主体队伍，扩展课程建设的智力基础，努力构建多元建设主体参与的教育学课程必然成为未来教育学课程建设中需要解决的又一个重要问题。

一门优质的教育学课程是一个课程建设团队鼎力打造的成果，也是多元主体对话、共创、携手的结果。课程建设不同于一般的建设，其对服务对象——学生发展所产生的效能常常是隐蔽的、长效的，这种效果无法直接反馈和验证，只能诉诸师范生日后的教育实践来验证。因此，课程建设之前的周密论证显得尤为重要；否则，形成的教育学课程可能会误人青春。应该说，教育学课程的相关利益主体都是教育学课程建设主体团队的成员，开展相关利益主体间的商谈是课程建设的论证环节。具体而言，教育学课程的服务对象——师范生是教育学课程建设的第一主体，是教师教育者首先要征询、考虑的对象；课程的间接服务对象——基层一线教师是课程建设的第二主体，是课程开发者需要联合的对象；课程的管理者——教育行政部门官员是课程建设的第三主体，他们能够对课程开发的社会意义与实践价值给出一个重要的参考性建议和较准确的预测。教育学课程建设起码要与上述三大课程建设主体形成联盟，尽可能在调动他们参与课程建设的积极性、能动性和创造性的基础上进行，使其为课程建设提出方向性与策略性的建议，确保课程建设方向的正确性。实际上，每一次课程建设都不可能是教育专家行使强权、推行课程专制的机遇，而是课程建设主体围绕教育实践开展开放、民主、自由的商谈实践的契机。在商谈中，教育学课程开发者听到了来自各个层面的"声音"，其对教育学课程所持有的一些想当然的看法与不现实的观念便会被"过滤"出去，一些建设性的建议、创造性的智慧和创意的思路将会赫然而现。在群体智慧的支持下，教育学课程群建设将会走上一条更加实际、更为稳健、更趋科学的研发道路。

参考文献

阿吉里斯，舍恩.2008.实践理论——提高专业效能[M].北京：教育科学出版社：1.
陈振华.2003.论教师成为教育知识的建构者[D].上海：华东师范大学：55.
杜威.2001.民主主义与教育[M].北京：人民教育出版社2001：43.
杜威.2006.杜威教育名篇[M].北京：教育科学出版社.
多尔.2000.后现代课程观[M].王红宇，译.北京：教育科学出版社：63.
南京师范大学教务处.2006.本科人才培养方案[Z].(未出版)：2.
斯腾伯格，霍瓦斯.1997.专家型教师教学的原型观[J].华东师范大学学报(1).
王强.2006.走向融合的教师教育课程[J].全球教育展望(6).
西北师范大学教务处.2007.关于印发《西北师范大学教师教育课程方案及修读要求（试行）》的通知[Z].(未出版)
岳刚德.2005.中国教师教育课程的历史变革及问题反思[J].全球教育展望(1).
钟启泉，胡惠闵.2005.我国教师教育课程标准的建构[J].全球教育展望(1).
周成海.2007.客观主义——主观主义连续统观点下的教师教育范式：理论基础与结构特征[D].长春：东北师范大学.

Carr W & Kemmis S. 1933. Becoming Critical：Knowing through Action Research. Deakin University Press：10.

西部农村中学"双证六连结构"教育扶贫模式实验报告

● 朱德全　袁顶国　宋乃庆

摘要：西部农村中学"双证六连结构"教育扶贫模式，意在探索21世纪初期农村中学教育综合化发展的有效道路。报告通过对农村中等教育，特别是农村普通中学教育结构、任务、培养目标、办学方向等，进行符合时代与现实需求的再审视与再认识，从而建构新型中等教育观与中等教育理论体系，即"以农为本"的农村普通中学教育逻辑起点；"不求人人升学，但求个个成才"和"升学有基础，从业有技术"的基本理念；"双证"资格目标与"三维"操作目标相结合的目标体系；"三教结合"办学模式、"普职渗透式"课程改革策略、"六连结构"教学策略、"示范田"基地策略等运行策略等。该模式在实验中取得了明显的教育效益、经济效益与社会效益。

关键词：西部农村，中学教育，双证，六连结构，课程与教学

基金项目：全国教育科学十五规划重点课题：西部农村中学六连结构双证式教育实践探索（EHA030430），主持人：朱德全。

作者简介

朱德全，西南大学教育学院教授、博士生导师、副院长，主要研究领域为课程与教学论、职业教育和农村教育，电子邮箱：zhudq@swu.edu.cn；

袁顶国，西南大学教育学院副教授、硕士生导师，主要研究领域为课程与教学论、农村教育和教育评价，电子邮箱：yanding@swu.edu.cn；

宋乃庆，西南大学数学与统计学院教授、博士生导师、常务副校长，主要研究领域为基础教育、职业教育、数学教育，电子邮箱：songnq@swu.edu.cn。

The Experiment Report of "Double Certificates Six Links" Structural Education Model for Poverty Alleviation in Western Rural School

Zhu Dequan   Yuan Dingguo   Song Naiqing

Abstract: The "Double certificates six links" structural Education model for poverty alleviation in western rural school aims to explore the efficient way of rural school education's Comprehensive development in the 21st. By having a proper re-examine and re-understand which cater to the times' need on the rural Secondary education, especially the rural normal school education's structure, task, goal, and orientation in education provision, thus organizing a new Secondary education idea and theory system. take "the rural is the fundamental" as the rural school education's logic origin; take "do not hope all enter a higher school, but all of them have capability" and "entering higher school can have basis; going to work can have technology" as the basic idea; combining "double certificates" target and "three dimensions" target as one target system; the "three education together" running school model, the "common and vocational get into each other" curriculum reform strategy, the "six links structure" education method, the "demonstrating field" strategy and many other strategies. This model achieved obvious educational, economical and social benefit during the experiment.

Key Words: Western country, Secondary school education, Double certificates, six links structure, curriculum and teaching

Author:

Zhu Dequan, PHD supervisor, Professor and Vice-President of College of Education of South West University, the main research areas are Curriculum and Teaching, Vocational Education and Rural Education, e-mail: zhudq@swu.edu.cn;

Yuan Dingguo, Master Instructor and Vice-Professor of College of Education of South West University, the main research areas are Curriculum and Teaching, Rural Education and Education Assessment, e-mail: yanding@swu.edu.cn;

Song Naiqing, Executive Vice President, PHD supervisor, Professor of College of Mathematics and Statistics of South West University, the main research areas are Basic Education, Vocational Education and Mathematics Education, e-mail: songnq@swu.edu.cn.

一、问题提出

历史跨入 21 世纪，有中国特色的社会主义现代化建设步入全面建设小康生活水平的攻坚阶段。全面提高国民素质，培养现代化建设所必需的各级各类人才的重要性和紧迫性凸显而出。然而，第六次全国人口普查的资料显示，在近 13 亿人口总数中，农村人口数近 9 亿之多，其中农村青少年儿童人口数占全国青少年儿童人口数的 2/3 以上，有 3/5 的农村青少年分初中、高中两个层次相继返回农村务农，这一庞大队伍的文化知识水平和科学技术水平距现代化建设人才标准差距较大。改变这一现状，使占农村青少年人口数 3/5 的农村人成长为现代化建设人才这一重大课题迫在眉睫，成为农村教育的重中之重。其中，西部地区农村中学教育发展的出路又成为重点之中的难点。

在我国，研究农村教育的专家学者较多，而且有不少的农村基础教育科研成果，如北京教科院、上海教科院、天津教科院以及东北师大等校的不少专家教授，对农村基础教育作了比较深入的研究，取得了不少的研究成果。但基于农村经济发展背景下研究农村中学教育的改革与发展的课题并不多，且大多侧重于义务教育阶段的改革与发展模式研究。一则缺乏从宏观社会系统角度出发，探讨教育与社会经济的协同发展。二则多侧重于纯理论构想，少有将农村中学教育的改革发展与教育扶贫结合起来进行农村课程与教学特色模式的实践探索。

为此，我们本着"农村教育必须为农村经济服务，农村经济又必须为农村教育提供基础保障"的指导思想，以"教脱贫""贫需教""教促富""富促教"的良性循环改变农村"贫与愚"的恶性循环为根本任务，构建符合农村经济与农村教育双赢互惠发展的普职渗透"双证六连结构"教育扶贫模式，以期为农村经济和社会发展输送更多的实用型人才，并形成一种新型的"农""科""教"统筹的农村"素质教育"特色模式。

二、研究设计

(一) 研究假设

西部农村中学"双证六连结构"教育扶贫模式的研究假设涉及四个层面,即前提假设、目标假设、理念假设和理论假设。

1. 前提假设。在前提假设中,我们提出一个根本假设:考上学校的学生千方百计想留在城市,远离农村;考不上学校的学生,返回农村不能务农,也不愿务农。在此基础上形成了"西部农村中学教育是亏本的教育"这一基本假设。

2. 目标假设。以"西部贫困地区农民脱贫致富"为基本关怀,本着"农村教育必须为农村经济服务,农村经济又必须为农村教育提供基础保障"的指导思想,以"以教脱贫""以教促富"和"以富促教"的良性循环改变农村"贫与愚"的恶性循环为根本任务,构建"六连结构双证"教育扶贫模式为具体目标。

3. 理念假设。西部农村中学"双证六连结构"教育扶贫模式的研究的理念假设有二:(1)不求人人升学,但求个个成才;(2)升学有基础,务农有技术。

4. 理论假设。西部农村中学"双证六连结构"教育扶贫模式的研究在理论假设中,力求寻找三个理论层面的结合点:宏观层面寻找"普通教育与职成教育的结合";中观层面寻找"职成教育与课程教学的结合";微观层面寻找"课程模式与教学模式的结合"。

(二) 研究内容

本研究以"西部贫困地区农民脱贫致富"为基本关怀,以"不求人人升学,但求个个成才""升学有基础、务农有技术"为基本理念,探索西部大开发形势下培养现代化建设中农村区域经济实用型人才之有效途径为目标,建构并实践以"职教渗透"课程模式与"六连结构"教学模式为核心的"双证六连结构"教育扶贫模式。具体而言,"双证六连结构"教育扶贫模式研究与实践包括如下内容。

1. 西部贫困地区农村中学教学质量提高因素分析

面对当前农村教育教学水平普遍不高的境况,必须对此进行深入细致地分析研究。本文从四个方面对提高农村中学教育教学质量进行分析。(1) 师资建设。教育的主要实施者是教师,教师在整个教育活动中起着主导作用,这个主导作用发挥水平的高低直接取决于教师队伍的状况和水平,我们从教师数量、教师素质、教师健康状况等不同层次、不同角度对农村师资建设进行分析与研究。(2) 生源问题。学生是教育的主体,是整个教育的核心,一切教育活动都是建立在"有学生"这一前提之上的,然而农村教育的生源问题却存在不少的问题。本文对农村学校学生入学率低、学校学生学习情绪低、合格率低和辍学率高、厌学率高等现象进行了深入研究。(3) 条件基础。俗话说"一方水土养一方人",农村教育的发展根本着眼点应放在所固有的资源上,以自身条件为主。我们最大范围地开展对实验区贫困农村地区固有资源的调查研究,以便因地制宜地解决各地区的教育滞后问题,促进该地区教育资源的充分、合理、有效利用。(4) 外围因素。教育教学本身就是一个开放系统,其发展离不开相关因素的有机协调,为此必须围绕教育这一核心,充分调动与协调经济、文化、风俗、传统等各种外围因素,使其成为推动教育发展、提高农村教育质量的合力。

2. 西部贫困地区农村田野考察,开发区域性特色课程资源,建立区域性特色资源库

农村教育发展的关键在于如何开发其固有的各种资源,如何有目的、合理、充分、有效地协调运用这些资源,为此本研究经三个环节解决这一问题:(1) 田野考察。全体研究人员分别深入广大农村地区,通过田野考察,详尽地获取农村各地固有资源存储实况。(2) 问题研究。将农村教育现状问题与田野考察状况密切联系起来,深入分析,仔细推敲,反复论证,以明晰农村教育现在问题因素系统。(3) 特色资源库的建立。在前面两个环节的基础上利用系统论、信息论、控制论的原理,建立起

切实符合农村教育发展和农村区域经济发展的特色资源库。

3. 构建西部贫困地区农村中学职教渗透"双证六连结构"教育扶贫模式

解决农村脱贫的关键点在大力发展农村区域经济,而发展农村经济的关键点在于因地制宜地将本地农村青少年培养成符合农村区域经济发展所需要的应用型人才。本文从两个方面对此进行深入研究:(1)义务教育与非义务教育培养目标的探究。农村区域经济发展所需的应用型人才必不可少的是各种切实有效的技术、技巧、技能。然而,在以基础知识文化教育为中心的义务教育中无法实现这一目的,故必须深入探究二者有效结合的途径。(2)农村中学职教渗透"双试六连结构"教育扶贫模式构建。要解决义务教育无法满足培养农村区域经济发展所需要的应用型人才这一难题,其可能的途径就只有将教育部认定的教育目标与农业部要求的初级农学知识某专业的培养目标有机整合起来,为此"双证六连结构"教育扶贫模式可担此重任。

4. 建立农村中学职教渗透"双证六连结构"教育实验"示范田",展开具体实践探索

农村区域经济发展所需人才的一大特征就是实用性,如何使农村学生将理论与实践密切结合起来,真正做到"学而有用""学而会用""学而善用",这需要一个过渡磨合阶段,需要一个"练兵"的桥梁,为此实验"示范田"将充分发挥其功能,所以本研究从两个方面展开实验"示范田"的研究:(1)开发自然资源的实验"示范田";(2)开发人文景观资源的实验"示范田"。

5. 农村中学职教渗透"双证六连结构"教育扶贫模式实施的社会保障机制研究

任何事物的发展都是内外因共同发挥作用的结果,要切实有效地解决农村教育的问题,促进农村教育质量的提高,必须同时加强其外部环境的建设,提供一个良好的健全的运行环境,我们探索国家政策保障机制和学校家庭保障机制两个方面的问题。

（三）研究方法

研究谨遵"农村教育为农村经济发展服务"的办学思想，以解决农村脱贫致富为深层动因，以将广大农村青少年培养为符合有中国特色现代化建设中广大农村区域经济发展所需要的应用型人才为具体指向，以考察各地自然与人文景观资源→建立各地特色资源→构建职教渗透教育模式→建立实验示范田→实践与理论探索为技术路线，以田野考察为出发点，问题成因分析为依据，改革与发展为关键，以农村中学职教渗透教育扶贫模式的构建为目的。在研究过程中，我们将综合应用分析、综合、推理、判断、归纳、概括、比较等逻辑思维和辩证思维的手段，对各种资料、已有农村教育之经验、现存问题、发展趋势和今后的改革对策进行定性分析，同时有机融入定量研究方法，充分地、正确地使用现有的各种统计数据，就一些主要的研究子问题实行定量性的问卷测量，然后对其结果用 SPSS 统计软件进行统计。具体而言，综合运用以下研究方法，通过以下一些途径来开展研究工作。

1. 文献研究法。广泛、全面地搜集分析各种有关我国农村教育的文献资料，文献资料的搜集主要通过以下途径进行，一是在全国各地广泛搜购已经出版的相关图书；二是广泛查阅各种相关的报刊资料；三是到各地广泛搜求各种成文的内部资料；四是在互联网上搜集相关的信息资料。

2. 田野考察法。为了全面系统掌握广大农村地区存储的各种资源状况，全体研究人员首先分赴各个地区进行深入细致周密的田野考察，以获取丰富、全面系统的第一手材料。其次，委托部分农村来的大学生回家乡开展调查研究。最后，委托一些农村地方的教育行政部门和教育工作者对本地的农村资源进行调查研究，在整个过程中将有机结合个别访谈法、集体座谈法、问卷法等具体方法。

3. 实验法。研究中进行了以重庆市黔江石会中学为实验基地的试点实验。其"双证六连结构"课程改革实施方略的具体操作是：在保持国家课程计划总课时不变的前提下，将每周的 2 节劳动技术课、1 节科技活动课、1 节地方课集中安排为 4 节农技课，主要学习农业部认定的"绿色证书"课程计划中与当地农业主导产业发展相关的四门左右农学知识教育和实用技术培训,使学生在圆满完成普通教育任务的同时,完成"绿色证书"的教育任务。最终实验效果显著,社会反响较大,并得到县政府、重庆市教育委员会、国家教育部和国家农业部的充分支持和肯定。

三、西部农村中学"双证六连结构"教育扶贫模式的理论建构

(一)"双证六连结构"教育扶贫模式的逻辑起点

"双证六连结构"教育扶贫模式的逻辑起点,即农村中等教育的价值定位,是由社会、教育与受教育者的接合点决定的,而这个接合点又为"一个功能""两对关系"所决定。所谓"一个功能"是指教育的基本功能。我们知道,教育作为一种社会活动,其功能是多元的,包括政治功能、经济功能、文化功能等,但其中最基本的功能应该是什么呢?这可以从"教育是一种培养人的社会活动"这一最朴素的教育定义中窥见,教育的基本功能是培养人,即把一个"自然的人"培养成一个"社会的人",使受教育者成为"人才"。但是,这里还有两个问题没有解决:一是教育要培养什么样的人才?二是教育要把谁培养为人才?这就涉及前面提及的"两对关系"。所谓"两对关系"是指教育与社会的关系和教育与人的关系。教育作为社会的一个有机组成部分,教育与社会之间存在一种"部分与整体"的关系,其中教育属于"部分",社会属于"整体"。这种"部分与整体"的关系决定了:教育总是依存于一定的社会关系而存在,离开了它所依存的社会,教育也就不复存在了。同时,社会的存在反过来又有赖于教育的支持,社会的发展又有赖于教育提供动力,也就是说,教育要为社会服务。教育是通过什么方式来为它赖以存在的社会服务呢?答案是为社会培养符合社会发展需求的人才。这一答案解决了教育功能中存在的第一个问题,即"教育要培养什么样的人才"的问题。这样,"人才"自然就成了教育与社会之间的接合点,其关系式A:"社会——人才——教育"。从教育与受教育者的关系来看,可以说,教

育之所以存在又在于受教育者的需要,如果没有受教育者的需要,教育同样会失去其存在的价值与意义。而受教育者的需要是多层次、多维度的,按马斯洛的需要层次理论来讲,人有三大类互相重叠的需要,即意动需要、认知需要和审美需要。其中,意动需要按由低级到高级序列又有五个不同层次,即生理需要、安全需要、归属和爱的需要、尊重的需要、自我实现的需要。在这众多的需要中是哪类需要决定着教育的存在呢?这就是对受教育者而言具有终极意义的"自我实现的需要",而自我实现的需要在本质上就是"我要成才"的需要,是受教育者自身的生命价值得以"彰显"的需要。也就是说,是受教育者本身想要成为"人才"的需要决定了教育的存在价值与意义。这一答案实际上解决了教育功能中存在的第二个问题,即"教育要把谁培养为人才"的问题。于是,"人才"同样成为了教育与受教育者的接合点,其关系式 B:"教育——人才——受教育者"。现在将关系式 A 与关系式 B 结合起来,就能得到如图 1 所示的复合关系。

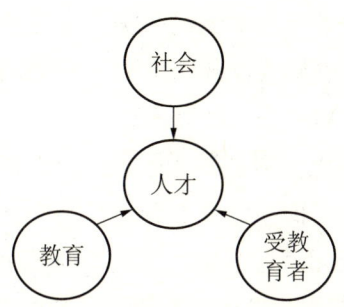

图 1 社会、教育与受教育者间的关系

图 1 表明,人才作为一个枢纽将社会、教育与受教育者有机地整合起来,也就是说,社会、教育与受教育之间的接合点是"人才"。由此,我们认为,作为教育系统结构之核心图式的教育扶贫模式的逻辑起点是人才,教育扶贫模式发展与改革的起点与归宿也在于人才。具体而言,表现在三个方面:一是教育扶贫模式取决于既定时代下社会需要什么样的人才;二是教育扶贫模式取决于既定时代境域中受教育者希望成为什么样的人才;三是教育扶贫模式取决于不同层级结构的教育应该培养什么样的人才。

1. 农村社会经济发展需要什么样的人才

《中共中央关于教育体制改革的决定》中指出,"今后事情成败的一个重要关键在于人才","教育必须为社会主义建设服务,社会主义建设必须依靠教育"。这一基本方针具体化到农村社会中,则表现为农村教育必须为农村社会进步、经济发展和人民生活水平的改善服务,即农村教育必须培养能满足农村地区经济与社会发展需求的各级各类人才。

这一要求为农村教育的发展与改革提出了一系列问题。首先,农村教育的办学方向,即培养目标或培养任务的问题。它要求农村教育必须改变传统的以"单一升学"为目的的办学方向,树立主要为农村经济与社会发展造就合格人才的办学方向与培养目标。新中国成立后半个世纪的教育经验表明,传统的"升学教育"主要是为城市经济与社会发展培养人才的教育,这种教育模式的本性与内在机制决定了它不可能满足为农村经济与社会发展输送大量合格人才的需求。所以,农村社会经济要发展、农村经济与社会发展所需要的各类人才最终还得从农村社会内部来解决,这就必然要求农村教育肩负起这一不可推卸的历史责任与使命,农村教育的办学方向与培养目标必须转变。

其次,农村经济与社会现实发展的人才层级需求问题。就全国来看,在目前和今后相当长的时间里,社会物质生产和社会主义精神文明与民主法制建设所需要的人才是有层次的,人才的层次结构大体上是宝塔形的,社会对高级专业人才的需求是适量的,需要的是大量有理想、有道德、有文化、有纪律的工人、农民和初中级专业技术人才与管理人才。多层次和低重心将是社会主义阶段长期存在的人才层级结构特点。这种宝塔形的人才层级结构,在我国社会中有其特殊的表现形式,这就是塔尖在城市、塔底则位于农村。换句话说,因为新中国成立伊始的特殊历史原因所形成的城乡二元社会结构,使得城市发展已经远远地超前于农村的发展,这种超前性决定了在满足其发展的人才需求上,城市经济与社会发展目前更趋向于接纳中高级人才,而农村经济与社会发展则更需求大量的中、初级人才。而且,根据宝塔形人才层次结构来看,其高中初三级人才的需求数量是高级人才需求最少、中级人才需求其次、初级人才需求最大。这种情况与国际经验——高、中、初级技术人才需求比约为1∶3∶20——是相一致的。由此可见，从人才需求层级结构来看，当前我国农村经济与社会发展所需要的主要是大量的初中级管理与技术人才。

2. 农村中学教育应该培养什么样的人才

不同类型人才的培养途径，应从人才类型与教育类型的关系入手。关于人才类型，这取决于划分标准，依据不同的分类标准可得到不同的人才类型结果。有的以"显隐性"为标准进行划分，如杨敬东据此把人才分为潜人才与显人才两类。所谓潜人才，"是以其创造性劳动已成才或正在成才并取得初步成果而尚未被社会承认的人才"（杨敬东，1989）[2]。显人才则是与此相反的人才。有的以"才能"为标准来划分，如日本专家宫城音弥人将人才分为无才、凡才、能才、异才与天才五类。有的以"思维特征和研究方向"为标准来划分，如我国当代学者郭沫若以此将人才分为直线形人才与球形人才。我们这里讨论的人才类型主要是以"学科和职业"为标准的，在这一标准上，最为简单的划分法是意大利哲学家克罗采的分类，即分为理论活动人才与实践活动人才。在我国既存的教育结构中，不同类型的教育与不同类型的人才之间有相应的对应关系。普通教育中的基础教育（特别是九年义务教育）是理论活动人才与实践活动人才必须接受的通识性教育，可以说在这一阶段还没有"专为某类型人才服务"的区分，因为我们的基本认识是：无论哪种类型的人才都必须具备良好的文化知识基础。在基础教育之后，教育类型与人才类型的对应关系就呈现出来了：一方面，顺接普通教育往上延伸的高等教育，主要是培养理论活动型人才；另一方面，从基础教育中分流而形成的职业技术教育，主要是培养实践活动型人才，即管理与技术人才。

按此逻辑推演则有，农村教育要为农村经济与社会发展服务，就应该培养符合农村经济与社会发展所需要的人才，而农村经济与社会发展所需要的正是大量初中级的管理与技术人才，这类人才主要来源于职业技术教育，所以要大力发展农村职业技术教育。

前面分析了农村经济与社会发展所需要的是实践活动型人才，这类人才主要是由职业技术教育来完成的。这里进一步说明的是,不同层级的实践活动型人才是由不同程度的教育来培养的。当前我国农村经济与社会发展迫切需要的是中级与初级管理与技术人才。这两个层级的人才分别对应着不同程度的职业技术教育。先从学校教育系统来看,按惯例,中级职业中学应以培养中级管理或技术人才为主要目标,初级职业技术教育主要是培养初级管理或技术人才。就学校教育系统而言,到这里就存在问题了:中等职业技术教育是以初中毕业生为招生对象,那么,在农村初中毕业生中能够接受中等职业技术教育的比例是多大呢(见表1)。

表1　1985—2005年初中毕业生升入中等职业技术学校的升学率

单位:万人,%

项目 年份	中等专业学校招生人数	职业中学招生人数	合计数	初中毕业生人数	差数	升学率(1)	升学率(2)
1985	66.8	116.1	182.9	998.3	740.8	18.32	24.68
1986	67.7	112.8	180.5	1057.0	799.7	17.07	22.57
1987	71.5	113.2	184.7	1117.3	962.1	16.53	19.19
1988	77.6	119.5	197.1	1157.2	912.9	17.03	21.59
1989	73.5	118.3	191.8	1134.3	892.2	16.90	21.49
1990	73.0	123.2	196.2	1109.1	859.3	17.69	22.83
1991	78.0	137.8	215.8	1085.5	841.7	19.88	25.63
1992	87.9	152.1	240.0	1102.3	867.6	21.77	27.66
1993	114.9	161.5	276.4	1134.2	905.9	24.37	30.51
1994	122.5	175.3	297.8	1152.6	909.2	25.83	32.75
1995	138.1	190.1	328.2	1227.4	953.8	26.73	34.40
1996	152.3	188.9	341.2	1279.0	996.8	26.67	34.22
1997	162.1	211.2	379.7	1442.4	1119.8	26.32	33.90

续表

项目\年份	中等专业学校招生人数	职业中学招生人数	合计数	初中毕业生人数	差数	升学率（1）	升学率（2）
		普通高中招生人数	中等职业教育招生人数	全国初中毕业生人数			
1998		359.55	442.26	1603.10	1243.55	27.59	35.56
1999		396.32	375.30	1613.94	1217.62	23.25	30.82
2000		472.69	338.87	1633.45	1160.76	20.75	26.87
2001		557.98	337.83	1731.50	1173.52	19.51	28.79
2002		676.70	416.00	1903.69	1226.99	21.85	33.90
2003		752.13	472.60	2018.46	1266.33	23.41	37.32
2004		821.51	526.20	2087.30	1265.79	25.20	41.57
2005		877.73	607.71	2123.43	1245.70	28.62	48.78

注：（1）中等专业学校招生人数＝中等技术学校人数＋中等师范学校的招生人数。

（2）合计数＝中等专业招生人数＋职业中学招生人数。

（3）中等职业教育招生人数＝职业高中招生人数＋普通中等专业学校招生人数＋技工学校招生人数。

（4）差数＝初中毕业生人数－高中招生人数。

（5）升学率（1）＝合计数÷初中毕业生人数。

（6）升学率（2）＝合计数÷差数。

（7）本表相关数据资料来源于：1985—1997 年数据来源于《中国统计年鉴——2004》（见 http：//www.stats.gov.cn/tjsj/ndsj/yb2004-c/indexch.htm）；1998—2005 年来源于教育部发布的《全国教育事业发展统计公报》。

由表 1 可见，如果采用"升学率（1）＝合计数÷初中毕业生人数"的方式来计算，1985—2005 年，全国初中毕业生升入中等职业技术学校的比率，最高的一年是 2005 年，其比率为 28.62％，最低的一年是 1987 年，其比率为 16.53％。如果采用"升学率（2）＝合计数÷差数"来计算，全国初中毕业生升入中等职业技术学校的比率，最高的一年还是

2005年，其比率为48.78%，最低的一年也是1987年，其比率为19.19%。由此可见，直到目前为止，我国初中毕业生能进入中等职业中学学习的学生的比率是比较小的。① 基于这一客观现实，我们认为，农村中学教育在完成学术性普通教育的基础上，必须引入职业技术教育，以满足农村中学生成才之需要。

(二) "双证六连结构"教育扶贫模式的理念

理论是实践的先导，理念是理论的灵魂。综观古今中外的历次教育教学改革，莫不是在相应的理论指导下展开的，而每种理论得以存在的灵魂——理念均自始至终渗透于整个过程之中。农村中学"双证六连结构"教育扶贫模式改革，以"教育必须服务于社会主义建设，社会主义建设必须依靠教育"、"农村教育应该为农村社会发展、经济建设与人民生活水平改善服务"的指导思想，确立了"不求人人升学，但求个个成才"、"升学有基础，务农有技术"的基本理念。

1. "不求人人升学，但求个个成才"

我国农村中学教育始终为"升学与人才的关系"所困扰，其潜在意识是只有升入高等院校取得相应学历学位之人才是人才，典型表现为"升学万岁"。这一现象的症结在于人才标准的认定。在我国，1982年首次提出了人才标准，即"具有中专以上学历和初级以上职称的人员"。这种人才标准实际是"唯学历"论取向的，在我国现实人才评定实践中起着主导性的作用，在当前的人事录用制度中表现得非常明显，譬如，各大专院校在人才引进中纷纷提出博士学历、硕士学历要求。又如，上海人才引进计划中提出只引进本科以上学历的人才。对此，上海公共行政与人力资源研究所所长沈荣华针对"唯学历"论的人才标准列举了三个反例：按此标准，比尔·盖茨来到上海，上海也不会要，即使他的个人

---

① 值得注意的是，上表中的数据是根据全国的初中毕业生人数及全国升入中等职业技术学校的人数来计算的，但我们认为，这也能反映农村初中毕业生升入中等职业技术学校的基本情况。就我国的实际情况来看，城市初中毕业生基本上是能够升入普通高级中学学习的，愿意接受中等职业技术教育的城市初中毕业生是非常少的，它基本上不影响我们得出上面的推论。

股票达数百亿美元，相当于一个半上海的经济总量。因为他大学没有上完，只相当于一个大专文凭。再有，林元培在上海设计了杨浦、南浦、徐浦、卢浦4座大桥，但他只是中专毕业，按现在的学历标准，可能也不算人才。温州民营企业家中有学历、职称的不到三成，却创造了大量的社会财富，提供了大量的就业机会，为社会作出了巨大的贡献。如果按现有人才标准，这些企业家肯定还不算人才（沈荣华，2003）。这种唯学历论的人才标准取向，在现实农村教育中造成的严重后果，就是形成了"升学本位"的农村教育体制与培养模式，这种教育体制与培养模式将绝大多数农村学子堵截在"人才"围城之外。

我们认为，人才标准是人才概念的具体化，是人才一般的、普遍的本质属性。全面的人才本质特征至少应该包括四个方面，即品德、知识、能力和业绩。品德、知识、能力和业绩贡献是体现人才杰出性的主要因素。职称、学历之所以被作为衡量人才的标准，就是因为它基本能够反映有职称、学历的人在某个专业方面具有比一般人强的知识和能力，即在某个专业的知识和能力上具有一定的杰出性。但学历、职称只是体现专业知识、能力和业绩的一种标准，而不是唯一的标准，其他如岗位职务、成果获奖、技术发明专利等，也都是人才社会认可的有效形式，都可作为人才评价的标准。因此，我们不能仅以学历、职称作为衡量人才的标准，而要像《中共中央国务院关于进一步加强人才工作的决定》所要求的："要坚持德才兼备原则，把品德、知识、能力和业绩作为衡量人才的主要标准，不唯学历、不唯职称、不唯资历、不唯身份，不拘一格选人才""建立以业绩为依据，由品德、知识、能力等要素构成的各类人才评价指标体系。"

从人才的四个主要特征来看，升学与人才并没有必然的因果关系，一个进入高一级学校深造，拿到了专科文凭、本科文凭，甚至研究生文凭的人未必就能成为人才。相反地，一个没有进入大学学习，却在自己的工作中充分地发挥了自己的潜能，为社会的进步作出了自己力所能及的贡献的人，则理所当然的是人才。

所以，提出"不求人人升学，但求个个成才"的农村中学教育理念，其现实客观性表现在如下方面。一是农村学生不可能每个人都升学的现实困境。(造成这一困境的原因至少有两个方面是无法克服的,首先是农村家庭经济承受能力的问题;其次是我国高一级学校规模与容纳量的问题。)二是基于上文对人才概念的新认识。三是基于农村社会进步、经济发展与人民生活水平改善的现实需要。四是基于升学与成才非因果关系。

值得注意的是,我们强调农村中学教育以"个个成才"为现实追求,并不意味着我们认为农村孩子不需要升学,相反我们认为升学本身也是使农村孩子成为人才的一条路径,但我们反对传统教育"把升学视为农村孩子成才的唯一路径"的观点。我们提出"个个成才"的教育理念,其主旨在于促进全部农村孩子的成才,在于拓宽与延展农村孩子的成才之路。从中国城乡二元结构的社会现实来看,我们鼓励农村孩子升学,因为这是建构和谐社会,消除城乡结构的有效办法。但社会主义初级阶段的基本国情决定了农村孩子不可能都升学,因此,我们的教育理应为这一部分不能升学的孩子提供多元的成才之路,教给他们自理、自立、自我实现,进而促进社会发展与进步的知识与能力,让他们学会生存、学会发展、学会创造,成为充分张扬自我价值以创造社会价值的中国特色社会主义的建设人才。

2. "升学有基础,务农有技术"

从教育层次结构来看,农村中学教育属于中等教育,在我国教育体制中属于义务教育的范畴。"双证六连结构"教育扶贫模式主要是针对"技术教育"而设计的。由此,在逻辑上存在"基础教育"与"技术教育"的兼容问题。有人提出,在农村中学实施"双证六连结构"教育扶贫模式,是否有职业教育早期化的危险。我们认为,通过对"基础教育"与"技术教育"辩证关系的讨论,可以澄明这一问题。

基础教育,从日本学者平塚益德主编的《世界教育辞典》中的解释来看有两层含义:一是指由甘地在瓦尔达召开的全印度国民教育会议上提倡的印度国民教育,是印度国民教育的主要形式,到1968年根据政府决议改为工作实践教育。二是指从提高地区生活水平出发,旨在开发地区的基础教育,是联合国教科文组织提倡的教育概念,它包括初等教育和成人教育。联合国教科文组织第二次全会（1947年）决议：建议成员国"尽一种义务，即对所有的人实行最低限度的基础教育"。但在第六次全会以后，以儿童为对象的属于基础教育范畴的初等教育和以成人为对象的成人教育这两种概念已分别使用。由于基础教育这一概念含糊不清，所以，根据第十次全会（1958年）的决议，基础教育这一词语就不再使用了（新井郁男，等，1989）[182—183]。在我国，基础教育有其特定的内涵。张念宏主编的《中国教育百科全书》认为，基础教育是对儿童和青少年实施的一定年限的一般教育或普通教育，是以提高国民素质为目标而进行的不定向的非专门的基础思想品德和基础文化知识的教育。它是国民教育的基础环节，是为所有行业培养人才打基础的，是为提高国民素质打基础的。其任务是使受教育者在品德、智力、体质等方面得到生动活泼的发展，使他们成为有社会主义觉悟的有文化的劳动者，从而提高全民族的素质。基础教育的性质和任务要求教育工作者以至全社会确定正确的指导思想，即坚持正确的办学方向，面向全体学龄儿童和少年，使受教育者得到全面发展。基础教育为政治、经济、文化和人自身的发展服务，然而这些功能都必须通过培养人来实现。为了改变我国基础教育落后的状况，《中共中央关于教育体制改革的决定》中提出了有步骤的初等九年制义务教育，明确了把发展基础教育的责任交给地方，即在国务院领导下，实行地方负责，分组管理的原则。1986年4月12日六届全国人大四次会议通过的《中华人民共和国义务教育法》，标志着我国基础教育发展到了一个新的阶段。基础教育是国家振兴、民族腾飞的根本。搞好基础教育，对于提高我国民族素质、促进社会主义物质文明和精神文明建设，具有重要的战略意义，各级教育部门必须认真抓好这项工作。（张念宏，1991）[62—63]一般认为，在新课程境域中，基础教育包括普通高中（含普通高中）以下的各级教育，所以，农村中学教育属于基础教育的范畴，具有基础教育内涵的本质属性与特征。同时，农村中学教育还属于义务教育，即它是依据法律规定，国家对一定年龄的儿童所实施的一定年限或范围的普通学校教育。依照《中华人民共和国义务教育法》规定，义务教育指的是适龄儿童和少年必须接受的，国家、社会、学校和家庭必须给予的国民教育。初等义务教育是国家对人民的义务。国家和社会要提供条件使每个儿童和少年受到法律规定年限的教育,家长也要保证自己的子女接受教育。义务教育必须贯彻国家的教育方针,努力提高教育质量,使儿童、少年在品德、智力、体育等方面发展,为提高全民族的素质,培养有理想、有道德、有文化、有纪律的社会主义建设人才奠定基础。推行义务教育,要十分重视师资队伍的建设和教育经费的增加。(张念宏,1991)[62]

基于此,作为基础教育与义务教育的农村中学教育的本质属性或特征就是基础性、普及性与强制性。所谓基础性是针对教育目标与培养内容而言的,它要求农村中学教育必须以让学生掌握基础知识、基本技能、基本能力与基本情意为中心任务或核心工作。所谓普及性是针对受教育者而言的,意指凡年满6周岁的儿童,不分性别、民族、种族,都应当入学接受规定年限的教育。1986年4月六届人大四次会议通过的《中华人民共和国义务教育法》,标志着我国基础教育发展到了一个新的阶段。

职业技术教育是职业教育与技术教育的总称,即以改善劳动力素质为目的,使受教育者获得从事某种职业或生产劳动所需要的知识和技能的教育。从广义上讲,职业技术教育既包括就业前为达到一定职业知识和技能要求进行的证书教育,也包括就业后提高职业技能而进行的教育。职业技术教育有两个特点:一是要从受教育者的文化知识基础出发,保持其连续性,受教育者要继续提高文化知识水平,使能力与技能的开发建筑在浓厚的基础上;二是要对受教育者进行定向培养,使其具有从事某一技术和社会服务的一般理论知识、就业能力和职业道德,要使受教育者了解所在领域的现状和发展趋势,获得必要的结业后的职业进修、转业培训的准备条件,具有职业能力的后劲。我国的职业技术教育在层次上分为高、中、初三等,在形式上分为学校和业余教育两种,在学制上长短不等,灵活多样,多为2—4年。

从基础教育与职业技术教育的性质与特征来看,二者似乎没有必然的内在联系,但从本质上来讲,二者是有机联系在一起的。说其似乎没有内在联系是基于传统教育观念而言的。在传统教育观中,基础教育与职业技术之间有时间先后的承接关系，即职业教育理所当然的是在基础教育之后才能进行，这是依存于"知识获得是知识运用的先决条件"这一假设而成立的。我们认为二者是有机地联系在一起的，是基于建构主义认识论，即"知识获得正是在知识运用的过程中进行"而成立的。从传统的基础教育与职业技术教育相分离的特点来看，二者似乎也没有兼容性。但正是基于传统基础教育与职业技术教育相分离而带来的不足——大量中学毕业的农村学生，因不能进入高一级学校继续学习而加入农村剩余劳动力大军，造成农村剩余劳动力转移困难加剧及农村大量人力资源浪费——我们提出在农村中学教育的过程中进行渗透式的职业技术教育。这也正是"双证六连结构"教育扶贫模式的创新之处。从基础教育与职业技术教育本身来讲，二者的有机结合也是有其合理依据的。首先，从"双证六连结构"教育扶贫模式的培养目标与教育内容来看，我们将农村中学生进行的职业技术教育定位在初级实用技术层面，初级实用技术在性质上与基础教育的基础性是一致的，它丰富了农村中学教育基础性内涵、延展了农村中学教育基础性的外延，这种丰富与延展是符合当今世界农村教育课程改革与发展趋势的。其次，"双证六连结构"教育扶贫模式的实施前提是保证农村中学各项普通教育任务的圆满完成，并通过课程与教学结构的合理调整得到保障。

通过以上分析可见，升学还是从业，这是农村中学学生毕业时必然面临的选择题，每个学生不管自己愿意还是不愿意都必须作出选择。可是，既有农村中学教育模式却是片面追求"升学"的教育模式，它只为准备升学的学生打基础，不为准备就业（或者是被迫就业）的学生打基础。那些没有挤过"升学"这根独木桥的农村孩子面临的不是如何从业而是失业。失业对于这些孩子意味着什么呢？意味着他们的生存受到威胁，意味着他们还要依靠别人来养活，意味着他们旺盛的精力找不到着力点，意味着他们成为社会的边缘人。这样的结果恐怕不是素质教育的真谛，不是教育这一塑造人类灵魂的工程所应有的追求，也不是广大农民节衣缩食送孩子进学校的根本目的。面对农村中学教育的这种现实状况，要满足农村孩子自我生存、自我发展、自我实现的内在需求，我们提出了"升学有基础,务农有技术"的基本理念。它要求农村中学教育首先必须充分体现义务教育的基本要求,高质量地完成学生生命全程发展所必需的通识性教育(学术基础性教育),在此基础上高度重视农村孩子现实生存之客观需求,给学生提供最基本的谋生的技术与技能,进而为当地农村经济建设服务。

(三)"双证六连结构"教育扶贫模式的目标结构

"双证六连结构"教育扶贫模式改革目标,从最一般的层面上讲,就是要解决现行农村中学教育中存在的弊端,切实贯彻党的教育方针,实现教育为社会主义现代化建设服务,教育与生产劳动相结合,理论联系实际,培养德、智、体、美、劳全面发展的社会主义事业的建设者和接班人,有效地促进经济和社会发展,满足人们不断增长的物质和文化生活的需要。在此基础上,农村教育扶贫模式的"双证"目标,即通过三年的中学教育使中学毕业生获得"双证"。所谓"双证",是指"中学毕业证书"和"绿色证书",其操作思路是:在农村中学教育过程中,既按照全日制中学课程计划组织教学,确保德、智、体等各项培养目标的全面实现,获得教育部认定的"中学毕业证书";同时,又按照农业部要求的"绿色证书",即"农业技术资格证书"课程计划的规定,完成初中级农业知识某专业的培养目标,使他们掌握1—2门有益于本地经济发展的农业技术,并获得农业部认定的新型农民应具有的"绿色证书"。这样既能保证文化学业优秀的农民子女能继续升学深造,又能使大部分升学无望的学生毕业后能成为当地农业主导产业发展所需的技术人才。"双证"目标模式如图2所示。

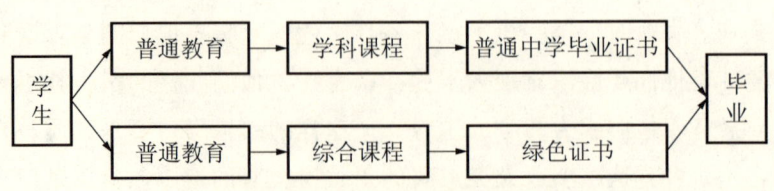

图2 "双证"目标模式图

(四)"双证六连结构"教育扶贫模式的基本特征

国际教育委员会在《学会生存》一书中指出：长期以来，普通教育这个概念是有一定局限性的。它只限于一定数目的传统学科。但是现在普通学科与专门学科之间的区别正在消失。曾经属于专家独拥的许多知识领域，现在已经渐渐向普通文化开放了，包括经济学与社会学的知识。随着经济因素与社会因素对个人的影响越来越大，这类知识的重要性也正在日益显现；最重要的还有各种技术知识，因为受技术影响的人越来越多，迫使他们要理解和掌握技术知识，所以对每个人进行理论和实用技术的教育越来越必要了。

正是为了让广大农民子弟学会生存的技能和本领，我们致力于农村中学教育改革，把"绿色证书"教育作为消除贫困、帮助农民脱贫致富的对策予以推行。农村中学"绿色证书"教育遵循"学会生存"的基本原则，扩大了普通教育的范围，使它明确地包括社会经济方面、技术方面和实践方面的普通知识。它不仅成了农村普通文化教育、技能教育、素质教育的一部分，而且还可直接地作为推动经济发展、社会进步的工具，作为中国西部农村打破贫困——愚昧死结的利器，作为给贫困地区建立造血机制的催化剂，作为抑制脱贫地区"返贫"现象的有力武器。因而，它可称为真正的生存教育。

正因为农村中学"绿色证书"教育的办学模式、课程模式、教学模式等都与脱贫致富、区域经济发展紧密联系，因而呈现出下述特点与发展要求。

1. 办学社会化

农科教结合办学模式以校园基地、庭园基地、田园基地为载体，整合学校、家庭和社区教育资源，按照文化教育中心、农技培训推广中心、创业指导培训中心和市场信息服务中心的框架设计农村中学办学思路，赋予农村中学作为农村经济发展与社会进步的源泉的新概念，革除了农村中学照搬城市模式的弊端。这种社会化的办学模式以生存教育为理念，以"绿色证书"教育为内容，把职业教育、技术教育与农业产业化开发、脱贫致富工程等行之有效的措施紧紧地结合在一起,不光注重校内教育,更注重校外实践,把教育的力量辐射开去,重在培养农民子弟解决农村实际问题的能力和方法,从而真正推动脱贫致富,推动我国农业向产业化、集约化、现代化方向发展,体现了为农民、为农业、为农村服务的办学宗旨。

2. 课程综合化

农村中学农科教结合综合实践课程以"绿色证书"教育为特定内容,弥补中学分科课程的不足。分科课程注重了学科知识的系统逻辑性,但较难顾及教育的社会目标,难以涉及本地区当前生产的实际问题,故而不利于学生实践活动能力的发展和社会责任感的培养。以"绿色证书"教育为内容的综合实践课程所选择的活动项目,都是社会生产实际中的现实问题,如本地区需要推广的农业新技术项目等。学生通过这些活动,了解了社会生活的真实,农村生产观念、设施、技术落后的现实和科学种田的魅力,极大地激发了农民子弟为家乡脱贫致富而掌握、传播农业新技术的责任感、使命感以及对科学技术是第一生产力的真切感,从而唤起了当代新型农民强烈的生存意识和创业意识。

3. 教学实践化

农村中学长期的教学实践表明,分科教学并不需要学校与社会发生多大的直接联系。这不仅不利于学生社会责任感、生存意识、实践能力等方面的培养,而且也不利于学校社会功能的全面实现。学校既有通过育人间接地服务于社会的功能,还有直接作用于社会经济、文化发展的功能。农村中学往往是本土乡村文化的制高点,学校的功能除了传承人类文明以外,还应肩负起促进乡村经济发展、现代最新文明成果传播和一定程度上的乡村新文化创造的任务。以"绿色证书"教育为载体,将分科教学与综合实践教学融合起来,使之成为一个有机的教学功能体,从而把农业生产的新理论、农业科技新成果由学校通过"三园"渠道扩散到了乡村千家万户。尤其是学校的田园实践基地,不仅成了教学的乐土,而且由于新品种、新技术项目的不断应用,逐渐成了乡村科技含量密集的科学种田示范地。这种示范对当地农民的生产观念和生产技术的更新具有很强的辐射功能。实践表明，打破单一分科教学的模式，大力推进综合实践教学，有助于学校服务社会功能的全面发挥，在较高层面上实践生存教育理念。

4. 资源市场化

农村中学"绿色证书"教育沿着生存教育的基本思路，以市场化的方式开发师资、场地、设备等资源。它在坚持自力更生、走内源发展道路的同时，多方联合，从农村经济、科技等部门聘请贤能之士做兼职教师，联挂、承包、租赁农田、山林、果园、厂场等，整合了多方资源，提高了各类资源的使用效益，实现了学校之间、部门之间、行业之间的资源共享。各农村中学自觉将育人与创收有机结合起来，在服务社会的同时，也促进了学校办学条件的改善，增强了学校资助贫困学生的能力。在办学过程中，农村中学教育工作者转变成了各种教育要素的组合者，自觉把各种资源组合在一起，不再是封闭自足的教育产业经营者，而真正成为教育资源的社会化、市场化的运作者。"绿色证书"教育按照农科教结合的方式组织教学活动，纳专家贤才为教师，化社会资源为教育资源，变别人的场所为校外实验基地，走出了一条农村中学通过市场化、社会化的方式开发教育资源的新路子，给深化农村中学教育改革以深刻的启示。

5. 服务多元化

"绿色证书"教育把农村中学作为乡村型的农科教结合的基点，整合乡、办、站、场等所有力量，实现人力、物力、财力、技术、信息等方面的资源优化，建立"普职成一体，农科教一体，培训、推广、试验、示范一体"的新型办学体制，为农村脱贫致富提供全方位、多元化服务。例如，在农村中学建立特种果树栽培技术指导小组、特种牲畜养殖技术指导小组、新技术推广咨询小组、市场信息咨询小组等多元服务体系，定期与不定期地为农民服务，通过多元服务体系进行科技辐射，加快科技成果的转化进程。在农村中学构建"学校＋公司＋农户"的经营模式进行科技辐射。从培养人才、传播技术、促进销售、创造效益等方面把学校与农户联系起来，学校为农户提供"产前信息服务、产中科技推广、产后销售服务",农户为学校提供"科技推广物资、科技实作基地、有偿服务经费",由此形成"产、加、销"一条龙服务机制。

6. 效益连锁化

农村中学以连锁化的方式把各种教育资源、要素组合在一起,让其发挥最大效益,同时以连锁化的方式把"绿色证书"技术培训的功能辐射出去。通过"课堂教学—自建基地—庭院基地""课堂教学—共建基地—庭院基地""课堂教学—联挂基地—庭院基地""课堂教学—租赁基地—庭院基地"等连锁化方式,一是促使农村中学与各方培训力量以脱贫致富为轴心联合协作,以项目形式互惠共享,让各个渠道下来的培训资金发挥最大效益,充分利用教育部门现有的整套设施、人员、经验和操作办法,也使乡镇及有关部门从受过培训的人中得到更多项目带头人、承办人和能适应市场经济的新一代农民;二是促使农村中学"绿色证书"教育资源下伸到乡村,同最基层的组织力量相结合,大面积地开展技术教育和培训,把农村中学真正办成当地农科技术教育和培训的基地。因而,这样的农村中学教育特别是"绿色证书"技术教育的效益也必然是多重的。它必能深刻地作用于经济运作与社会发展的深层;它比普通教育更能为当地留下人才,更快地出效益;它不仅给学生以技术和脱贫致富的门路,而且会把一种科学的、实用化的、市场经济的思维方式、生活方式带到穷乡僻壤,逐渐积淀、融入当地的文化、价值体系之中,加快农村文明进程,从而体现"生存教育"的价值追求。

四、西部农村中学"双证六连结构"教育扶贫模式的操作策略

自 20 世纪 80 年代以来,我国农科教有关方面,以促进农业和农村经济为目标,以推广农业科学技术为动力,以加强农村教育特别是职业技术教育和适用技术训练为基础,为实现农业和农村经济的全面振兴而在全国范围内拉开了农村教育综合改革的帷幕。综观农科教结合的农村中学教育已有研究成果,主要有三种模式:一是改革农村中学的劳动技术课教学,引进实用技术教育;二是实施"2.5+0.5"或"2+1"的分流

教育；三是改变中学三年学制，实行"3+0.5"或"3+1"教学模式。虽然这三种模式都以脱贫致富为目标取向，体现了农村中学文化教育与技术教育相结合的改革方向，但是通过实践和分析发现，它们都有不足之处。第一种模式对技术的培训力度不够，在不少地方流于形式，脱贫致富的效果不显著。第二种模式主要采用分流教育，只是针对部分学生，不尽公平，并且分流将削减文化课的科目和课时，改变了九年义务教育课程计划，降低了文化学习的水平，特别是部分学生因分流而断了升学之路，学生和家长心理上难以接受。第三种模式因为要延长学制，增大投入，难以推广。基于此，我们建构了农村中学"双证六连结构"教育扶贫模式体系，该体系主要包括"三教"结合的农村中学办学模式、农村中学"渗透式"课程模式、农村中学"六连"结构教学模式和教育示范田"基地"四个组成部分。下面分别讨论这一教育扶贫模式的主体结构。

（一）"三教"结合的办学模式

"三教"结合的农村中学办学模式，是形成于农村教育综合改革的大背景下的。所谓"三教"结合意指农村基础教育、职业教育与成人教育的有机统整，以实现农村教育的融化功能与整体效益。基础教育、职业教育和成人教育是整个农村教育大系统的有机组成部分，三类教育是相互区别、相互联系的关系。一方面，三类教育的培养目标、对象、教学内容和方法不同。基础教育的重点是依法实施九年义务教育，不断提高普及程度、办学水平和办学质量，全面实现"普九"任务。它偏重传授普通文化基础知识，教学内容由国家制定的教学大纲决定，教材是由国家统一组织修订的。它的对象主要是学龄儿童、学龄青少年，它培养的是德、智、体全面发展的人；职业教育是立足本地实际、突出地方特色，以适用性人才为培养目标的，具有"人才培养、技术推广、科学实验、技术咨询、经营服务"多种功能的教育。它偏重传授基本的专业技术，同时也传授一些基础文化知识，教学内容结合当地实际需要进行，方法采用实践与理论相结合，教育的对象主要是中小学毕业生，它的培养目标主要是掌握一定专业生产技术的初中级人才;成人教育主要面对已经参加生产劳动的农民和乡镇企业职工,它的教学主要是根据当地的实际,针对个人生产岗位的需要进行正规或非正规的学习培训,在一些还存在文盲的地方也结合扫盲,传授一般的实用技术和文化科学知识。农村成人教育能否办好不仅关系到整个农村教育改革的成效,而且直接关系到农村经济的繁荣昌盛。另一方面,三类教育的教学组织形式、教学内容和教学方法是相互联系、相互沟通、相互影响的,它们的总目标是一致的,那就是提高农村劳动者的素质,为农村两个文明建设服务。三类教育各有特点,在农村都很需要,都必须办好,不能忽视哪一类教育。根据当地经济和社会发展的需要,认真调整教育结构,克服单一发展普通教育的倾向,使农村基础教育、职业教育、成人教育相互促进、协调发展。

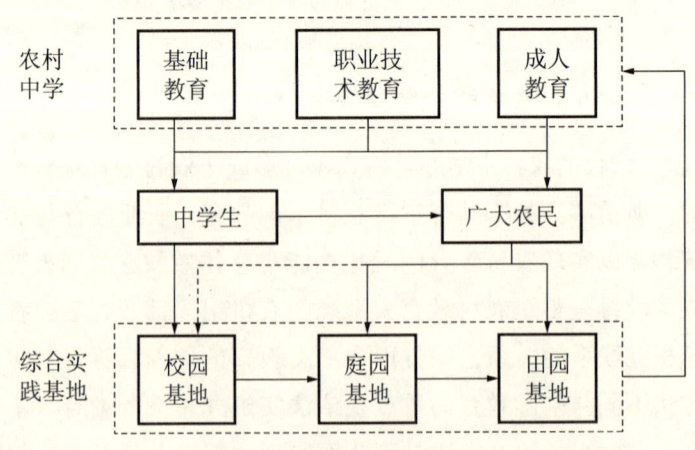

图3 "三教"结合的办学模式

在理论上探讨"三教"结合的重要意义、必然性与可能性等,相对而言是比较容易的,但是,要在实践操作中真正地实现"三教"结合,将农村地区有限的人力、物力与财力有效配置,从而使其发挥最大化的效益却不是一件容易的事情。综观我国农村综合教育改革20来年的发展,可以说还没有寻找到一条全国通用的结合模式与途径。我们根据重庆市黔江地区的普通教育、职业技术教育与成人教育发展的特点,结合本地区财力薄弱、人力不足、设备欠缺等现实困难进行了深入的思考，最后形成了"以农村中学为依托，将农村中学办成一种多功能的教育服务机构"的构想。将普通教育、职业技术教育与成人教育有机地结合为一个整体，其间以受教育者为纽带直接与综合实践基地相连接，从而形成一个由理论到实践、再由实践到理论的良性循环体系（如图3所示）。在农村中学内部根据"三教"结合的内在逻辑分设文化教育中心、农技培训推广中心、创业指导培训中心、市场信息服务中心。

这种"三教"结合的办学模式的整合性主要表现在如下方面。

首先，使农村中学真正成为"三教"结合的固定的、普及的、持久的载体。从固定性来看，这种形式的农村中学可以成为以乡为单位的教育中心，农村各类受教育者均可以直接与其相链接。特别是对广大农民来说，他们可以随时直接与学校取得联系，在实践操作中若有什么问题也可以在较短的时间内获得帮助与支持。这种办学模式改变了以前职业技术教育与成人教育中存在的无固定联络点的不足。从普及性来看，由于这个教育网络是以农村中学为中心建立起来的，它能够有效地保证其覆盖面，往来于学校与每一个农户之间的中学学生，成为从教育中心到实践基地的连线，可以将教育的力量渗入到每个家庭之中，从而确保了其普及性。从持久性来看，农村中学本身的不可缺少性保证了这种教育网络不是季节性的、间断性的，而是一直存在，且随着各种资源的投入将变得越来越好。

其次，这种"三教"结合的办学模式可以将分散的财力、人力、物力集中起来，形成发展合力。在"三教"分离的情况下，各教育系统自己搞自己的，各家都深感其财力不足，解决了一方面的问题后，另外一方面的问题又没有办法解决了。现在，三家合一，可以统筹安排，将三套系统变成一套系统，从而减少了大量不必要的开支，同时也杜绝了不必要的浪费，实现了资源的有效配置与利用。譬如基础设施建设问题，农村中学的各项设施在寒暑假、周末、各种节日期间就可以用作职业技术教育、成人教育；三大教育系统内的师资也可以相互调配，等等。

最后，从教育结构方面来看，长期以来，农村教育主要是关注为升学服务的教育。而较系统的职业技术教育，从体制上没有可靠的依托，使农村的毕业生绝大部分只有一般的文化基础知识，缺乏职业的劳动技能和应用技术培训，缺乏完成劳动力再生产的终端环节。成人教育多为零打碎敲，层次较低的短期培训，管理不成体系，缺乏统筹规划，发展极不平衡。"三教"结合，以农村中学为依托的办学模式，在一定程度上可以解决这一不足，从而实现农村教育类型结构的整体合作、协调发展。

（二）"渗透式"课程模式

1. "渗透式"课程模式的理论依据

所谓"渗透式"课程模式意指在传统初级中学普通学术教育中渗入职业技术教育，从而打破我国传统中学教育中普通学术教育一统天下的局面，进而实现中学教育阶段普通学术教育与职业技术教育有机融合、共同发展，以满足农村经济发展与农村青年自我发展之需要的课程模式。"渗透式"课程模式的提出是基于我们对普通教育课程与职业技术教育课程之关系的分析而成立的。

新中国成立以来，中学课程设置中，如何处理普通教育课程与职业教育课程的关系，一直存在争议：50年代，我国普通高中的课程设置几乎全是普通教育课程，这是因为当时普通高中规模小，而大学的发展又非常迅速，于是普通中学的主要任务就是为高校输送合格新生。"文化大革命"期间为了改造学生而加强了生产劳动，但这种结合与培养学生的职业技能关系不大。80年代后，随着世界教育大趋势与普通中学规模扩大，这一矛盾引起了人们激烈的争论，并形成了两种不同的意见：单一任务论与双重任务论。

单一任务论认为，普通中学应主要为高校输送合格的新生，其课程设置应以普通教育课程为主。原因有三：一是普通中学的"双重任务形成了普通高中规模过大，矛盾难以克服"的困境；二是普通中学兼顾双重任务容易造成两败俱伤；三是双重任务在普通中学不能合流，只有在普通学校和职业学校分流中才能完成。因此，主张学生中学毕业后进行分流。普通中学以为高校输送合格新生为己任，职业技术学校完成培养合格的劳动后备力量的任务，并认为这样才能真正利于职业技术教育的大发展；有利于解决"片面追求升学率"现象；利于较快提高高校新生质量；有利于加强基础教育（许梅，1985；郭茂利，1986）。

双重任务论认为，从世界中等教育改革"普通高中加强职业训练，职业学校加强文化科学知识"的共同趋势来看，必须转变我国普通教育中鄙薄职业教育的陈腐观点，适应社会大生产发展和我国国情的需要，实施普通教育职业化和职业教育普通化。那种普通中学忽视或否定职业技术教育的观点，在理论上与马克思主义的教育与生产劳动相结合的原理相悖；在实践上，既不符合当今世界中等教育的普通教育与职业教育相互渗透的大趋势，又与我国教改需求相背离；在方法论上不能改变传统教育的弊端（董纯才，1986；刘世峰，1986）。

从普通中学教育实践来看，虽然1985年《中共中央关于教育体制改革的决定》指出要"大力发展职业技术教育"，为普通中学开设技术课程提供了指导思想，但20多年来的教育现实表明，我们主要走的是"单一任务"道路，即普通中学以为高一级学校输送合格新生为主要任务，将为社会培养合格的劳动人才的任务交给了职业技术教育。

最为重要的是，无论是在理论探讨还是在实践操作中，普通教育课程与职业技术课程的关系问题多是围绕高中教育而展开讨论的，少有涉及初中教育的，如没有进入过教育理论研究者与实践者的视野中一样，这使得这部分学生的生存教育问题成了我国农村中学教育中的一个盲点。

然而，这一问题在国外中等教育改革中早就引起重视，并且采取了有效的措施来解决。近年来，欧美各国已经把教育与生产的结合作为一种普遍的教育指导思想，在形式上主要表现为三种。

一是在学校（包括普通学校和职业学校）环境中实施以职业技术为主要内容的综合化教育。美国、日本主要在普通学校进行，法国、德国主要在职业学校进行。美国的职业学校为数很少，职业技术教育主要在综合中学的职业科中进行。近年来，日本专门实施职业技术教育的学校虽有较大发展，但综合高中的职业科仍然是实施中等职业教育的主要机构。法国、德国的职业技术教育主要在各类职业技术学校进行：中等职业技术学校招收 8 年制中学的毕业生，对他们进行普通中等教育和职业技术教育，学制 3—4 年，将其培养成具有普通中等教育水平的熟练工人；技术学校招收 10 年制中学毕业生，对其进行 1—2 年的职业教育，培养其成为具有中学文化程度的熟练工人；职业技术学校招收 8 年制学校毕业生，对其进行职业技术教育，学制 1—3 年，这类学校正在淘汰；中等专业学校招收 8 年或 10 年制学校毕业生，学习 3—5 年或 2—3 年，使之成为具有普通中等教育程度的中等专业技术教育程度的熟练专家。

二是德国的双重职业训练制度。双重职业训练是指在企业里学习实际操作和在部分时间制职业学校里学习理论知识的平行，使企业训练和学校教育密切结合起来。这是德国职业技术教育的基本形式。以这种方式接受职业教育的占各种类型职业技术学校学生总数的 78%。受完教育后的青年，不能或不愿进全日制学校学习的，可选择专业并向招收学徒的企业报考，录取后，每周有 1/3 的时间接受义务的职业教育，有 2/3 的时间在企业里受训。根据合同，在三年的学习期间，雇主改发工资，但不算就业，由工商联和学校与企业组成的考试委员会考查学徒的理论知识和实际技能，合格者发给证书，凭证书在本企业或其他企业就业，德国的这种证书得到整个西欧的认可。

三是美国的合作教育。美国的合作教育又叫工读课程计划。中学的工读课程计划种类很多，有的着重发展学生的职业技术，有的则不强调培养学生的专门技术，而以帮助学生获得良好的工作习惯和态度、加深对劳动实践的理解为目的。中学的工读课程计划的种类与中等职业教育分类一样，共分七类。这些工读计划能使学生在几个不同的领域受雇。职业教育工读课程计划是根据 1963 年《职业教育法》制订的，主要为贫穷学生提供入学与参加公共机构部分实践工作的机会，学生的劳动报酬不是由雇主直接付给而是由公立学校支付。

以国外中等教育改革之经验为借鉴，结合我国农村中学教育的现实状况，从当前我国农村教育综合改革的背景出发，我们认为，我国农村中学课程改革应该走综合化的发展道路，即在农村中学教育中实现职业技术教育与普通教育相互接近，互相渗透，确立综合化发展的方向。"渗透式"课程改革正是农村教育综合化的具体表征形式,意在形成解决农村教育如何进一步加强教育与现代生产和生活实际的联系,将多样化的教学内容加以综合统一这一共同课题的策略。

2. "渗透式"课程模式结构

所谓课程模式,《教育大辞典》的解释是:"课程类型(curriculum types or categories)也称'课程模式'(curriculum models)。"(顾明远,1990)[264]也有学者认为:"课程模式是按照一定课程设计理论和一定学校的性质任务建立的、具有基本课程结构和特定育人功能的、用在特定条件下课程设置转换的组织形式。"(廖哲勋,1997)我们认同"课程模式就是典型的、以简约的方式表达的课程范式"(郭晓明,2001)[73]的观点。这种课程模式具有特定的课程结构和特定的课程功能,与某类特定的教育条件相适应。它既是一种结构模式,也是一种功能模式,它一方面要规定课程的内部构成并设定其相互关系,同时这种结构的建立又是以特定的功能假设为指向的。一个完善的课程模式应包含三个基本要素:模式主题、模式功能与结构、支持系统与适应环境。所谓模式主题,即该课程模式赖以成立的课程理念、课程思想与课程主张。它体现着课程模式的理性特征,是课程模式的灵魂、精髓和核心内容,贯穿并主导整个模式体系,支配模式的其他构成要素,并衍生出与主题有关的其他范畴。课程模式与课程结构是课程主题的载体,是课程主题的表现形式,是课程模式的主体内容。支持系统与适应环境是课程模式运行的必要保障,是课程得以顺利实施的外部条件。

基于上述对课程模式的基本认识,我们以该课程模式主题为核心,根据基础教育课程改革提出的国家课程、地方课程、校本课程相协调的课程管理原则,以及分科课程与综合课程相结合的原则,结合"农科教"相统筹的农村教育整体改革大背景,以黔江地区农村经济发展对初中级适用型技术人才的现实需要为目标,建构了"渗透式"课程模式(如图4所示)。

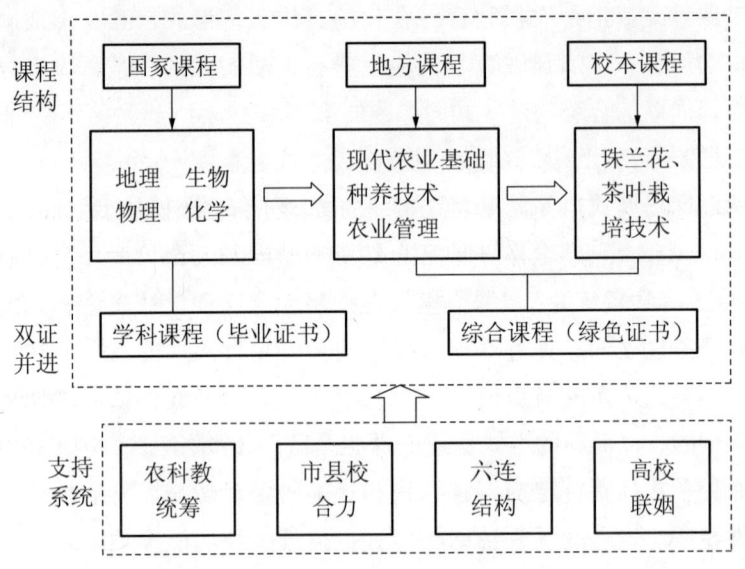

图 4　农村中学"渗透式"课程模式

农村中学"渗透式"课程模式具有如下内涵。

其一，从课程主题来看，农村中学"渗透式"课程模式的课程主题是"双证六连结构"，即学生毕业时需同时获得普通中学毕业证和劳动技术教育结业证。这项课程主题是对"不求人人升学，但求个个成才"与"升学有基础，务农有技术"这两个农村中学教育改革理念的具体化，它反映的是农村中学既要使毕业生具有全面素质，又要使学生获得脱贫致富所需的一技之长的特殊的、现实的农村中学教育需求。

其二，从课程管理来看，第八次基础教育课程改革明确提出了国家课程、地方课程与校本课程的三级管理体制。国家课程的主导价值在于通过课程体现国家的教育意志，地方课程的主导价值在于通过课程满足地方社会发展的现实需要，校本课程的主导价值在于通过课程展示学校的办学宗旨和特色。这三种课程所具有的特定价值以及每组课程类型所具有的价值互补性，意味着它们在学校课程结构中都拥有不可或缺的地位。三种课程在学校的课程结构中应该统一协调为一个整体，从而实现教育的社会价值与个体价值的统一，在促成学生个体全面和谐发展的基础上，为社会、经济、文化的再生产作出贡献，进而展现人生意义的真谛。在"渗透式"课程模式结构中，我们针对传统学校课程中国家课程一统天下，地方课程得不到有效落实，校本课程无法开发的不合理状况，在认识上准确把握三级课程在学生发展与社会建设中的实践价值的基础上，在认真分析既有重庆市地方课程，如现代农业基础、种植与养殖业技术等的基础上，结合黔江地区自然资源状况与石会中学的特色，重点开发了校本课程——珠兰花、茶叶栽培技术。从而，在课程管理的层面上实现了国家课程、地方课程与校本课程的有机统一。

其三，农村中学"渗透式"课程模式，在横向课程结构上实现了分科课程与综合课程的统一。在课程横向结构中，按课程内容的组织方式一般将课程分为分科课程与综合课程两类，分科课程的主导价值在于使学生获得逻辑严密和条理清晰的文化知识，而综合课程的主导价值在于通过相关学科的整合，促进学生认识的整体性发展并形成把握和解决现实问题的全面的视野与方法。在传统的农村中学课程中，分科课程占据绝对主导地位，综合课程微乎其微，即便有也是形式上的。我们通过深入分析确定了"以国家课程为分科课程、地方课程与校本课程为综合课程"的课程改革原则，进而分析了作为国家课程的原农村中学课程的基本构成，认为原农村中学执行的各分科课程中，与农村经济发展之现实需要有密切相关的课程主要包括：地理、生物、物理、化学等学科。依据农科教结合原理，我们将国家课程中的地理、生物、物理、化学等学科知识加以拓展、延伸和深化，设计成为综合实践课程，其中包括地方综合实践课程和校本综合实践课程。地方综合实践课程主要包括：（1）本地作物生长发育、自然环境、种植制度、家畜家禽、鱼类养殖等专题学习和实践活动，构成现代农业基础知识课程内容，在一年级开设。（2）蔬菜、果树、茶叶、种桑养蚕、花卉栽培以及禽畜养殖等专题学习和实践活动，构成种植业技术知识和养殖业技术知识课程内容，在二年级开设。（3）农业经营、农业资源、农业生产、市场营销、农业法规、财务管理等专题学习和实践活动，构成农业经营管理知识课程内容，在三年级开设。校级农科教结合实践课程——现代科技与特色农业，包括无公害蔬菜栽培、生态农业和观光农业、奶牛饲养业、花卉业等本地区支柱性特色农业，包括以重庆现代农业园区为依托的智能化农业等现代农业科技。校本综合实践课程主要是与黔江地区农村经济发展有密切关系的珠兰花、茶叶栽培技术。这样就实现了综合课程与分科课程的统一。

其四，农村中学"渗透式"课程模式，实现了相应教育力量的整合。在支持系统中，开发了"农科教统筹"、"市县校合力"、"六连结构"与"高校联姻"四个支持系统。"农科教统筹"是20世纪80年代中期以来开展的"农村教育综合改革"之指导原则，在农村中学教育内部的具体表现主要体现在县级农业部门、科技部门与教育部门有机协调、横向贯通，把"农村经济发展依靠科技、农业科技转化与应用有赖于农村人才，农村人才的培养在于教育"的发展战略落实到农村中学普通教育之中。三部门统筹可以合理有效地开发与配置当地资源，从而保证效益的最大化。这一点，在前文"三教"结合的农村中学办学模式中已经得到阐述。"市县校合力"重在从纵向系统中形成一以贯之的教育力量，从而为学校改革提供保障。"六连结构"主要是从教学内部提供的动力支撑，在下文的教学模式一节将具体展开。"高校联姻"主要是为学校改革提供理论指导、师资培训与支持，等等。

3. "渗透式"课程结构改革的具体策略

课程结构，广义上讲，不仅包括课程的整体结构，即宏观课程结构，而且包括课程的具体结构，即微观课程结构。前者要解决的问题是，根据培养目标，设置哪些课程，如果设置这些课程，各种内容、各种类型、各种形态的课程相互结合如何达到整体优化的效应，这就涉及计划的编订。后者要解决的问题是，每门课程（学科）的内容如何兼顾知识、学生和社会的需要与可能，这就进一步涉及教学大纲（课程标准）和教材（尤其是教科书）的编订。狭义地说，我们通常把前者称为课程结构，而把后者称为学科结构。二者既有联系，又有区别。我们以往的教育改革，只注意了某些课程的学科结构的革新，而没有致力于课程（整体）结构的改革。所谓课程改革，首先就是要解决好课程的整体结构改革。课程改革不限于增加或减少几门课程的问题。作为整体结构，从课程内容上看，要解决好德、智、体、美、劳各课程，课时分配（所占比例）及其相互关系（组合优化）问题；在智育课程中又要处理好工具学科与知识学科的关系（在知识学科里，又须处理好自然学科与社会学科的关系）。从课程范畴上看，要解决好课堂教学与课外活动、社会实践活动的比例和相互关系问题，正式课程（显在课程）与非正式课程（潜在课程）的关系问题。从课程形态上看，要解决好分科课程与综合课程乃至核心课程、活动课程的相互关系问题。从课程类型上看，要解决好必修课程与选修课程的比例和相互关系问题。

农村中学的课程设置，首先，必须体现普通中学课程结构整体性的特点使其具备完整性、基础性和多样性，只有这样，才能实现普通中学的培养目标，才能培养全体学生全面发展，具有合格公民的基本素质，为其成长为不同层次、不同类型、不同规格的人才打好基础。其次，课程设置要体现农村性、地方性特点，使学生能为当地的经济建设发展服务。以课程为核心的教育改革，对全体学生实行"农民技术资格证书"即"绿色证书"教育为切入点，把农业技术教育列入农村中学课程体系。其具体工作涉及课程改革、专业设置、教材、师资、基地建设等方面。

第一，确定课程选择范围。

在实践中我们从三个层面来展开工作。（1）通用性课程。包括种植业、养殖业、兽医、园林花卉、设施农业、农业机械、农村电器、木工金工、农产品储藏加工、农业经营管理、农村财会、市场营销、农业环保、农村能源、有机农业、农用计算机、农村家政、美术摄影、美容美发、汽车驾驶、建筑、家庭装修、饭店管理、物业管理、打字、文秘、烹饪、导游、刺绣、制衣等。（2）具有一定时代特色的课程。为适应农业结构调整和农业产业化需要，在种养业、设施农业、农业经营管理等课程中，增加优良品种、经济作物（动物）的特种种养业、效益农业、生态农业、有机农业、数字农业、农村合作组织、农村金融、农产品贸易、乡村工业、农村服务业等内容；为适应新的农业科技革命和知识经济发展的需要，加强网络经济、农业信息、节水农业、生物技术、精准农业、纳米技术、太空育种等内容；为适应农村城市化、现代化建设，加强有关文化、礼仪、生活、民俗、保健、环保、园林、福利等内容。
(3) 地方特色课程。根据不同地区的地方特色开设地方特色课程，如旅游业比较发达的地区，开设旅游、导游、古迹、民俗文化、园林、庭院设计等课程；烟草业比较发达的地区，开设烟草种植与加工等课程；劳务输出比较多的地区，开设外语、建筑、中医、针灸、按摩、家政、烹饪、制衣、美容、绘画、传统工艺等课程。

根据我国农业、农村经济发展现状和发展态势，拟从以上（1）（2）两类课程范围内选择若干课程，作为各省（区、市）统一的农村中学绿色证书课程；第三类课程原则上由各地市自由选择，区域性、资源特性显著的课程由县乡或学校自由选择。教材可由各省（区、市）统一组织或各地市联合组织编写。

第二，调整课程设置结构。

课程设置结构包括两个层面：一是年级间的课程设置结构，二是必修课与选修课之间的设置结构。年级间的课程设置结构具体表现为：一年级教材应包括基础＋专业知识，专业知识包括：（1）种植基础＋作物栽培；（2）农村家政；外加两门选修课，如经济作物、经济动物，宽口径效益农业门类。二年级设置养殖基础＋动物饲养和农业经营管理，外加两门选修课，如杂交稻种植业、园林、花卉、银杏、草莓、香蕉、芋头、中草药等高附加值单项农业。一、二年级课程设置上力求农业技术和农村生活、农村经营管理相衔接，相辅相成。三年级设置现代农业新技术（主要内容有农业新工艺、设施农业、高新技术，节水、环保、有机农业）、市场营销（市场信息＋计算机、网络技术），外加两门选修课，科目选择同二年级，但适当增加有关农村二、三产业的单项技术、经营课程和教材，效益农业主要采用模块教学的组合，使三年级课程更接近于学生毕业后就业、创业、致富和农村劳动力转移就业所需的知识、技能。中学各年级课程实施要注重启发式，教材结构要灵活、变化，注重思考与实习（实践），教材各单元灵活安排，可以用故事、人物、声像资料、多媒体技术、漫画等，适当加入案例分析。特别是农村经营管理课程，应把最简单的投入—产出、成本、交易、效益、理财等基础知识贯穿始终，市场营销应与生产—流通—市场信息等农村经济紧密衔接。

第三，必修、选修课及课时安排。（1）绿色证书教育总课时为300学时左右。课堂教学安排一般都是一年级下学期到三年级上学期，主要是考虑学生入学适应和三年级分流的实际需要和可能。有些地区较为成功的做法是，每星期的科学课、劳技课和地方课各一节，合起来共3节，一年级下学期到三年级上学期一共280学时，安排绿色证书教育课。实行新课程计划的地区，每周2—3课时可在综合实践活动课程和地方课程中安排。（2）公共课与必修课统一起来，一年或一学期1门必修课，共3—6门。一般每年1门或每学期1门。如果一年级下学期到三年级上学期安排课程，就定4门课，一学期1门为宜。淡化基础与专业界限，基础与专业相互衔接或融合为宜。选修课由各地区、各县自选。省、地可以试编一些适合本地区的几门技术课。设计必修课应考虑中学教育的基础性和绿色证书教育的总课时，也要考虑实习、实践课的需要，更要注重根据当地农村社会、经济发展和农村学生的全面发展而定。考虑到绿色证书教育的区域性、渐进式和实效性原则，一开始可以先编制3—5门实用课程。由于作物、养殖业、农产品加工业的技术性、针对性很强，知识、技能结构难以变更，所以，其教材要防止编得过厚和僵化，可以采用灵活生动、简明易懂、便于操作的形式，使知识、技能鲜活、生动。以结合思考与实习、实践的方式吸引学生。农业经营管理、现代农业新技术应编得生动有趣，注重启发、思考与实践。现代农业新技术教材，应把农业新技术（生物工程、设施农业、数字农业等）、农业（观光农业、有机农业、节水农业、生态农业、标准化农业等）、新农村（以衣食住、生育、卫生等新生活为主要内容的农村家政）等内容编进教材，培养学生的创新精神和实践能力，实现农村学生全面发展的教育方针，推进素质教育。（3）除必修课外，每个学生还可以选学若干门选修课，每门选修课也可以结合必修课的实习、实践课安排，不另外增加课时。选修课由各地区、各县自选，省、地可以试编一些本地区适合的几门技术课，考虑减轻课业负担，先编一些最急需的。区域性很强的单科选修教材也可交由地、县一级教育部门组织编制。关于组织实施的起始时间，是一年级开始还是三年级滚动全面铺开实施都可以，如果没有把握，可以分别试点后视其实际效果再决定。

另外，在操作过程中不因试行绿色证书教育增加课时总量，不挤占其他科目的教学时间，不硬性摊派教学资料，除教学资料和证书工本费外，不额外增加其他课业和经费负担。

总之，课程改革必须遵循国家和区域经济、产业与劳动就业结构、科学技术发展对基础教育阶段职业教育的要求，处理好职业发展规律和职业教育发展规律的关系；处理好教育普遍性和职业教育特殊性的关系；处理好理论知识和实践技能的关系；处理好基础知识和创新能力培养的关系。培养学生的专业能力、方法能力和社会能力。农村中学的必修教材不能局限于农业生产的地域性，要体现全局性、前瞻性和与时俱进的指导理念，作物栽培不应只有水稻或玉米一种，动物饲养不应只是养猪业。这几年，全国各地因这些大田作物经济效益不大，对增加农民收入效益不佳，教育、培训的积极性都不太高。因此，大田作物要积极调整为优质、高附加值品种，发展制种业，发展经济作物。教材开发还要从实际需要与可能出发，要与区域经济、产业、产品结构调整相适应，既考虑基础教育阶段文化教育的基础性，又要考虑职业教育的实效性，更要考虑农村社会、经济的全面发展和人的可持续、全面发展。

（三）"六连结构"教学模式

我们认为贫困地区农村中学教育"双证"目标模式的实施应该抓住两个关键环节：其一是要做到"学而适用"，其二是要做到"学而会用，学而善用"。所谓"学而适用"是指民族地区中学教育，在保质保量地完成中学课程，确保学生德、智、体、美、劳全面发展的基础上，增设符合民族地区经济建设与发展所必需的农业知识、技能和技术，使学生能学以致用。所谓"学而会用，学而善用"是指各种农学知识、技能、技术不能只停留在书本上的死记硬背，而应将理论与实践紧密结合起来，通过"学然后做→做中学→做然后再学"的有效循环，让学生达到熟练掌握、灵活运用的程度，基于此，我们构建了"六连结构"的教育运作模式（如图 5 所示）。

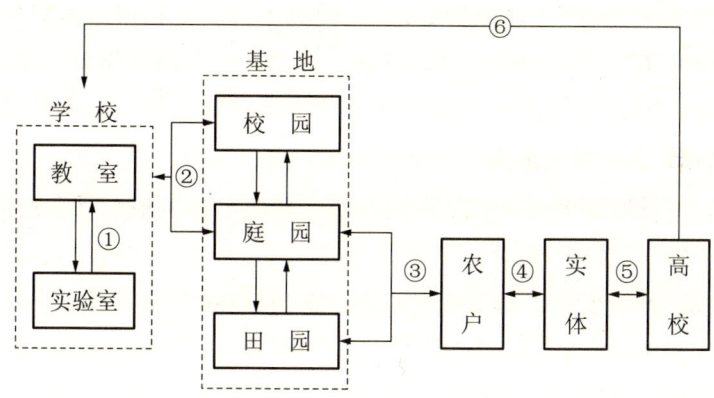

图 5　"六连结构"教学模式

农村中学"六连结构"教学模式是一种课堂教学与实验教学有机互动，校园、庭园、田园"三园"递进实践，融知识学习与应用为一体，间接经验学习与直接经验学习并重，引导学生了解熟悉农业生产实际，热爱农村社会生活，促进学生科学知识、科学情感和科学实践能力有效发展，并有助于农业新技术在农村中传播的教学模式。该教学模式由课堂、基地、农户、实体、高校五个基本要素构成。其中课堂又分为教室与实验室两个层面，基地又分为校园基地、庭园基地与田园基地三个部分；实体中实际上也有两种类型，即他创实体与自创实体，基于模式图的简化要求，没有标注出来。关于"六连结构"教学模式的运行机制与操作过程见后文具体分析。总体来看，学生首先在课堂中掌握所学课程的基础知识，然后在校园实践中，成为农业新技术的接受者、技能操作的模仿者和实践活动的探索者；在庭园实践中，学生是家庭承包基地的尝试经营者，自主地熟练掌握农业新技术，并形成相应的创业技能；在田园实践中，学生是农户的知识传播者、技能操作的示范者、立业创业的实践者。"三园"实践教学与课堂教学、实验教学互为呼应、紧密互动，并赋予了二者有利于学生素质提高的一些新的功能特征。

所谓"六连结构"是指由"课堂→基地→农户→实体→高校→农村中学"构成的教学模式，具体运作如下。

1. 课堂是支点，实现客观知识的内化

在"六连结构"中，课堂是支点，是核心环节，它肩负着双重任务，即"学而有用"和"学而适用"。其中"学而有用"是从学生个体成长的角度出发，指向义务教育所必学的各门基础知识，必须保质保量完成。"学而适用"是从贫困地区经济发展需要的角度出发，指向农业知识和科学技术，其目的在于落实农村素质教育之特色，为该地区社会经济发展培养初中级应用型人才。

2. 课堂连基地，实现理论与实践的统一

学生利用学校统一安排的农职业技术课学习以珠兰花及良种茶栽培技术为主的理论知识，用农技课所学知识在教育扶贫基地上进行实习操作，培养学习技能，引进西农茶叶生产技术，并将西农实验室的成果在基地上进行试验，让实验基地起到科技示范作用。

"六连结构"强调"学而适用"、"学而有用"的基本理念。"学而适用"是针对"务农有技术"而言的；"学而有用"是针对"升学有基础，务农有技术"而言的。这种提法的目的在于力求体现农村素质教育的特色性。课堂是理论学习的场所，基地是实践的"示范田"。学生将课堂中学到的知识与技术用在示范基地上进行实地操作练习，一方面，将所学知识与技术熟练化，将理论与实践融为一体，激发成就感；另一方面，在示范基地操作练习过程中发现新问题、探索问题解决路径，培养学生的创新精神。因此，"课堂连基地"能实现学生理论学习与实践操作的有机统一，使学生能学以致用。

3. 基地连农户，实现模演到实战的转换

学生毕业后将所学农技知识和技能，将基地提供的优质种苗，带回乡村种植，成为科技种植示范。三基地（蔬菜基地、果林基地、花卉基地）、两场（渔场、养殖场）、两棚（反季节蔬菜大棚、食用菌培植大棚）成为学生、示范户和成千上万农户的适用技术培训中心，从而培养一大批农村留得住的科技带头人，为农户提供良种、先进适用技术，提高科学种养水平，增加农产品的科技含量。从而增加农户收入，带动农户扶贫致富，形成基地带农户的经营方式。

"六连结构"强调学校通过基地与农户连为一体，促成农村教育扶贫功效的有效发挥。学生将其所学农业技术知识以及学校基地提供的优质种苗带回乡，在自己的家乡"传、帮、带"农户，使更多的农户成为科技种植示范户，同时可以连带发展左邻右舍的农户，如此由点及面，全面辐射，广大农户都自觉行动起来，形成"互助致富"的良好大环境。在农户致富的探索过程中，一旦农户遇到技术问题又可返回基地取经学习，这样，学校通过基地就永远与农户连为一体。

4. 农户连实体，实现潜在价值向实际价值的转化

学校按高资金投入、高科技推广、高标准管理、高产品质量、高经济效益的现代农业产业化发展方向，对回乡的示范户定期进行再培训，进一步进行种养技术、加工技术、销售技术等方面的专项教育，培育出一大批具有科技示范和带头作用的农户，把本地的资源优势培育壮大，形成规模，带动产业发展，创建农副产品收购、加工、营销公司。将千家万户的农民与实体连为一体，形成实体带农户的经营方式。这样有利于把分散的农民联合起来，把小农经济转变为大农业生产，提高农民抗风险能力和自我保护能力，从而较好地解决了以前分散经营与大市场不接轨的矛盾。

广大农户经过学校"传、帮、带"获得了丰收，当产量不大，规模效应不明显时，可以就地出售或进入乡镇市场即时零售。但是，形成较大规模效应后，如何将潜在价值充分发挥使其转化为现实价值，就成了农户最为关心的现实问题。为了解决农户的后顾之忧，我们采用两条路径实现其价值的转化。其一，在早期低级阶段，通过供销合同等方式将农户与既有实体连接起来，使农户生产的产品按合同价格销售给对口的经济实体，同时实体还可以为农户提供种植、管理等所必需而又不足的部分资金，从而使农户与实体有机结合起来，获得"双赢互惠"式发展。其二，在后期高级阶段，创建农户自己的农副产品收购、加工、营销公司，使整个农村生产、收购、加工、销售形成一体化的良性运转系统。

5. 实体连高校，实现技术与品种的新生

在我国，高校既是实现高等教育、培养高级人才的场所，又是从事

科学技术研究的基地。从经济实体来讲，在激烈的竞争浪潮中要站稳脚跟蓬勃发展，其中一个关键就是产品的质量与价格的反比例程度大小，为此必须有新的、先进的技术、品种等作为支撑。于是实体与高校之间就形成了"一个要补锅，一个锅要补"的依存关系。我们通过实体与高校的联结，使高校从实体处获取市场发展变化的第一手资料，把握市场发展的趋势与规律，从而研究出新产品、新技术，奠定"六连结构"良性循环的坚实动力基础。

6. 高校连农校，科学知识技术转化为生产力的桥梁

我们提出高校连农村学校的科学知识技术传递方式，可起到三个方面的实际功效：一是通过高校为农村学校编制适合当地经济发展的农职业技术教材，它具有针对性强、实用性强的特点，可直接解决农村学生学非所用的难题；二是通过高校与农村学校的联结，直接为农村学校培训其农职业技术教育所需的师资，甚或让高校教师直接深入农村中学施教；三是可改变过去那种高校高高在上、故步自封的纯理论研究，而农村学校则如同瞎子过河般摸不着头脑地乱撞的分离状态，从而实现纵向教育系统的有机互动，相互沟通，形成教育发展的合力。

通过如上"课堂→基地→农户→实体→高校→农校"的六连结构，使师资、技术、资金、教材、信息、学生、农民、市场等有机地纳入其良性循环系统之中，从而实现民族地区教育为农村经济发展服务这一宗旨。

（四）教育扶贫"示范田"基地建设实验研究

"双证六连结构"教育扶贫振兴行动研究展开了以重庆市黔江石会镇中学为基地的试点实验。我们于1998年组建了绿色食品研究所，建立了近100亩农场，成立了绿色食品加工厂，这使"双证六连结构"教育扶贫振兴行动研究有"示范田"作操作性保障。根据课程设置安排，学生首先在课堂上学习理论知识，接着到工厂和农场调查和见习，然后将课内学到的理论知识和课外的参观见习获得的感性经验结合起来，再次深入到基地进行实地操练。绿色食品研究所重在开发符合当地农村气候、

土壤、水质等自然条件的绿色食品新品种,同时研究新品种的施肥、剪枝、防虫害等种植技术和采摘、翻晒、存储等加工技术。农场既有花、茶、菜、树等的种植场,又有猪、羊、牛、鱼等的养殖场,目的是让农村学生能学到农业实用技术的一技之长。绿色食品加工厂能让学生学到的加工技术有实习操练的场所。基地既是学校学生的实习场所,又是农校农民的学习场所。在整个实验过程中我们实行"导师制",即一个教师指导若干名优秀学生,再以成立合作与自主学习小组的方式,由一名优秀学生指导若干名成绩不太好的学生。通过教师"直导"学生,使教师与学生在基地实作过程中形成了互动对话式的学习共同体。教师"直导"学生的同时,也"间导"了家长,因为学生在校内学到的一技之长也会感染家长的技术学习,而实验基地向家长也是随时开放的。这样,通过"导师制"使家长、学生、教师形成了学习的共同体,真正发挥了农村学校教育对农村地区教育扶贫的功效。

五、西部农村中学"双证六连结构"教育扶贫模式的价值效应

"双证六连结构"模式以重庆市黔江石会中学为实验对象,自1998年始到2006年结束,实验周期为8年。整个研究过程分两个阶段进行,第一阶段从1998年6月到2003年6月,第二阶段从2003年6月到2006年年底。前期研究是自筹资金研究,定位于以"课程"为核心的微观研究,主要解决农村中学教育内部普通文化课程与职业技术课程之关系及结构问题、农村中学内部职业技术课程的开发与实施问题。后期研究是在2002年度人文社会科学研究课题"农村普通中学职教渗透'双证式'模式探索"的框架下展开的,定位于以"学校系统"为对象的整体研究,在明确论证"双证式六连结构"模式的一般理论的基础上,建构了"六连结构"运行机制与学校系统四大基本要素(课程、教学、管理与评价)之操作策略。为此,前期研究逻辑地内在于后期研究之中,二者的有机统一构成完整的画卷。实验结果表明其价值效应是多层面的,这里主要从整体效应的角度进行简要归纳与概括。

(一) 普职交互、良性循环,共显教育实效

"双证式六连结构"模式本质上是一个大教育模式,是农村普通中学有效实施素质教育的新途径,其实践价值首先应以教育教学结果来评判。表2呈现了重庆市黔江石会中学1998—2006年实施"双证式六连结构"模式的基本统计资料。

表2 1998—2006年黔江石会中学相关教育指标统计数据

年份 项目(%)	1998	1999	2000	2001	2002	2003	2004	2005	2006
入学率	76.0	78.9	83.05	82.1	89.0	91.37	96.0	99.0	99.5
巩固率	78.1	87.9	90.8	98.0	97.8	98.05	98.4	97.3	98.1
毕业率	65.0	64.8	73.5	72.8	80.0	88.0	92.7		93.5
普高升学率	38.0	31.7	39.5	22.7	34.2	43.6	40.9	43.8	49.34
职高升学率	4.3	13.6	12.2	31.7	20.2	22.5	29.4	30.4	33.46
总升学率	42.3	45.3	51.7	54.4	54.4	66.1	70.3	74.2	82.8

1. 从入学率来看,1998—2006年,其初中学生入学率最低的一年是1998年,为76.0%。入学率最高的一年是2006年,为99.5%,增加了23.5个百分点。入学率指标的提高,表明了广大农民把自己的孩子送到学校学习的愿望加强了。不过,这一指标的提高还不能完全归因于"双证式六连结构"模式在黔江石会中学的实施增强了学校对学生的吸引力。因为初中阶段属于国家九年义务教育阶段,要求所有适龄学生都必须接受初级中学教育是国家法律的规定,政策性因素也发挥着协力作用。

2. 从在校学生巩固率(或流失率)来看,1998—2006年,该校初中学生巩固率最低的一年是1998年,为78.1%(流失率为21.9%),自"双证式六连结构"模式在该校实施以来,其初中学生巩固率逐年上升,流失率逐年降低,到2006年其巩固率达到98.1%(学生流失率降低到1.9%)。该校初中学生巩固率指标的提高,清楚地表明了"双证式六连结构"模式的教育价值。我国农村地区特别是西部地区,农村学校尤其

是初级中学，学生流失率高、巩固率低是不争的事实，从历年的《中国教育年鉴》中记载的统计资料来看，全国农村中学从初一年级入学到初三年级毕业，每届连续三年的累计辍学率，均达20%—30%，且长年居高不下，对农村普及九年义务教育形成了严重挑战。重庆市黔江石会中学在1998年时的流失率为21.9%也充分证明了这一点。但是，该学校实施"双证式六连结构"模式以来，把初中学生流失率从1998年的21.9%降低到2006年的1.9%，这一数据堪与城市普通初级中学的流失率相比。它表明，"双证式六连结构"模式在该校的实施使学校对学生的吸引力增强，学生愿意克服其他相关困难留在学校里学习了。

3. 从学生毕业率来看，重庆市黔江石会中学1998年只有65.0%的初中学生能够正常毕业，即能够获得"普通初中学毕业证书"。在实施"双证式六连结构"模式后，2000年上一个台阶，由60%—69%段上升到70%—79%段；2002年又上一个台阶，由70%—79%段上升到80%—89%段；2004年再上一个台阶，由80%—89%段上升到90%—100%段。到2006年，其初中学生毕业率达到93.5%，增加了28.5个百分点。毕业率指标与巩固率指标在内涵上是不同的：巩固率指标强调数量方面，它关注的是学生是否留在学校中而没有辍学；毕业率指标强调质量方面，它关注的是学生的学习质量、学校的教育教学质量、学生在学校里是否获得了初中学生应该获得的知识、技能、情感、态度，等等。毕业率指标的提高，说明学校不仅能留住学生，而且能保质保量地完成教育教学任务，促进学生的成长与发展。同时，重庆市黔江石会中学初中学生毕业率，由1998年的65.0%提升到2006年的93.5%，充分说明"双证式六连结构"模式下农业技术课程的学习，不仅不会影响学生的普通文化知识的学习，反而能激发学生学习普通文化基础知识的兴趣、需要与动力。这一方面遵循了教育部、农业部在《关于在农村普通初中试行"绿色证书"教育的通知》中规定的"应在达到九年义务教育要求的前提下……"的基本原则；另一方面，也用事实打消了部分理论研究工作者认为在农村普通中学实施"农业技术课程"会影响学生普通文化知识学习的效果的顾虑。

4. 从总升学率来看，黔江石会中学初中学生升学率由 1998 年的 42.3% 上升到 2006 年的 82.8%，增加 40.5 个百分点。对这一组数据，单列于此似乎并没有什么特别的说服力，将其与全国初中学生升学率对比（表 3），将凸显出其巨大的力量：1998 年黔江石会中学初中学生升学率比全国水平低 8.4 个百分点，经过两年的时间，到 2000 年两者基本持平，到 2005 年石会中学的升学率高于全国水平 5.5 个百分点。这充分说明，"双证式六连结构"模式在该校实施以来，其各项改革措施符合农村中学生的学习规律与特点，激发了学生强烈的学习需要与动机，提高了学校教育教学水平与质量。

表 3　全国与重庆市黔江石会中学初中学生升学率对比

升学率（%）＼年份	1998	1999	2000	2001	2002	2003	2004	2005	2006
全国	50.7	50.0	51.1	52.9	58.3	60.2	63.8	68.7	—
石会中学	42.3	45.3	51.7	54.4	54.4	66.1	70.3	74.2	82.8

5. 从分类升学率来看，职业高中升学率由 1998 年的 4.3% 上升到 2006 年的 33.46%，增加了 29.16 个百分点，整体发展趋势是逐年上升；普通高中的升学率发生了一个有趣的变化，1998 年普通高中升学率为 38.0%。其后 1999 年、2001 年与 2002 年这三年都低于 38.0%。特别是 2001 年普通高中升学率只有 22.7%，2003 年后持续上升，到 2006 年达到 49.34%。通过石会中学升入职业高中与升入普通高中的升学率对比可见："双证式六连结构"模式的实施，一方面，促进了石会中学初中学生对普通文化课程的学习，提高了其普通高中的升学率；另一方面，有效地改变了农村初中学生"升大学，跳农门"的传统观念，掌握专业技术的第二教育愿望得到提升，升入职业技术学校学习的学生越来越多。这再次表明："双证式六连结构"模式不仅不会影响普通文化课程的学习，而且普通文化课程学习与农业技术课程的学习能够形成交互式良性循环作用，实现二者共同发展。

通过以上统计数据可见，"双证式六连结构"模式营造了"不求人人升学，但求个个成才"、"升学有基础，务农有技术"的学校文化与学校组织气候，形成了普通文化教育与农业技术教育并重的教育教学氛围；学生内在学习动力取决于学生对学习真正的参与，取决于在学习过程中情感、态度、价值观的主动渗透，同时也取决于学生对学习方式甚至部分学习内容选择的主动性。在"双证式六连结构"教育模式中，学生们在主动参与学习过程中与在对学习内容的体验中，感受到知识的价值和学习的意义，真实地看到了农业科学知识对家乡劳动生产率的提高和对农民生活的改善所发挥的作用。这种看得见、摸得着的知识价值又进一步激发了学生们学习高级知识、接受更高一级教育的欲望与渴求，从而在这种期望中你追我赶，在和谐的学习竞争中不断提高自己的成绩。在没有进行"双证式六连结构"课程与教学改革前，随着学生学业成绩的不断分化，升学无望的学生开始以消极心态对待学习，这种消极的学习气氛又成了影响其他学生学习积极性的因素。同时，为了在教学内容和教学要求上照顾大多数学生，教师不得不更改教学计划，兼顾各方面的利益，但往往顾此失彼。这种状况在"双证式六连结构"课程与教学模式实施过程中渐次得到改变。

"双证式六连结构"模式使学生从升大学才是唯一出路的观念梗节中解放了出来，拓宽了他们的人生道路。他们说，这样搞，我们就有了两条路，不是一条路：要升学就升学，升不了学也可以学到技术去务农。该校 1998 级一位学生在一篇自我总结中写道：

> 刚上中学时，大家追求的都是升学。也许这是我们唯一的追求。但是通过文化课学习，知道对我们农村孩子来说，考出去也是不容易的。我经常想：如果不能考上学，今后又怎样生活呢？这时，我头脑一片空白，不愿学下去了。但是通过《淡水养鱼基础知识》等课程的学习和实作，我的精神追求有了很大改变。如果我真考不上学，也可以在我家的稻田里养上千把斤鱼。多一份知识就多一份力量。于是，我安心学习了，并把学习农业技术与学习普通文化放在同样重要的位置。现在，我已经在家里帮助爸爸妈妈建成了两亩稻田养鱼基地，为家庭致富开了头。我还常向村里的农民讲述养鱼知

识，大家都很认真地听。现在我不仅学会了养鱼，还以651分的成绩上了重点高中预选线。这可能是我人生又一新的开始。

让所有的学生看到希望，让学校教育激发学生们获得自身发展的内在需求，让农村基础教育对当地百姓产生新的吸引力，是农村基础教育重新焕发生机和活力的根本所在，是农村基础教育彻底摆脱学生流失困扰的根本出路，"双证式六连结构"模式在黔江石会中学取得的成效正是奠基于这一基本教育教学规律之上的。

(二) 基地主线、三方受惠，同创经济效益

"双证式六连结构"模式以基地为主线，把农村普通中学、农户与实体有机联系起来，实现了农业科学技术的实验开发与普及推广的紧密结合，使农村普通中学、广大农户与各类经济实体获得明显的经济效益。从学校来看，其直接经济效益主要是通过示范基地的种植与养殖而产生的效益。重庆市黔江石会中学示范基地生产的珠兰花与茶叶，根据目前的市场行情，以10亩花圃计算，亩产珠兰花250公斤，每公斤80元，年产值可达20万元；50亩茶叶每年产值可达27万元左右；淡水养鱼每年可创收5万元左右；无架葡萄每年可收入5万元左右……这样，学校通过自我创收，部分地解决了教育经费不足的老大难问题。从农户来看，其直接经济效益主要是通过示范户的经济收入表现出来的。石会中学所在地的石会乡有54个村，444个村民小组，平均每组发展3名示范户，每户平均种植茶叶5亩，花1亩，就可年收入2万元左右。这样，学校通过基地带农户，学校教育的扶贫功能由此就显现出来，这种示范户散点状态辐射成规模，其效益将更为明显。从实体来看，其直接经济效益主要是通过绿色产品收购、加工、销售等实作场所的收入所表现出来的。实作场所通过回收示范户的绿色产品进行加工、生产、销售，形成区域性支柱产业，这种产业既解决了闲置人员就业问题，也为国家创利税千万余元。农村经济发展的基本改革策略之一是走农业产业化发展道路，而农业产业化发展的基础是区域性农产品种植与养殖基地的建设，是成批量的农产品的产出。"双证式六连结构"模式下，以校园式基地为起点辐

射而成的庭园式基地与田园式基地网络，为黔江地区农业产业化发展奠定了基础，从而推动了相关经济实体的发展。由此可见，"双证式六连结构"模式的实验运作，以基地为主线，实现农业技术知识潜在价值的物化，使学校、农户与实体共同获益、共同发展，真正体现了双赢式经济效益与农村教育的智力扶贫功效。

（三）三教一体、齐心协力，共育合格人才

把不能升学的农村中学生与广大农民培养成符合当地经济发展与产业结构改革所需要的初级农业技术人才，是"双证式六连结构"模式的基本任务之一。黔江石会中学在运行"双证式六连结构"模式的过程中，与黔江农业局、黔江科委等密切配合，为当地培养了一批有知识、有技术、有专业的合格人才（见表4）。

表4 获得"绿色证书"的农村中学生与农民人数

年份 类别（人）	1998	1999	2000	2001	2002	2003	2004	2005	2006	合计
初中学生	0	168	172	260	315	292	309	287	303	2106
周边农民	0	87	121	156	257	265	287	365	387	1925

由表4中可见，1998—2006年，黔江石会中学获得"绿色证书"的农村初中学生人数为2106人，获得"绿色证书"的农民人数为1925人，共计4031人。其中，普通初中毕业生获得"双证"后返回农村的学生中主要通过两种方式进行就业：一是在黔江地区各相关企业中担任技术人员，这类就业方式的就业情况如表5所示。二是以家庭为单位成为种植、养殖专业户或者成为个体经营专业户。

表5 黔江石会中学2000—2006年取得"双证"返农学生就业情况

年份 就业率（%）	2000	2001	2002	2003	2004	2005	2006
返农学生就业率	63.32	58.20	51.10	42.80	41.40	43.40	51.00

由表5中数据可见，2000—2006年各年中，有近一半的农村初中毕业返农学生，凭借自己在学校里获得的农业技术知识在相关企业中实现了就业，从而打破了传统农村初中毕业生返农后要么外出打工，要么闲待在家里无所事事的困境。而且，在这些返农学生中，不少学生通过把自己在学校里学习的各种农业技术知识运用于实践中，摘掉了"贫困户"的帽子，走上了"致富立家"的道路（如表6所示）。

表6　黔江石会中学2000—2006年获得"双证"返农学生脱贫、致富情况

年份 类别	2000	2001	2002	2003	2004	2005	2006
脱贫率（%）	82.6	70.0	75.3	70.1	54.9	49.4	54.3
致富人数（人）	5	13	18	31	48	37	56
致富率（%）	2.53	4.08	5.5	10.09	15.23	14.0	21.0

表6中的数据表明，获得"双证"的农村初中毕业生回到农村后，凭借其掌握的农业技术知识，通过自己的辛勤劳动，能在较短的时间内实现"脱贫致富"的目标。

（四）内培外聘、学研同步，打造专业师资

"双证式六连结构"模式在农村普通中学的实施，面临的一个现实而艰巨的困难是专业师资队伍的建设。这支专业教师队伍比一般普通中学教师的要求更高，因为他们既要能适应新课程改革的基本理念、目标与要求，实现新课程下普通文化课程的有效教学，还需要有相应的农业专业技术知识，能胜任农业技术课程的教学。在实验中我们通过内培外聘、学研同步的策略来解决这一问题。首先是聘请了黔江区农业局、科委、珠兰花公司等部门的30多位高级专业技术人员兼任学校农业课程的教师；其次是对全校教师进行"教学中研究、研究中教学"的校本式培训；三是通过西南大学的"顶岗实习"引进教师。最终打造出一支符合"双证式六连结构"模式实施需要的教师队伍。表7是"双证式六连结构"模式实施三年后对学校专职教师进行基本素质测评的结果。表中资料表明，在科研能力、素质教育素养、现代教育技术、教学能力这四个方面，全校36名教师的测评结果表现出两级水平——明显提高与有一定提高。在单项指标中，科研能力与素质教育素养这两个方面的发展高于现代教

育技术与教学能力这两方面。从总体来看，大部分教师都达到了"明显提高"的水平，所占比例为73.0%；只有27.0%的教师处于"有一定提高"的水平。表7中的各项测评指标同时指普通文化课程与农业技术课程，各项指标的测评结果是对二者的综合体现，它表明全校教师在力争向"双师型"教师发展的过程取得了明显的成效。

表7 黔江石会中学教师基本素质测评结果

类别	调查项目	明显提高 人数（人）	明显提高 比例（%）	有一定提高 人数（人）	有一定提高 比例（%）
科研能力	1. 现代化教育思想观念	27	75.0	9	25.0
科研能力	2. 教育科研重要性认识	30	83.5	6	16.5
科研能力	3. 教育基本理论的提升	24	66.7	12	33.3
科研能力	4. 教育科研方法的提高	21	58.3	15	41.7
素质教育素养	5. 可持续发展的重要性	30	83.5	6	16.5
素质教育素养	6. 素质教育知识的提高	33	91.7	3	8.3
素质教育素养	7. 素质教育意识的增强	33	91.7	3	8.3
素质教育素养	8. 素质教育投入使用的多样化	27	75.0	9	25.0
现代教育技术	9. 现代教育技术的重要性	24	66.7	12	33.3
现代教育技术	10. 对电教教材的设计能力	30	83.5	6	16.5
现代教育技术	11. 运用电教媒体技术能力	21	58.3	15	41.7
现代教育技术	12. 处理电教信息资源能力	21	58.3	15	41.7
教学能力	13. 驾驭教学的能力	21	58.3	15	41.7
教学能力	14. 对教材的整合能力	18	50.0	18	50.0
教学能力	15. 自身整体教学能力	21	58.3	15	41.7
教学能力	16. 论文写作能力	24	66.7	12	33.3
教学能力	17. 知识点、学习水平的界定能力	21	58.3	15	41.7
教学能力	18. 课程教学流程图设计能力	24	66.7	12	33.3
	综合	26.28	73.0	9.72	27.0

(五) 以点带面、全市普及，彰显外在效度

"双证式六连结构"模式在黔江石会中学实验两年后，重庆市教委与重庆市农业局对黔江石会中学进行调研考察，在充分肯定该模式的理论价值与现实意义的基础上，决定在本市范围内推广"双证式六连结构"模式。2000年，重庆市人民政府办公厅转发了市教委农业局《关于在农村初中进行绿色证书教育的请示》，随后"双证式六连结构"模式在全市范围内推广开来，在重庆市渝北区的华蓥山镇中、华蓥中学、茨竹中学、麻柳沱镇中学、大湾镇中、白岩中学、张关中学、高嘴中学、永庆中学、渝北中学、石鞋中学、渝汉中学、黄印中学、龙安中学、统景中学、统景职中、明月中学、大盛中学、东山中学、隆仁中学、洛碛中学、沙地中学、御临镇中、龙兴镇中、天堡寨初中、石船中学、沙坪中学、石坪镇中、古路中学、王家中学、多宝中学、回兴中学、悦来中学、玉峰山中学、关兴中学等实施"双证式六连结构"模式，取得了显著的实验效益（陈捷，等，2006）。

渝北区接受重庆市九年义务教育复查，入学率由1997年评估验收时的98.9%上升到99.9%，巩固率由1997年评估验收时的97.0%上升到98.9%，辍学率由1997年评估验收时的3.0%下降至1.1%，全面提高了九年义务教育的普及水平，巩固和发展了渝北区作为全国"两基"工作先进地区的既有成果。

2005年统计结果表明，6500名初一年级学生通过对当地农作物生长发育、自然环境、种植制度、家畜家禽、鱼类养殖等专题学习和实践活动，其现代农业基础知识考试合格率达96.0%，实践操作考核合格率达91.2%。5900名初二年级学生通过蔬菜、果树、茶叶、花卉栽培以及奶牛饲养等专题学习和实践活动，其种植技能考核合格率为90.3%，养殖技能考核合格率为90.7%。4500名初三年级学生通过农业经营、农业资源、农业生产、市场营销、农业法规、财务管理以及生态农业、观光农业等专题学习和实践活动，其考试和考核合格率均在90.0%以上。

自实施"绿色证书"教育以来，3年共培养具有一定"生利"技能的毕业生达 9691 人，其中有 881 人经过实践锻炼，参加专门考试后获得农民技术员称号。从专业结构看，农技专业 390 人，农经专业 59 人，畜牧专业 97 人，水产专业 16 人，服务专业 605 人，林业专业 14 人。这批实用型科技人才是渝北区改造乡村生活的新生力量，正在逐步成长为致富奔小康的生力军。

目前，全区农村初中采取多种方式建立农科教结合示范基地 21 个，面积 10560 多亩。其中奶牛示范基地 3 个，水产示范基地 6 个，花卉示范基地 8 个，观光农业基地 1 个，林业基地 3 个。据初步统计，实验期间，奶牛示范基地年产值 300 万元，水产示范基地年产值 60 万元，花卉示范基地年产值 160 万元，观光农业基地年产值 2000 万元，林业基地年产值 30 万元。一批实验学校增强了自我造血能力，部分解决了办学经费不足的问题，使学校农技培训、创业指导、市场服务等方面的功能得以较好发挥。

调查表明，天堡寨村有 100 家农户共饲养奶牛 500 头，每户年纯利润达 2 万元。沙坪村有 200 家农户发展花卉业，每户年纯利润超过 1 万元。鹿山村有近 100 家农户发展观光农业，兴办"农家乐"，每户年纯利润 6 万元。农村初中学校向农户传播现代种植和养殖技术，特别是现代观光农业经营策略，真正担负起了"教民造富""教民均富""教民用富""教民知富"的使命。

六、"双证六连结构"模式的实践体悟

通过 8 年多的实验研究，通过对实验结果与相关效应的回顾与反思，围绕如何健康而持续地推进农村中学教育综合化这一问题，我们获得了相应的收获。

（一）端正办学思想，坚定办学方向

我国农村中学的"应试教育"倾向突出地表现在以下几个方面：在办学方向上，重视升学，忽视为本地经济建设和社会发展服务；在培养

目标上，重视智育，忽视学生的全面发展；在教学内容上，重视考试学科，忽视非考试学科；在培养途径上，重视课堂教学，忽视课外活动和社会实践；在培养对象上，重视少数升学有望的尖子学生，忽视大多数升学无望的中、差生（崔相录，1999）。这种倾向严重背离了《中国教育改革和发展纲要》提出的"两全"（全面贯彻教育方针、全面提高教育质量）要求，既影响了农村"普九"任务的完成，也阻碍了农村中学为本地经济建设培养人才。

通过"双证六连结构"课程与教学模式研究与实验，形成了农村中学教育走向"素质教育"的基本观点，明确了农村中学的办学思想与方向：（1）社会主义现代化建设需要各级各类合格人才，我国的国情和农村经济的发展决定了农村中学必须坚持为本地经济建设和社会发展服务并兼顾升学的办学方向。（2）普及九年义务教育必须实行素质教育，素质教育是"普九"的重要保证，传统的应试教育是"普九"的主要障碍，实施素质教育必须走出"一切为了升学、一切为了考试"的应试教育误区。（3）扭转"应试教育"倾向，要从教育教学的目标、内容、形式、方法和手段等各个方面的改革入手，实现农村中学教育的整体改革。（4）素质教育是面向全体学生，促进学生全面发展的教育。衡量教育教学质量，要看全体学生德智体全面发展的状况和水平，不能只看学生掌握书本知识的多少和升学率的高低。（5）素质教育以承认个体差异为前提，是针对个体差异的教育，即因材施教的个性化教育。农村中学学生个体素质的自然差异等方面存在着较严重的"学习分化"走向，"转差教育"和"分流教育"是农村中学素质教育和"普九"的基本措施。（6）素质教育以人的发展和人的素质提高为目标，重视学生学习主体作用的发挥。这些基本观点归结到一点：农村普通中学教育必须坚定"以农为本"的教育价值定位，它要求农村普通中学教育要心系农村社会；要心系全体农村学生的发展而不是少部分所谓的优秀生与尖子生的发展；要在心系农村学生生存发展的基础上实现学生的成长发展。"以农为本"的教育价值观对每个从事农村普通教育的研究者、管理者以及教师来说，不仅仅是认知层面的观念，更是一种融入了情感与意志的信念与信仰；

是体现于自己的研究工作、管理工作与教育教学行为之中的自发式追求。只有达到这样的境界，农村普通中学教育才能克服现实社会中的各种困难与障碍；才能抵制来自相关方面的诱惑，才可能真正实现以农村为本、以农民为本，以农村孩子为本。

(二) 明确主体地位，走内发式学校改革之路

新中国成立以来，我们教育体系一直走全国统一规划、统一安排、从上到下层层控制的中央集权式发展道路，这种发展道路一方面强调全国各级各类教育的统一性、规范性与普适性，在一定程度上忽视了城市教育与农村教育之差、淡化了东部教育与西部教育之别、遮掩了经济发达地区教育与贫困地区教育之异；另一方面造成了各级各类学校，特别是广大农村学校被动等待上级指令、按部就班、亦步亦趋的发展态度与习惯，最终形成农村教育城市化、精英化的现实困境。"双证六连结构"模式的实验研究明确揭示：学校才是真正的办学主体，学校的发展必须充分而全面地发挥自身的主体作用、体现自己的主体地位；农村普通中学的发展只有面向农村经济与社会发展的现实需要、面向农村青少年生存与成长的双重需要、面向广大农民"脱贫致富"的需要，立足于所在地区的现实情况，积极主动地与广大农民联手、与当地经济实体联手、与高等院校联手，把自己变成一个真正的开放系统；农村普通中学教育的发展要彻底打破被动等待、唯命是从的发展态度与观念，特别是学校管理者、领导者与组织者，应具备开放意识、创新意识，要带领全校教职员工全面规划、主动出击，聚合教育行政部门、农业部门、科技部门以及社会各种教育资源与力量为我所用。

(三) 心系农民，扩大农村普通中学教育性质的内涵

传统农村普通中学教育被定位于基础教育，其基本特性是基础性与普及性。所谓基础性指向普通文化基础知识的学习，从而为学生未来发展打基础；所谓普及性主要强调数量特性，力争做到所有的适龄学生都能进学校读书。在21世纪的今天，社会发展的客观现实要求农村中学教

育扩大其教育性质的内涵。"双证六连结构"模式的实验与研究使我们进一步明确:农村普通中学教育的基础性不仅是普通文化知识基础,也需要农业技术知识基础。实际上,现代社会的科学技术特性已经明确昭示,不仅农村普通教育要加强农业技术知识基础,城市普通中学教育亦要整合现代职业技术知识基础。英国《1988年教育改革法》对高中阶段教育,增设了大量自然科学课程和技术性、职业性课程,使英国的第六学级改变了以往大学预备教育的性质,具有升学与就业教育的特征。德国已将升学与就业的双重任务赋予完全中学高级阶段(相当于我国的普通高中),保证了完全中学为大学修业作准备和升学预备教育的基本职能,同时,兼顾了学生共同的基础教育与个人兴趣。农村普通中学的普及性不仅要表现在所有学生都能上学这一数量层面,更应提升到所有的学生都得到全面发展的层面,应该实现由只有少部分尖子生得到发展走向全体学生的共同发展。

最为重要的是,基于我国农村社会的现实需要,在农村教育"农科教一体"、"三教统筹"发展原则的指导下,农村普通中学教育还应具备"综合性"这一典型特征,把农村普通中学所在地的广大农民拓展为农村普通中学教育的第二级教育对象,赋予其对广大农民进行农业技术教育的功能。"双证六连结构"模式在黔江石会中学的实验表明,把农村普通中学办成集普通文化教育中心、农业技术培训推广中心、创业指导培训中心与市场信息服务中心于一体的综合性农村教育机构是切实可行的。从教育投资来看,以农村普通中学为依托建立农村教育乡镇级教育网点,可以将农村教育体系建设中教育系统、农业系统与科技系统的有限资金汇集一处,从而弥补传统操作中三家分离、均感投资困难的缺陷;从人力资源来看,以农村普通中学为依托,可以集农业技术人员、科技推广人员、学校教师于一体,形成强大的师资力量,更为重要的是农村普通中学的学生在"六连结构"运行机制中,身兼学生与"教师"双重角色,其"教师"角色更具一般农业技术人员、科技推广人员所不具备的优势:一是他们生在农村、长在农村,长时间与广大农民在一起,最清楚广大农民需要什么样的技术知识、现实中遇到的基本问题是什么,从而形成及时的有效反馈；二是他们与农民家长生活在一起，使父母不需要专门抽出大量时间专门进行各种农业技术知识学习，更多的是在他们每周回家时与父母一起劳动的过程中实现农业技术知识的传授与农业技术能力的培养；三是通过这样的实践与学习，农民家长真切地体会到自己的孩子在学校里学习的价值，从而又形成积极地支持孩子上学的正向情感，激励孩子在学校认真、努力学习。

（四）系统化改革是农村普通中学教育发展的关键

传统农村普通中学教育改革一般是局部性改革，或者是教学层面，或者是课程层面，或者是管理层面，体现为"头痛医头、脚痛医脚"的治标不治本的短视性行为。"双证六连结构"模式的实验与研究表明，农村普通中学在本质上是一个有机的、开放的、动态的复杂系统，根据系统理论的系统层级性思想。从抽象到具体的纵向层级关系来看，"双证六连结构"课程与教学模式由三个层级构成：第一层级由农村普通中学教育的价值观、基本理念、目标系统等构成一般理论部分；第二层级是由课堂、基地、农校、农户、实体与高校六个要素构成的整体运行机制部分；第三层级是农村普通中学内部课程、教学、管理与评价等构成的微观操作部分。农村普通中学教育发展的三个层级是相互联系、相互作用与支持的一个整体，其中任何一个层级的变化都必然要求其他层级发生相应的改变，从而达到学校开放系统的协调运行。譬如，农村普通教育观念层面的改革，从国家教育政策与理论研究的层面来看，自1985年《中共中央关于教育体制改革的决定》出台以来，农村教育要为农村社会服务、要为农村经济建设培养合格人才的观念已经耳熟能详，但为什么中国农村教育仍然没有实现应有的发展，其原因自然是多层面的，但其中一个很关键的问题正在于改革的非系统性。任何一种教育理念、教育观念要变为现实，必须要有相应的组织机构、运行机制与实施策略来支撑，缺乏与该教育理念、观念相适应的组织机构、运行机制与实施策略，理论永远是写在纸上的文字，理论与观念也只是大脑中的意识流于嘴上的空话。"双证六连结构"模式的实验与研究告诉我们，农村普通中学教育改革必须进行系统化的整体改革，其关键是要打破传统学校的组织机构与运行机制，并开发出能有效支持新的组织机构与运行机制的基本策略。

（五）升学与就业的双重任务应该且可以和谐统一

普通中学基本任务的政策定位与教育实践的分离，是我国普通中学特别是农村普通中学教育现实中存在的一个基本问题。这一问题的存在与教育理论研究者与实践工作者在认识上的偏差相关，因为就业就意味着要在普通中学阶段对学生进行职业技术课程的学习，从而会影响学生对普通文化课程的学习。"双证六连结构"模式在黔江石会中学实验八年多的结果表明：在农村普通中学教育阶段实行"普职渗透式"课程与教学，不仅不会影响普通文化课程的教学，反而会促进普通文化课程的学习，形成农业技术课程与普通文化课程相互渗透、相互支持的良性循环发展。而且，从世界中等教育改革与发展的趋势来看，20世纪90年代以来，世界发达国家都进行着面向21世纪的大规模基础教育改革。其中，普通中学办学模式、办学性质改革的共同趋势在于：努力探求升学与就业双重任务，实现普通教育与职业教育的一体化。如，法国将普通教育与职业教育结合起来，为学生今后选择升学或就业作好准备，为此不断充实选修科目，让学生不仅能受到普通教育，而且能同时受到职业教育。美国实施中等教育的主渠道目前是25000所的综合中学，担负着升学与就业教育的双重任务，具有三种基本职能：让所有学生接受普通教育，让大多数学生接受职业技术教育，让一部分学生作升入大学的准备。美国还在研究缩小普通教育与职业教育之间的距离，促使两者相互渗透并朝综合化方向发展等问题。韩国的高中阶段教育分为人文高中、实业高中和综合高中三类，实行学分制，学生毕业后均可升学或就业。芬兰政府实行普通教育与职业教育一体化政策，规定普通高中年限为三年，第一学年学习普通教育课程，第二学年后分流，或者留在普通高中继续学习，或者进入职业学校或专科学校学习。高等院校对所有高中阶段的毕业生则一视同仁。澳大利亚的中等教育阶段为五年，后两年为高中阶段教育，政府认为，必须推进普通教育与职业教育的一体化进程，在实施普通教育的同时，向学生提供一般性职业技术教育。为此，制定的教育政策规定：课程编制的部分权力下放给学校；学校的课程设置，既有政府的统一课程，又有学校的校内课程，若干具有职业技术倾向的课程纳入课程计划之内；加强选课指导、升学指导、就业指导。这样使得中学生作为未来的"公民""劳动者""创业者""消费者""技术者""创造者"等，既要具有一定的基础性、专业性的学术性知识，也要掌握一定实用性、技术性知识和技能，为今后不同的分流发展、个性需要和职业生活等奠定基础。

由此可见，明确定位普通中学教育特别是农村普通中学教育的升学与就业双重任务，不仅是世界中等教育改革与发展的基本趋势，更为重要的是这种定位符合我们社会发展的需要；符合我国农村现代化建设与传统农业向现代农业转变的需要；符合广大农村青少年发展的需要。同时，实践已经证明这种升学与就业并举的双重任务是可以达到和谐统一的。

（六）地方与校本课程建设应走"三级联动"之路

2001年颁布的《基础教育课程改革纲要（试行）》第七款第十六条明确规定："为保障和促进课程对不同地区、学校、学生的要求，实行国家、地方和学校三级课程管理。"三级课程管理体制的出台，是我国基础教育课程管理研究与实践的新阶段，它将国家意志、地方需求与学校特色有机地结成一个整体，实现了课程权力的衡量化，充分体现了我国基础教育发展的区域性、层次性与城乡差异性。然而，从教育实践的角度来看，如何才能开发出真正体现地方需求与学校特色的地方课程与校本课程，在我国教育发展史上并没有现存的经验可以照搬照抄。

"双证六连结构"课程与教学模式八年多的教育教学实践中，对农村教育中地方课程与校本课程的关系，课程的开发、设置、实施等方面进行了有效的探索。从地方课程与校本课程的关系来看，我们认为，地方课程与校本课程的根本区别在于课程权力的拥有者方面。地方课程是由省级教育行政部门依据国家课程管理政策和本地实际情况制定,课程权力的拥有者是省级教育行政部门;校本课程是由学校视当地社会、经济发展的具体情况,结合本校的传统和优势、学生的兴趣和需要而开发或选用,课程权力的拥有者是学校。但是,从课程内容的选择来看,二者并不是完全分割、彼此独立,而是相互联系、有机统一的关系。这种联系与统一的纽带,正是农村地区社会经济发展的客观需求及"以农为本"的农村中学教育价值新取向。农村中学教育要真正实现其培养符合农村经济发展需求的不同层级人才的目标,需要地方行政部门与学校在课程资源开发与课程内容选择等方面展开广泛的合作、协商与共享。就农村中学而言,校本课程的开发、管理、实施、评价等是项系统工程,很大部分农村中学因人力、物力与财力的局限,通常情况下很难达到较为理想的水平。要改变这种先天缺陷,建立农村中学与高等院校的联姻关系,高等院校在人力、技术等方面可以为农村学校校本课程的研制提供有力支撑。所以,地方课程与校本课程建设不能彼此分离、各自为政,应联合起来,形成"省市、县乡、学校"三级联动的发展道路,特别要充分发挥"县乡"级的纽带功能。

结束语

西部农村中学"双证六连结构"教育扶贫模式,本着"农村教育为农村社会发展服务"的办学思想,以"不求人人升学,但求个个成才""升学有基础,务农有技术"为基本理念,结合当地农村实际情况,具体开发出了"三教结合"的农村中学办学模式、"普职渗透式"课程模式与"六连结构"教学模式。在教育教学实践中把学生文化素质的提高与职业技术培养相结合,使学生都能学到农村实用农业技术的一技之长,能够受教育于农村,服务于农村,为家乡经济建设作贡献。这种模式充分体现贫困农村教育与发展的实效性与针对性,有效地解决了当前农村教育中存在的课程资源贫乏却又存在课程资源浪费的现实问题,体现了农村教育与经济发展的真正有机结合。该模式将知识性、教育性、趣味性、科学性、实用性融为一体，文化农技相互渗透、相互作用、相互促进，有利于学生个性发展和素质的全面提高，这正是素质教育的需要、发展农村经济的需要、农村广大学生和家长的需要、培养现代化建设中农村区域经济应用型人才的需要。该实验打破了传统课程结构把"升学"作为教育唯一培养目标的课程设置，使基础教育能真正面向全体学生。"双证"既能使学生学好普通的文化课，打好文化知识基础，又能使学生掌握初级农学知识和技能、务农技术，成为农村经济建设的实用人才。该研究能使地方课程与校本课程结合起来，构建出全新的课程与教学理念、全新的目标、全新的方法、全新的模式等，这从根本上拓展了课程与教学的理论研究，使其课程与教学在理论上得到了深化性研究。教育部基础教育司对《西部农村中学"双证六连结构"教育扶贫模式探索实验报告》给予肯定："在构建西部贫困地区农村教育模式，尤其是新课程实验模式方面有特色，体现了'升学有基础，务农有技术'"，并认为课题组在重庆黔江区石会中学的"六连结构"实验"实现了为农民增收服务、为当地农村经济服务、为城镇化建设服务、为农村劳动力转移服务、为教育自身改革服务"。农村中学"双证六连结构"课程改革被教育部2001年颁布的《基础教育课程改革纲要》（试行）所采纳（第二款，第六条）。2003年6月，教育部将"六连结构"实验研究报告报送国务院召开的农村教育工作会议，作为大会四个交流材料之一。中央电视台、重庆电视台、《中国教育报》、《教育周报》、《黔江日报》等多家媒体报道了"双证"和"六连结构"有利于农村基础教育和社会发展，受到农民欢迎。农村"双证六连结构"实验研究上报教育部、农业部，经国务院同意，教育部、农业部联合印发《关于在农村普通初中试行"绿色证书"教育的指导意见》（教基［2001］18号）。农村中学"双证"和"六连结构"课改实验已被重庆市政府、重庆市教委和农委批准立项推广。西部大学学术委员会初审意见中认为："黔江区石会中学的组织开展的'六连结构'课程课改试验，为国家新课程改革在西部农村中学推行的'双证六连结构'做出了创新性的尝试，不仅受到农村中学和县、乡（镇）政府的欢迎，而且受到了农民的欢迎。"商务部网站"重庆商务之窗"、重庆市政府公众信息网"政务公开"栏目等刊载《重庆黔江区石会中学创新的"双证六连结构"教育模式收到明显成效》等文章予以宣传。同时,《教育研究》《中国教育学刊》《课程·教材·教法》《中国民族教育》等刊物分别刊载了有关"双证六连结构"教育扶贫模式的学术论文。2005年,我们在后期深化研究的基础上,进一步完善了这一教育扶贫模式,并向重庆市教育委员会提交了关于西部贫困农村"双证六连结构"教育扶贫模式探索的咨询报告,被重庆市教育委员会采纳作为制定重庆市教育发展规划的依据。

总之,多年来的实践表明,"双证六连结构"教育扶贫模式,是根据黔江地区农村自然资源丰富、立体气候明显的特点,结合西部大开发中退耕还林工程而实施的以绿色食品资源开发作为支柱产业的一项科技扶贫、智力扶贫的有效举措,是实现农村素质教育的有效途径。它为西部乃至全国农村教育的健康发展提供了理论指导和实践依据。教育部与农业部联合启动的"绿色证书"教育工程、基础教育新课程改革关于农村中学"双证六连结构"教育的决定,无疑是对我们前期研究工作的最大支持与鞭策,我们以此为范本,深入展开以农村相应地区特色资源库为依托,以"双证"为纽带,将职业教育与普通教育、国家课程与地方课程、本土知识与地方课程、理论知识与实践操作这四对矛盾有机统整的深层研究,以推动农村基础教育新课程改革与实验的深化。

参考文献

陈捷,余国源. 2006. 农科教结合的课程教学及办学模式研究报告[J]. 成都教育学院学报 (4).

崔相录. 1999. 素质教育:中小学改革的主旋律[M]. 济南:山东教育出版社:403.

董纯才. 1958. 中小学教育必须改革[J]. 教育研究 (8).

顾明远. 1990. 教育大辞典:第1卷[M]. 上海:上海教育出版社.

郭茂利. 1986. 普通高中、职业高中都应只有一个为主的任务[J]. 教育研究 (7).

郭晓明. 2001. 关于课程模式的理论探讨[J]. 课程·教材·教法 (2).

廖哲勋. 1999. 论中小学课程结构的改革[J]. 教育研究 (7).

刘世峰. 1986. 对普通高中"单一任务论"的再质疑[J]. 教育研究 (7).

沈荣华. 2003. 按现标准，连比尔·盖茨都不是人才[J]. 人力资源：36-37.

新井郁男，平塚益德. 1989. 世界教育辞典[M]. 长沙：湖南教育出版社.

许梅. 1985. 普通高中任务问题的探讨[J]. 教育研究 (9).

杨敬东. 1989. 潜人才纲要[M]. 长沙：湖南人民出版社.

张念宏. 1991. 中国教育百科全书[M]. 北京：海洋出版社.

洒下甘露，让孩子体味别样滋润
——陕西省石泉县留守儿童教育管护调查研究*

● 赵 微　杨建华　张立昌　陈青萍

摘要： 留守儿童群体是中国社会发展中出现在农村特别是广大中西部农村的特殊的弱势群体。由于"亲情缺失"和"监护缺位"，留守儿童不同程度地出现了心理失衡、道德失范、学业失教、生活失助、亲情失落、安全失保等诸多问题。社会问题的解决需要社会的方式，需要社会的多方力量的有机整合并发挥系统综合的功能才可能富有成效。"党政统筹下教育主导的社会共担管护"的"石泉模式"是解决留守儿童问题的一个有意义的探索。研究表明，在石泉模式下：第一，与非留守儿童相比，留守儿童在学校学习适应、包括师生关系和班级的学校环境和包括学习动机、学习自我概念、学习效能感、成就目标和归因方式等影响学习的内在因素方面没有明显差异；第二，与非留守儿童相比，留守儿童心理发展和心理健康存在显著差异，中学生尤其突出；第三，留守儿童心理健康教育应该成为教育管护工作的重点，在这方面还要做大量工作；第四，党政统筹下教育主导的社会共担管护机制需要继续完善，在建立制度化的经费投入保障机制、心理关爱保障机制等方面，还需细致和艰苦的努力。

关键词： 留守儿童，"石泉模式"，教育管护，心理，健康

基金项目： 陕西省教育厅基础教育中大投标课题：陕西省石泉县留守儿童教育管理机制研究(ZDKT08116)，主持人：赵微。

● **作者简介**

赵微，陕西师范大学教育学院教授、硕士生导师，主要研究领域为教育心理学与特殊教育，电子邮箱：zhaowei@snnu.edu.cn；

杨建华，陕西师范大学教育学院副教授、硕士生导师，主要研究领域为教育经济与管理，电子邮箱：Jianhua60@163.com；

张立昌，陕西师范大学教育学院教授、博士生导师，主要研究领域为课程与教学论，电子邮箱：zhanglichang@snnu.edu.cn；

陈青萍，陕西师范大学心理学院教授、博士生导师，主要研究领域为医学心理学，电子邮箱：qingping3150@yahoo.com.cn。

---

* 因研究需要，文中所用人名均为化名。

Investigation on Child Supervision and Education for Children Who are Left Behind by Parents in Shiquan County, Shaanxi Province

Zhao Wei Yang Jianhua Zhang Lichang Chen Qingping

Abstract: The Group of children left behind is a vulnerable group emerged in rural areas, especially the central and western rural areas with the China's social and economic development. As the "family care deficit" and "absence of care", left-behind children have many problems in varying degrees, such as psychological imbalance, moral anomie, loss of academic education, loss of life support, family loss, loss of security and many other safety issues. The solution of social problems the way integration of multi-play system integration features, and it may be fruitful. "The party and government under the aegis of the social sharing of management and education to these children" and "Shiquan model" to solve the problem of children left behind is a meaningful exploration. Study shows that in Shiquan mode: firstly, compared with non-left-behind children in school to learn to adapt to the school environment (including teacher-student relationship and classroom environment) and internal factors that influence learning (including learning motivation, learning self-concept, learning efficacy, achievement goals and attribution style) and so there was no significant difference, especially at the primary stage. secondly, compared with non-left-behind children there are significant differences in mental health, especially for high school students left behind even more so; thirdly, children left behind education mental health education should be the focus of management and education work, in this respect a lot of work to be done; fourthly, the party and government under the aegis of the social sharing of education management and education mechanisms need to continue to improve, in the establishment of institutionalized mechanisms for funding of investment protection, psychosocial care etc., need careful and painstaking efforts.

Key Words: Children left behind, "Shiquan model", management and education system, mental health education

Author:

Zhao Wei, Professor and Master Instructor of School of Education of Shaanxi Normal University, the main research areas are educational psychology and special education, e-mail: zhaowei@snnu.edu.cn;

Yang Jianhua, Associate Professor and Master Instructor of School of Education of Shaanxi Normal University, the main research areas are educational economy and management, e-mail: Jianhua60@163.com

Zhang Lichang, Professor and Doctor Instructor of School of Education of Shaanxi Normal University, the main research areas are curriculum and instruction theory, e-mail: zhanglichang@snnu.edu.cn;

Chen Qingping, Professor and Doctor Instructor of School of Psychology of Shaanxi Normal University, the main research areas are medical psychology, e-mail: qingping3150@yahoo.com.cn.

一、研究背景和意义

随着我国工业化进程的不断加快,农村剩余劳动力开始大规模地向城市转移,形成一个"人在城市,根在农村"、"城乡两栖,往返流动"的庞大的农民工群体。由于不具备起码的经济和社会条件,很多农民工子女无法跟随父母进城就学,从而形成了庞大的留守儿童群体,特别是在广大中西部农村地区更是如此。在我国义务教育基本实现"两基"目标而步入"巩固"、"提高"的新时期,农村留守儿童的教育问题也成为整个农村基础教育面临的新问题。

从2002年起,媒体对留守儿童的生活现状、安全问题、学业困难、心理发展等方面存在的种种困境和问题的报道日渐增多,这引起了政府和全社会的广泛关注。对此,教育部于2004年5月31日专门召开了"中国农村留守儿童问题研究座谈会",商讨留守儿童的教育管护问题。2006年10月19日,由国务院农民工工作联席会议办公室、全国妇联等12个部门共同组成的农村留守儿童专题工作组在北京成立。2007年,中组部、教育部先后与相关部委联合下发《关于积极开展关爱农村留守流动儿童工作的通知》和《关于开展"共享蓝天"全国关爱农村留守流动儿童大行动的通知》。2008年10月,教育部在安徽召开了全国部分省市农村留守儿童工作现场研讨会,把留守儿童问题的认识提高到加强和改进农村义务教育,促进义务教育均衡发展、公平发展的高度去认识,随后要求把农村留守儿童的教育纳入到学校正常教育教学活动中。

在政府高度重视留守儿童问题的同时,学者们也开展了大量的研究。比较有影响的研究成果如叶敬忠等所作的《关注留守儿童——中国中西部农村地区劳动力外出对留守儿童的影响》(2005)、《别样童年——中国农村留守儿童》(2008)和《关爱留守儿童——行动与对策》(2008)系列研究;吕绍清的《留守还是流动——"民工潮"中的儿童研究》(2007);申继亮的《透视处境不利儿童的心理世界》(2009)等。这些对留守儿童的生存状态、学习情况、个性发展、心理健康等进行的研究,为人们认识这一群体的发展状况进而为改善他们的成长提供了有意义的参考。通过对现实情境考察和对各种研究成果分析,我们发现留守儿童问题有其共性,这就是:因为"亲情缺失"和"监护缺位",留守儿童不同程度地出现了心理失衡、道德失范、学业失教、生活失助、亲情失落、安全失保。

本研究对石泉县在留守儿童教育管护工作中的具体举措及其产生的实际效果进行检测,对存在的问题进行梳理和分析,并对教育管护工作提供进一步完善的建议,形成一个在留守儿童教育管护工作上的相对合理和科学的"石泉模式",同时也期望对于类似地区能够有所启发和借鉴。

二、研究路径、方法和报告结构

(一) 研究路径

1. 研究对象:留守儿童是指父母双方或一方流动到其他地区,孩子留在户籍所在地并因此不能和父母双方共同生活在一起的未满18岁的儿童(段成荣,等,2006)。本文的研究对象是小学四年级到初中三年级在学校接受义务教育的儿童。

2. 界定研究现象:石泉县党政统筹下教育主导的社会共担留守儿童教育管护模式,引起了社会各界尤其是教育界的普遍关注,是一种有力保障留守儿童管护问题的解决方式。

3. 确定研究问题:石泉县党政统筹下教育主导的社会共担留守儿童教育管护模式的内容是什么?这种管护模式产生了哪些积极和正面的影响?还有哪些方面的不足以及需要进一步完善的地方?

4. 阅读和研究文献:阅读和研究国家、各省市关于留守儿童管护的相关文件,各种期刊的相关研究成果,石泉县政府、县委及各乡镇的有关文本,观察点学校的有关资料。

5. 选择研究样本:按照石泉县学校分布,从北向南选取了两河镇中心小学、饶峰镇中学、银龙乡中心小学、城关镇中心小学、池河镇中小学和后柳镇中心小学和后柳中学作为观测点。

6. 问卷调查和访谈与结果分析：设计问卷 9 个，两次问卷调查共发放问卷 1200 份和 1000 份，回收 1048 份和 931 份，回收率为 87.3% 和 93.1%，用 SPSS 工具，处理和分析问卷调查数据。访谈和整理访谈记录 15 人次。现场观察和记录有关留守儿童教育及管护的各项设施、措施等软硬件条件、儿童动态的档案资料。

7. 经验总结和政策建议：总结石泉县留守儿童教育管护模式经验，发现石泉县留守儿童教育管护存在的问题，提出进一步改进和完善的政策与措施建议。

(二) 研究方法

1. 文本资料分析：收集 2007—2008 年石泉县县委、县民政局、县教体局等部门颁布的文件 49 份，县领导、教体局领导在有关留守儿童教育工作会议上的汇报材料、讲话稿，县长、县委书记办公会议纪要等相关资料 22 份，各个学校关于本校留守儿童工作的汇报材料 37 份。

2. 问卷调查：采用多个问卷对留守儿童和非留守儿童进行检测、对比和分析。

(1) 学习自我效能问卷：包括小学生学习自我效能问卷和中学生学习自我效能问卷。小学生学习自我效能问卷，采用北京师范大学心理研究所（1994）借鉴吉布森（Gibson）和戴姆勃（Dembon）(1984) 的《教师功效量表》中有关维度所编制的问卷。中学生学习自我效能问卷，采用边玉芳（2003）编制的《学习自我效能感量表》的修订版。

(2) 自我概念问卷：包括小学生自我概念问卷和中学生自我概念问卷。小学生自我概念问卷，采用董奇等人（1993）修订的马什（Marsh）等人的《学生自我描述问卷Ⅰ》(Student Descriptive Question Ⅰ，SDQⅠ)。中学生自我概念问卷，采用马什（Marsh）等人的《学生自我描述问卷Ⅱ》(Student Descriptive Question Ⅱ，SDQⅡ)。

(3) 学习动机问卷：包括内、外部学习动机定向问卷，该问卷共两个维度，即外部动机定向和内部动机定向。

(4) 学习适应性问卷：采用华东师范大学心理系周步成等人（1992）修订的《学习适应性量表》（简称 AAT）。该量表由日本教育研究所学习适应能力测验研究部编制，周步成等人根据我国儿童学习情况对其进行了标准化修订。

(5) 班级环境问卷：采用江光荣（2004）编制的《我的班级问卷》，由 5 个分量表构成，分别测量班级环境的 5 个维度，即师生关系、同学关系、秩序和纪律、竞争、学习负担。

(6) 师生关系问卷：采用上海师范大学姜立利（2003）参考黑斯尔·狄维斯（HeatheAr. Dvais）的《师生关系量表》编制的问卷。

(7) 成就目标问卷：四份成就目标定向量表，该量表共 29 个项目，分为成绩接近目标、掌握接近目标、成绩回避目标和掌握回避目标四个分量表。

(8) 归因问卷：由克罗狄尔斯（Craudells）（1980）编制的《成就归因问卷》修订而成，共 24 个题目，分为成功归因和失败归因两个维度。

(9) 心理健康问卷：主要采用《中小学生心理健康量表》（简称 MHT），主要测查留守儿童的学习焦虑、对人焦虑、孤独倾向、自责倾向、过敏倾向、身体症状、恐怖倾向和冲动倾向；《儿童自我意识量表》（简称 PH），主要评价儿童自我意识的状况，如行为、智力、学习、躯体外貌、焦虑、合群、幸福与满足等表现；《儿童社会期望量表》（简称 CSD），主要评定儿童的认可需要或者对不认可的惧怕程度。

3. 半结构化实地访谈：半结构化访谈是在调查和现场研究过程中进行的，访谈的对象主要包括县委县政府、县教育体育局有关部门负责人、学校校长、教师、留守儿童代理家长、留守儿童本人等。访谈的目的是为了考察地方政府、学校以及社区对留守儿童的认知和态度，以及社会支持的举措和行动。

4. 个案调查：收集比较典型的案例资料，分析教育管护效果。

（三）报告结构

1. 现状描述：由于"亲情缺失"和"监护缺位"，留守儿童不同程度地出现了心理失衡、道德失范、学业失教、生活失助、亲情失落、安全失保等诸多问题，使其身心发展和学业受到明显影响。

2. 石泉县留守儿童教育管护的机制、策略和初步成效：（1）党政统筹下教育主导的社会共担管护机制；（2）这个机制由党政统筹的领导机制、教育主导的运作机制、社会共担的参与机制和儿童为本的动力机制四部分组成；（3）这一机制促使了留守儿童的教育管护工作的积极开展，并取得了相应的成就。

3. 石泉县留守儿童发展状况的实证分析：比较详细地揭示出石泉县教育管护机制下留守儿童的自我概念、社会适应性、人际关系、学习成就、学习动机、学习效能、心理发展水平和心理健康指标等方面的实际表现进行检测结果，并进行了必要的分析和讨论。

4. 经验总结和进一步完善的建议：（1）提供全方位的、有力的、有机的和适当的教育管护是留守儿童心理健康发展的必要保证；（2）家庭、学校、政府教育主管部门和社会各界的持续的通力合作是提供全方位的、有力的、有机的和适当的教育管护的有效机制；（3）教育管护水平的提高需要管护机制的动态跟进和措施的进一步完善。

三、石泉县留守儿童教育管护政策与作用机制

（一）石泉县留守儿童的基本情况

石泉县地处陕西南部秦巴山区，属于经济欠发达山区省级扶贫开发重点县。总面积1525平方公里，辖15个乡镇，总人口18.2万人，其中农业人口15万人，常年劳务输出中青年人口稳定在3.6万人左右，年地方财政收入0.3亿元左右。

全县有中小学147所，其中普通高中1所，完全中学1所，职业教育中心1所，初中10所，小学134所。义务教育在校生24425人，其中留守儿童11800人，占在校生48.4%（陕西省农村留守儿童教育管理工作情况汇报，2008）。其中父母双方在外务工的留守生4168人，占在校生

的17.1%，占留守儿童总数的35.3%（石泉县关爱留守儿童工作资料汇编，2008)[3,36]。父母一方在外务工的留守生7666人，占在校生31.3%，占留守儿童总数的64.9%。在监护上，由父母一方监护的5942人，祖辈监护的3336人，亲友监护的2271人，兄妹相互照料的164人，他人托管的121人。全县留守儿童中在校寄宿4681人，占留守儿童的39.5%，其中女生2101人，占留守寄宿生的45%。留守寄宿生比例大于非留守寄宿生，其中初中留守寄宿生占寄宿生的61%，小学留守寄宿生占寄宿生的66%。

据石泉县2006年的调查统计（中共石泉县委，等，2008)，留守儿童群体中78.3%在思想品德、行为习惯、学业状况、心理状态方面与非留守儿童群体相比有明显差异，安全事故也高于其他学生群体。其中对生活缺乏理想的占24.6%，认为读书无用的占4.1%，对学习缺乏兴趣的占5.7%，意志脆弱的占10%，脾气暴躁的占40.6%。他们迫切需要生活照顾，安全监护，心灵关爱。同时，大部分留守儿童生活比较困难，其中8%－10%生活在贫困线上，也迫切需要社会资助。

典型案例一： 石泉县两河镇初二的一个男孩，两岁时父母就去外地打工，从小跟爷爷奶奶生活在一起，奶奶忙于打麻将，一天只做一顿饭，其他两顿都吃剩饭，没做饭的时候就让他自己拿钱去买零食吃，才13岁就得了严重的胃病。由于身体经常不舒服，学习成绩也由原来班上第6名下降到20多名，便血一周后才被回娘家的姑妈发现送到医院动手术。

典型案例二： 农村留守儿童由于家庭方面的监管不力，其人身安全也常常得不到保障。2004年就发生了这样一个真实的悲剧，一名7岁的农村男孩，因其父母外出打工，家里只留下他和年迈的爷爷。由于平时基本没人管，男孩得了疥疮，痒痛难耐时，就用脏手抓，结果伤口感染，演变成严重败血症，最终夭折。

典型案例三： 后柳镇小学有个10岁的男孩，在他很小时父母就外出务工，和爷爷奶奶生活在一起，2006年暑假的一天，爷爷奶奶有事外出了，孩子去汉江游泳溺水死亡。

（二）石泉县留守儿童教育管护工作机制和初步成效

1. 石泉县留守儿童教育管护工作机制

在两年多的实践中，石泉县探索出一套留守儿童教育管护运作机制。经过调查和理论思考后，我们给出了如下表述：党政统筹下教育主导的社会共担管护机制。由党政统筹的领导机制、教育主导的运作机制、社会共担的参与机制和儿童为本的动力机制四部分组成。

党政统筹的领导机制是地方党委政府统一认识和政令，推动各职能部门联动，整合资源，协调力量，为留守儿童教育管护工作提供组织保障和资源保障的领导机制。石泉县委县政府把留守儿童教育管护工作纳入地方经济社会发展总体规划和各级党委政府重要工作，成立从县委县政府到乡镇党委政府自上而下关爱留守儿童领导小组，制订规划，明确目标任务。职能部门协同联动是党政各工作部门结合自身职能特点协同参与留守儿童教育管护工作。县委办、政府办负责关爱留守儿童活动的组织、协调和督察；计财部门负责争取项目，解决配套资金投入，做好寄宿制学校建设，保障关爱留守儿童工作经费；民政部门负责对特困家庭留守儿童生活困难实施救助；卫生部门负责督促县乡医疗机构在乡镇中心小学和初中设立医疗服务室，做好留守儿童医疗保健、行为和心理健康辅导工作；计生部门负责对实施计生家庭留守儿童特别关爱；公安、司法部门负责维护校园周边秩序，会同文化、工商部门净化网吧和游戏经营场所；共青团、妇联、妇儿工委等组织负责动员机关干部、社会爱心人士建立"代理家长""志愿者""手拉手"三支队伍。部门联动的直接效果是把过去分散在各部门、各系统及其管辖范围内零碎的教育资源或与教育有关的资源整合成系统性、结构性的力量（中共石泉县委，等，2007）。

教育主导的运作机制是以教育部门为主牵头其他部门，组织协调力量，扎实细致开展教育管护工作的运作机制。教育系统在留守儿童教育管护工作上有独特优势，尤其是学校教育在促进留守儿童发展中起着主导作用。县教育体育局设立全县留守儿童教育管护专门工作机构即石泉县留守儿童管理中心，配备专人负责这项工作，出台相关的政策性文件和各项工作的标准性文件，以及具体操作实施要求和办法；全县各中小学校依据全县的统一规划和部署，结合本校留守儿童的具体情况和学校的现有资源，制订出有针对性的目标、实施方案和具体工作的策略与方法；建立"留守儿童代理家长学校"，定期对留守儿童临时监护人和代理家长开展培训活动。

社会共担的参与机制是对教育主导的运行机制的补充，主要由志愿者例外管护支持系统、代理家长情感依托系统、家长法定监护责任强化系统、专家科技咨询系统四部分构成。志愿者例外管护支持系统是针对学校管护中心超出传统教育功能或新的管护内容而建立起来的例外技术支持系统。如卫生保健、心理辅导、精神安慰等专业人员大都是通过共青团系统开展"留守儿童关爱活动"，从机关、医院、事业单位招募青年骨干和西部计划大学生志愿者组成志愿者服务队伍，经过培训考核，为留守儿童提供卫生保健、心理辅导、精神抚慰等志愿服务，以弥补学校管护中例外技术缺失。代理家长情感依托系统是针对留守儿童缺少父母亲情交流和感情、安全无所寄托而产生的种种心理问题，从机关和企事业单位中选拔出一批责任心强、有爱心的志愿者担当代理家长，采取双向选择和结对办法，为心理、行为有一定问题的留守儿童提供必要的亲情援助；并通过政府主持下签订代理家长与留守儿童结对帮扶承诺协议，明确代理家长在经济援助、学业辅导、校外活动以及与代理对象父母联系上的责任，以此督促代理家长的责任行为，为留守儿童提供感情和安全依托（中共石泉县委，等，2007）。家长法定监护责任强化系统是针对学校管护和代理家长关爱无论如何不能取代，也无法取代法定监护者的教育监护义务和家庭血缘亲情感化作用这一事实，采取有力措施强化家长的责任意识和责任能力，促使家长履行法定监护责任的强化系统。专家科技咨询系统是针对留守儿童管护工作的专业性要求，依托大学和研究机构的科技资源，聘请专业学者组成教育科技咨询团队，为留守儿童教育管护工作走向科学化、规范化提供科技和智力支撑。专家团队主要通过承担相关课题、指导学校管护中心开展校本科研活动和组织业务培训等途径提供技术支持。

儿童为本的动力机制是指，一切教育管护措施必须以儿童为本，遵循儿童发展规律，促使儿童作为"主人""主体"不断生长出自强不息的内在力量。如针对自我效能感较低，适当开展"我心目中的爸爸妈妈""寻找哪里的高楼大厦有爸爸妈妈的汗水"等自我效能提升的心理训练活动；针对发展动力不足，开展争做"自强儿童""勇敢儿童"等能激发成长动力的一系列活动。

2. 石泉县留守儿童教育管护工作的初步成效

党政统筹下教育主导的社会共担管护机制在实践中发挥了良好作用。组建了一支包括专任教师、志愿者、代理家长和专家等全方位的教育管护队伍，使留守儿童教育、管理、监护工作得到保障；建成一批基本覆盖全县 15 个主要村镇社区的学校管护、社区管护和幼儿托管基地，使留守儿童生存、成长、发展条件得到改善；确立了一整套富有实效的教育管护制度和操作规范，引导教育管护工作不断走向科学、规范、精细，使留守儿童生活、安全、学业水平显著提升。社区活动中心、托管中心在担负教育管护留守儿童时，也辐射和带动了社区文化发展，丰富了民众的精神生活，提升了情感境界，形成了关爱留守儿童，扶助弱势群体，在奉献中感受幸福，在感恩中领悟人生的社会舆论和精神氛围。

学校管护中心、社区活动中心、幼儿托管中心和一整套管护队伍健康运行。学校管护中心坚持"校园、家园、乐园"建设和运作理念，除教学设施外，还配有寄宿、餐饮、阅读、文体活动、亲情接待、卫生保健、心理咨询，以及用于及时与父母沟通的亲情电话、视频网络等设施，以此优化学校环境，在促使学校发挥教育功能的同时，更好地兼顾家庭亲情感化和心理依托功能，给留守儿童更多家庭温暖、心理依托和安全感受（邹顺生，2007）。社区活动中心以丰富儿童节假日生活和净化社区文化环境为目的，依托社区文化资源，健全阅览、文娱活动、特长活动设施，为留守儿童节假日生活创建安全场所。幼儿托管中心针对学校管护中心和社区活动中心难以顾及学龄前留守儿童教育管护缺失的问题，依托社会力量，鼓励和扶持民间参照学校管护中心的规范举办的管护中心，目的是为留守幼儿提供安全、优良的成长环境。三大中心把校内管护与校外管护、学前保育与学龄教育整合成完整的管护系统,为 3—15 岁的留守儿童创建了健康、安全的成长平台。

下面是实地采访到的留守儿童工作纪实片段,反映了石泉县一系列政策出台以来各个方面对留守儿童的重视、关爱和帮助。

➡ **县委书记邹顺生在调研教育工作座谈会上的讲话:**

教育事业事关民族、事关未来、事关发展,事关人民群众的切身利益,为政一任,兴教一方应该成为一个理念……留守儿童是伴随劳务输出所产生的新的社会问题,解决这一问题需要政府、学校、社会等各个方面的努力……首先,政府的责任是(把留守儿童问题)列入议事日程,加强统筹,多方筹措投入;其次,学校是留守儿童健康成长的主体……最后,留守儿童问题源自社会的发展,社会各界也有责任和义务为解决留守儿童这一社会问题作出积极的努力……

(2007 年 8 月 15 日根据记录整理)

➡ **石泉县网页新闻报道:**

7 月 20 日,在连续几天的暴雨过后,太阳终于露出了她的笑脸,热情地照着大地。这天,对于家住原左溪乡高坎村七组的留守儿童贺香来说是特别开心的日子。她的代理家长县教体局纪委书记陈世军顶着烈日带着留守儿童管理中心的工作人员来看望她了。

2010 年 4 月,陈世军深入左溪小学在检查工作时,发现午饭时间其他学生都用餐了,一个小姑娘却坐在教室里慢慢地吃着,她的碗里吃的是自己带的菜,这个瘦小的特别的女孩立即引起了陈世军的注意。他静静地坐下来和孩子谈了谈,从中了解到孩子的父亲常年在外务工,日常生活由近 70 岁的爷爷料理,繁重的农活使得爷爷也无暇顾及孩子的生活。贺香窘迫的生活现状深深触动了陈世军,听学校负责人介绍了学校留守儿童工作后,他当即决定要做贺香的代理家长,为孩子的健康成长尽一份自己的力量(陈世军原在池河镇工作时就结对关爱了一个农村孩子,在调入县教体局后仍常常去看望孩子)。他同时嘱咐学校负责人和老师,在生活、学习和思想上要多多关心像贺香一样的留守儿童,他们虽特殊却和其他孩子一样重要,要给予他们更多的关爱。从那以后,陈世军多次电话联系老师询问贺香的学习和生活情况,周末带孩子到家做客,六一节时还专门为孩子买了两套漂亮的裙子。暑假开始了,陈世军依然牵挂着他代理的孩子,当得知贺香身患疥疮时,他焦急万分,全家人齐动员,为孩子配药,为她买药膏,买衣服和有趣的故事书,还不忘了带上孩子喜欢的西瓜、香蕉、酸奶等食品。

陈世军一行顶着烈日,冒着酷暑来到孩子家里,看到孩子满身的疮疤时,心疼地告诉孩子要讲卫生,耐心地给其爷爷和孩子叮咛药膏的用法,言语中充满了关切和爱护。他翻开孩子的素质报告单,看到孩子学习成绩优异,表现积极勤奋,希望孩子再接再厉,并对孩子在完成暑假作业中存在的难题作了详细讲解。

贺香甜甜的笑容如阳光般灿烂,我们知道,这是爱的力量。她虽身在深山,也能得到社会的关爱;她虽留守,也能和其他孩子一样健康成长。

➡ 一位留守儿童写给石泉县教育体育局党委书记阮长凌的一封信:

亲爱的阮伯伯

您好!

您知道吗?今年的这个六一儿童节,我们全体学生都特别的高兴。因为有很多领导来到我们身边,陪我们度过了一个最难忘、最快乐的六一。后来,听老师介绍说原来他们是县委书记邹伯伯、县委常委统战部部长刘昌兰阿姨、教体局党委书记阮伯伯。

中午,结束了紧张有趣的活动后,你们又走进餐厅,和我们留守儿童一起共进午餐。我刚好坐在阮伯伯您的身边,吃饭的时候,您和蔼地问我叫什么名字,家住在哪儿,父母是做什么工作的。刚开始的时候我还有点紧张,不敢看您,这时候您温和地摸着我的头,期许的目光似乎在说:"孩子,别害怕,说吧,没关系的!"慢慢地我开始放松下来,"我叫王茜,后柳小学四年级一班学生,家住后柳镇黑沟河村,我家住得很偏僻、条件很差,还在我很小的时候妈妈因为条件太艰苦抛下我和爸爸出走了,前两年回来和我爸爸离婚又在外面成家了,也不管我了!"因为这件事情我非常悲痛,平时很孤单也很自卑,但我真没想到的是像阮伯伯您这么大的领导,会在六一儿童节和我这样普通的孩子一起吃午饭,和我一起聊天,一点领导架子都没有。您一直让我多吃点,还不停地给我夹菜,平时回家爸爸都没有这样关心我,这一刻,我感觉您就像我的亲人一样,让我感受到了幸福和快乐的滋味!

吃过饭,您临走的时候,叮嘱我一定要好好学习、自立自强,又从口袋里掏出200元钱放在我的手上,亲切地对我说:"这个你拿着,自己买点需要的东西。"并说下次还会来看我,我当时感动得热泪盈眶,眼泪差点就流出来了,真想不到您这样一位和我素昧平生的人,这么关心我,对我这么好!在这里我要发自内心地说一声:"阮伯伯——谢谢您!"

虽然我是一名家境贫困的留守儿童,但是幸运的是我得到了这么多来自学校和社会各界好心人的帮助。阮伯伯,请您放心,在以后的学习生活中我一定会更严格要求自己,克服困难,自立自强,加倍努力,认真学习,争取以优异的成绩来回报您。

敬祝:

身体健康　工作顺利!

后柳小学四一班学生:王茜
2009年6月1日

四、石泉县留守学生发展状况的调查分析

为了全面评估石泉县留守学生学校教育的状况和效果,我们采用标准化问卷调查和对学校的实地考察现场研究、访谈方法等,对12所学校进行了研究。进行问卷调查的学校有:池河小学、古堰小学、城关小学、池河中学、城关三中和城关中学。现场实地考察的学校有:两河镇中心小学、饶峰镇中学、银龙乡中心小学、城关镇的城关镇中心小学、池河

镇中心小学、后柳中心小学和后柳中学。

(一) 石泉县留守学生学校学习适应状况的比较

1. 调查对象基本情况

调查对象来自石泉县六所中小学，共发放问卷 1200 份，回收 1048 份，回收率为 87.3%。其中男生 533 人，占 50.9%；女生 515 人，占 49.1%。年级分布从小学四年级到初中三年级，平均年龄 12 岁。将调查对象分为四类儿童：非留守儿童，以及父亲在外、母亲在外、双亲在外留守儿童。

表 1 小学调查对象基本分布情况统计

调查对象	年级人数			非留守人数	留守人数		
	四年级	五年级	六年级		父亲在外	母亲在外	双亲在外
池河镇小学	65	49	64	80	50	22	26
后柳小学	58	67	6	42	42	30	17
城关镇小学	69	89	89	111	70	37	29

表 2 初中调查对象基本分布情况统计

调查对象	年级人数			非留守人数	留守人数		
	初一	初二	初三		父亲在外	母亲在外	双亲在外
池河中学	47	70	55	97	34	27	14
石泉三中	67	40	68	63	55	29	28
城关中学	29	47	69	66	41	23	15

2. 调查研究内容和工具

采用《学习适应性量表》。小学段量表分为小学一、二年级用（包括 5 个内容量表），小学三、四年级用（包括 7 个内容量表），小学五、六年级用（包括 9 个内容量表）。在内容量表的基础上又分为 4 个分量表：学习态度、学习技术、学习环境和身心健康。

3. 结果与分析

(1) 中小学各年级留守学生基本信息

表 3　中小学各年级学生基本信息

年级	总人数	性别		是否留守	
		男	女	留守	非留守
四年级	192	112 (58.3%)	80 (41.7%)	106 (55.2%)	86 (44.8%)
五年级	205	107 (52.2%)	98 (47.8%)	122 (59.5%)	83 (40.5%)
六年级	159	80 (50.3%)	79 (49.7%)	95 (59.7%)	64 (40.3%)
初一	144	64 (44.4%)	80 (55.6%)	88 (61.1%)	56 (38.9%)
初二	157	80 (51.0%)	77 (49%)	85 (54.1%)	72 (45.9%)
初三	192	91 (47.7%)	101 (52.6%)	92 (47.9%)	100 (52.1%)

(2) 小学四年级留守学生学习适应状况

将小学四年级留守学生与非留守学生的学习成绩按照优、中、差分为三个等级，结果如表4所示。

表 4　四年级留守学生与非留守学生的学习成绩分布

人数分布 (n)	优	中	差
留守	23	58	25
非留守	14	50	22

对留守学生与非留守学生的成绩分布进行独立样本的非参数检验（Mann-Whitney u 检验），检验结果表明，Mann-Whitney u＝4298.000, $Z=-.759$，$p=.448$ (2-tailed)，四年级留守与非留守学生的成绩差异不显著。

四年级学生的学习适应性量表考查了以下七个维度，对留守学生和非留守学生在学习适应性各个维度上的差异进行独立样本 t 检验，结果如表5所示。

表 5　四年级留守与非留守学生在学习适应性各个维度上的差异比较

	留守（M±SD）	非留守（M±SD）	t	p (2-tailed)
总原始分	71.13±5.61	70.92±5.40	.267	.789
学习态度	10.10±1.80	10.48±2.05	−1.341	.181
听课方法	8.21±2.23	8.30±2.46	−.251	.802
学习技术	12.13±3.40	11.45±3.40	1.373	.171
家庭环境	9.08±2.00	9.59±1.82	−1.862	.064a
学校环境	9.90±2.08	9.90±1.87	.003	.998
独立性和毅力	10.26±1.98	9.98±2.05	.985	.326
身心健康	11.38±2.467	11.22±2.52	.433	.666

* $p<.05$，** $p<.01$，*** $p<.001$，a 表示边缘显著

结果表明：

第一，成绩差异不显著，表明留守学生并没有因为留守而影响学习成绩。这个结论与其他关于留守学生学习适应的研究结论不相符。很多研究表明，留守学生的学习适应存在困难、成绩明显较差。原因只能是，由于石泉县在留守学生教育管护上的一系列举措发挥了重要的作用，从而四年级留守学生与非留守学生之间在学习成绩上不存在显著的差异。

第二，在学习适应各个指标体系上，发现四年级留守学生与非留守学生在学习环境指标上差异显著（$t=.003$）。

（3）小学五年级、六年级留守学生的学习适应状况

将五年级和六年级的留守学生和非留守学生的学生成绩按照优、中、差分为三个等级，结果如表 6 所示。

表 6　留守与非留守的五年级、六年级学生学习成绩分布

人数分布（n）	优	中	差
留守	48	118	51
非留守	33	74	40

对留守学生和非留守学生的成绩进行独立样本的非参数检验（Mann-

Whitney u 检验），检验结果表明，Mann-Whitney u ＝ 15529.000，$Z=-.470, p=.639$ （2-tailed），可见，留守与非留守五年级、六年级学生的学生成绩不存在显著性的差异。

根据学习适应量表，小学五年级、六年级的学习适应共考察了以下四个指标：学习态度、学习技术、学习环境、身心健康。对五年级、六年级留守学生和非留守学生的学习适应性进行独立样本 t 检验，结果如表7所示。

表7　五年级、六年级的留守与非留守学生在学习适应性上的差异比较

	留守（M±SD）	非留守（M±SD）	t	p （2-tailed）
总原始分	112.41±17.06	109.17±17.42	1.761	.079
学习态度	36.59±5.70	36.00±6.12	.952	.342
学习技术	11.53±2.86	11.46±2.90	.227	.821
学习环境	24.22±4.29	23.65±4.26	1.248	.213
身心健康	40.08±7.99	38.18±8.13	2.211	.028*

* $p<.05$，** $p<.01$，*** $p<.001$，a 表示边缘显著

结果表明：

第一，在石泉县小学五、六年级留守学生与非留守学生学习成绩没有明显差异；

第二，除了身心健康指标外，小学留守学生在学校的学习适应状况良好；

第三，与四年级学生相比，小学五年级、六年级学校学习适应的指标中，留守学生的身心健康不如非留守学生，这与课题关于留守学生心理健康状况的调查研究结果一致，值得引起教育部门的注意。

（4）初中留守学生的学习适应状况

对初中三个年级的学习适应在五个等级上的分布进行了考查，结果如表8所示。

表8　初中各个年级学习适应等级分布

年级	优 ($n,\%$)	中上 ($n,\%$)	中等 ($n,\%$)	中下 ($n,\%$)	差 ($n,\%$)	合计
初一	9（6.3）	21（14.6）	29（20.1）	79（54.9）	6（4.2）	144
初二	11（7.0）	28（17.8）	43（27.4）	72（45.9）	3（1.9）	157
初三	11（5.7）	34（17.7）	78（40.6）	54（28.1）	15（7.8）	192
总体分布	31（6.3）	83（16.9）	150（30.4）	205（41.6）	24（4.9）	493
常模分布	34.517（7）	118.32（24）	187.34（38）	118.32（24）	34.51（7）	493

对初中生的学习适应总体分布状况和常模分布状况进行了非参数检验，$\chi^2=85.046$，$p<.01$，这表明了被调查对象学习适应性总体水平与全国常模相比有较大差异，呈现出明显比全国常模偏低的趋势。由表8可知，有高达46.5%的中学生处在中下或差的水平，而达到中等以上水平的学生比例又明显低于全国常模，说明初中学生的学习适应性的总体状况不容乐观。

对初中留守学生和非留守学生的学习适应等级分别进行了考查，并且与全国常模分布进行了对比，结果如表9所示。

表9　初中留守学生与非留守学生学习适应等级分布与全国常模总体分布比较

	优	中上	中等	中下	差	合计
留守抽样分布	14（5.3%）	44（16.6%）	76（28.7%）	113（42.6%）	18（6.8%）	265（100%）
按常模分布	18.6（7%）	63.6（24%）	100.7（38%）	63.6（24%）	18.6（7%）	265（100%）
非留守抽样分布	17（7.5%）	39（17.1%）	74（32.5%）	92（40.4%）	6.0（2.6%）	228（100%）
按常模分布	16（7%）	54.7（24%）	86.6（38%）	54.7（24%）	16.0（7%）	228（100%）

对留守学生抽样分布和非留守学生抽样分布分别与全国常模分布进行非参数差异检验,结果显示:$\chi^2 = 51.602$,$p<.001$;$\chi^2 = 38.042$,$p<.001$。这表明了留守学生和非留守学生在学习适应等级上的分布和全国常模分布均有显著差异。由表9可知,初中留守学生有49.4%处于中下或差的学习适应等级,非留守学生中有43%处于中下或差的学习适应等级,这些均属于学习适应不良。

对留守学生、非留守学生以及全体学生在学习适应各因子上的适应不良检出率进行了考查,结果如表10所示。

表10 初中留守学生与非留守学生学习适应各因子的不良检出率

		学习态度	学习技术	学习环境	身心健康
留守学生	检出人数（n）	74	73	99	99
	不良率（%）	32.5	32.0	43.4	43.4
	高低排序	②	③	①	①
非留守学生	检出人数（n）	115	96	138	121
	不良率（%）	43.4	36.2	52.1	45.7
	高低排序	③	④	①	②
全体学生	检出人数（n）	189	169	237	220
	不良率（%）	38.3	34.3	48.1	44.6
	高低排序	③	④	①	②

该结果反映出初中学生无论是留守还是非留守学生的学习适应状况不容乐观。身心健康和学习环境不良是影响初中学生学习适应的主要因素。

对留守与非留守初中生的学习成绩进行了比较,独立样本的非参数检验（Mann-Whitney u 检验）表明,Mann-Whitney u = 26833.000,$Z = -2.330$,$p = .020$ (2-tailed),这表明了留守与非留守初中生的学生成绩存在显著性的差异。

对初中各个年级的留守与非留守学生在学习适应性各个因子上的差异进行了独立样本 t 检验,结果如表11、表12、表13所示。

表 11　初一留守与非留守学生学习适应比较

	留守（M±SD）	非留守（M±SD）	t	p (2-tailed)
总原始分	146.41±27.59	146.79±31.33	−.076	.940
学习态度	36.68±8.17	36.79±9.66	−.069	.945
学习技术	37.02±9.08	36.77±10.11	.157	.875
学习环境	36.14±7.28	36.27±8.88	−.097	.923
身心健康	36.57±6.96	36.96±7.33	−.326	.745

* p<.05，** p<.01，*** p<.001，a 表示边缘显著，下同

表 12　初二留守与非留守学生学习适应比较

	留守（M±SD）	非留守（M±SD）	t	p (2-tailed)
总原始分	146.73±28.92	146.42±25.19	.072	.943
学习态度	35.54±9.23	36.03±8.04	−.349	.728
学习技术	36.95±8.91	37.33±8.98	−.266	.791
学习环境	36.78±7.83	36.32±6.65	.390	.697
身心健康	37.46±6.97	36.74±6.17	.682	.496

表 13　初三留守与非留守学生学习适应比较

	留守（M±SD）	非留守（M±SD）	t	p (2-tailed)
总原始分	142.07±27.10	149.56±24.83	−2.000	.047*
学习态度	33.33±8.78	35.67±7.26	−2.012	.045*
学习技术	35.14±9.55	36.80±8.89	−1.246	.214
学习环境	36.32±6.69	38.86±6.95	−2.580	.011*
身心健康	37.28±6.24	38.23±6.36	−1.040	.300

结果显示：

第一，初中生学习适应的总体情况不好，明显比全国常模偏低，学习适应不良的检出率高达46.5%；其中非留守初中生学习适应不良检出率为43%，留守学生学习适应不良检出率为49.4%。

第二，影响中学生学习适应不良的因素，依次为学习环境、身心健康、学习态度、学习技术。可见，初中生学习适应不良主要原因不是学习方法的问题。

第三，中学留守学生与非留守学生学习成绩总体差异显著，留守学生的学习成绩明显不如非留守学生。

第四，随着年级的增高，特别是到了初中三年级，留守学生与非留守学生在学习适应上的差异逐步显著；留守学生与非留守学生在学习环境和学习态度上差异显著，明显不如非留守学生。

此外，学习成绩好的学生与学习成绩差的学生在各项指标上差异明显，男女生之间差异显著，女生情况好于男生。

(二) 留守学生与非留守学生学校环境的比较

为了了解留守学生学校教育中内部环境状况，选择了两个重要指标，即师生关系和班级环境。师生关系问卷采用了上海师范大学姜立利参考狄维斯的师生关系量表编制的问卷。班级关系问卷采用了江光荣（2004）编制的《我的班级问卷》，适用于小学高年级学生及中学生。

1. 留守学生与非留守学生师生关系的差异比较

表14　留守与非留守小学生在师生关系上的差异比较

	留守（M±SD）	非留守（M±SD）	t	p (2-tailed)
四年级	67.65±12.97	67.30±11.62	.181	.856
五年级	70.96±11.01	71.63±12.50	−.387	.699
六年级	69.60±12.09	70.03±15.52	−.192	.848
初一	70.06±13.81	68.80±12.62	.530	.597
初二	66.81±11.97	69.15±12.16	−1.163	.247
初三	59.15±13.00	62.14±14.49	−1.492	.137

* $p<.05$, ** $p<.01$, *** $p<.001$, a 表示边缘显著，下同

结果显示，在师生关系上，中小学留守学生与非留守学生的差异均没有达到显著水平。

2. 留守学生与非留守学生班级环境的比较

（1）留守与非留守小学生在班级环境上的差异比较

表15　留守与非留守小学生在班级环境上的差异比较

		留守（M±SD）	非留守（M±SD）	t	p (2-tailed)
四年级	师生关系	29.60±6.17	29.09±6.62	.506	.614
	同学关系	27.84±4.72	27.34±5.78	.609	.544
	秩序和纪律	27.60±4.95	26.59±5.43	1.243	.216
	竞争	23.82±4.82	23.00±5.39	1.036	.302
	学习负担	22.01±5.32	21.57±4.99	.548	.548
五年级	师生关系	30.96±5.90	31.11±5.98	−.171	.865
	同学关系	27.71±4.33	27.19±4.85	.775	.439
	秩序和纪律	25.90±4.10	26.71±4.83	−1.245	.215
	竞争	23.42±4.79	23.77±4.95	−.488	.626
	学习负担	20.37±4.71	21.61±5.11	−1.757	.081
六年级	师生关系	29.48±5.74	29.85±7.09	−.352	.725
	同学关系	27.72±4.01	28.20±4.84	−.675	.501
	秩序和纪律	26.41±4.17	25.93±4.53	.671	.503
	竞争	23.00±5.06	22.97±5.60	.026	.979
	学习负担	21.17±4.77	21.05±4.96	.148	.882

* $p<.05$，** $p<.01$，*** $p<.001$，a 表示边缘显著，下同

结果显示，小学各个年级的留守与非留守学生在师生关系、同学关系、秩序和纪律、竞争和学习负担上的差异均不显著。

（2）留守与非留守初中学生在班级环境上的差异比较

表 16　初中留守与非留守学生班级环境的差异比较

		留守（M±SD）	非留守（M±SD）	t	p（2-tailed）
初一	师生关系	29.84±6.85	30.37±6.61	−.448	.655
	同学关系	26.31±4.37	25.69±5.06	.766	.445
	秩序和纪律	25.03±3.19	25.27±4.68	−.356	.722
	竞争	23.86±5.36	22.88±4.99	1.059	.291
	学习负担	18.97±3.51	19.86±4.29	−1.329	.186
初二	师生关系	30.59±7.23	30.40±6.83	.165	.869
	同学关系	26.86±4.10	26.66±4.26	.288	.773
	秩序和纪律	25.83±3.54	25.74±3.37	.150	.881
	竞争	24.75±5.27	25.09±5.14	−.393	.695
	学习负担	19.25±5.09	19.02±3.92	.309	.758
初三	师生关系	26.75±7.37	26.09±8.43	.570	.570
	同学关系	24.21±4.28	25.48±4.49	−2.001	.047*
	秩序和纪律	24.50±3.38	24.38±3.56	.235	.815
	竞争	23.27±5.04	23.86±5.76	−.740	.460
	学习负担	19.97±3.32	19.63±3.74	.657	.512

* $p<.05$，** $p<.01$，*** $p<.001$，a 表示边缘显著，下同

结果显示，留守与非留守初一学生和初二学生在师生关系、同学关系、秩序和纪律、竞争和学习负担上的差异不显著；留守与非留守初三学生在师生关系、秩序和纪律、竞争和学习负担上的差异不显著，而在同学关系上差异显著。

从以上数据可以看出，与非留守学生相比，留守学生在小学阶段，师生关系以及班级环境的各个维度均无显著性差异。到了初中阶段三年级，留守学生与非留守学生的同学关系维度上有了显著性差异，留守学生的同学关系显著差于非留守学生。

3. 影响学习的内在因素比较

为了考察影响留守学生学习的内在因素，研究是否因为留守的原因

导致其在学校学习动机不强、学习目标不明确以及因为留守而产生较低的自我概念和不利的归因方式,我们选择了影响学习的内在因素,包括学习动机、学习效能感、学习的自我概念、成就目标和归因方式为考察指标,分别采用标准化问卷进行问卷调查和测量学分析。问卷如前所述,研究结果如下。

(1) 留守与非留守学生在学习动机上的差异比较

表17 各年级留守与非留守学生学习动机的差异比较

		留守 (M±SD)	非留守 (M±SD)	t	p (2-tailed)
四年级	内在动机	34.15±8.39	33.43±7.70	.570	.570
	外在动机	31.15±7.82	31.61±6.50	−.402	.688
五年级	内在动机	36.33±7.81	35.44±7.18	.813	.417
	外在动机	29.48±7.27	29.68±7.08	−.189	.851
六年级	内在动机	37.01±7.46	36.10±7.56	.735	.464
	外在动机	28.59±7.48	26.50±8.76	1.578	.117
初一	内在动机	36.03±8.06	36.73±6.06	−.529	.598
	外在动机	27.91±6.13	27.67±5.89	.225	.822
初二	内在动机	35.84±7.94	37.80±7.40	−1.526	.129
	外在动机	28.38±5.95	29.34±5.17	−1.028	.306
初三	内在动机	33.80±7.05	34.48±7.07	−.662	.509
	外在动机	28.78±5.50	28.39±6.09	.462	.645

* $p<.05$,** $p<.01$,*** $p<.001$,a 表示边缘显著,下同

结果显示,中小学各个年级的留守与非留守学生在内在动机和外在动机上的差异均没有达到显著水平。

(2) 留守学生与非留守学生学习效能感的差异比较

表18 留守与非留守小学生在学习效能上的差异比较

	留守 (M±SD)	非留守 (M±SD)	t	p (2-tailed)
四年级	49.26±9.57	49.61±9.92	−.245	.806
五年级	51.25±9.06	49.71±10.15	1.140	.256
六年级	48.44±9.59	47.94±9.67	.324	.746

* $p<.05$,** $p<.01$,*** $p<.001$,a 表示边缘显著,下同

结果显示，在学习效能上，小学各个年级的留守与非留守学生差异均不显著。

表19　初中留守与非留守学生学习效能的差异比较

		留守（M±SD）	非留守（M±SD）	t	p (2-tailed)
初一	基本能力感	88.99±14.72	84.68±18.55	1.471	.144
	控制感	96.06±16.87	98.78±17.85	−.880	.380
	全量表	190.94±29.07	188.09±35.68	.485	.628
初二	基本能力感	88.94±15.53	90.39±14.56	−.589	.557
	控制感	95.13±18.41	96.18±14.49	−.379	.705
	全量表	189.04±28.98	192.67±26.53	−.778	.438
初三	基本能力感	81.19±15.64	84.05±14.28	−1.322	.188
	控制感	86.29±17.16	88.91±14.56	−1.142	.255
	全量表	172.47±30.59	178.20±25.87	−1.401	.163

结果显示，初中各年级留守与非留守学生在基本能力感、控制感和全量表上的差异不显著。

(3) 留守与非留守学生在自我概念上的差异比较

表20　留守与非留守小学生自我概念的差异比较

		留守（M±SD）	非留守（M±SD）	t	p (2-tailed)
四年级	一般自我	32.97±6.65	32.42±7.11	.505	.614
	学业自我	99.80±14.35	97.77±16.06	.854	.349
	非学业自我	119.98±16.98	119.56±21.08	.141	.888
	全量表	252.97±32.97	249.77±42.03	.537	.592
五年级	一般自我	32.57±5.60	31.30±5.49	1.540	.125
	学业自我	97.17±12.74	96.36±13.04	.417	.677
	非学业自我	117.08±16.75	113.67±15.89	1.352	.178
	全量表	246.87±32.23	241.16±28.34	1.183	.239

续表

		留守（M±SD）	非留守（M±SD）	t	p (2-tailed)
六年级	一般自我	33.29±6.60	31.72±5.69	1.518	.131
	学业自我	100.87±15.07	96.42±13.33	1.874	.063a
	非学业自我	123.27±18.86	117.60±18.00	1.847	.067a
	全量表	257.38±37.28	245.73±32.48	1.982	.049*

* $p<.05$,** $p<.01$,*** $p<.001$，a 表示边缘显著，下同

结果显示，四年级和五年级的留守与非留守学生在一般自我、学业自我、非学业自我和全量表上的差异都不显著；留守与非留守六年级学生在学业自我、非学业自我上差异接近边缘显著，在全量表上的差异显著。

表 21　初中留守与非留守学生自我概念的差异比较

		留守（M±SD）	非留守（M±SD）	t	p (2-tailed)
初一	一般自我	31.59±4.57	30.96±4.53	.785	.434
	学业自我	84.05±9.57	87.78±10.56	−2.126	.035*
	非学业自我	173.98±17.59	175.98±20.12	−.611	.543
	全量表	289.62±28.35	294.73±31.74	−.975	.331
初二	一般自我	31.63±5.17	32.06±4.54	−.523	.602
	学业自我	83.96±10.26	85.26±9.65	−.777	.439
	非学业自我	173.49±20.65	172.72±18.50	−.233	.816
	全量表	289.44±33.16	290.05±29.18	−.116	.908
初三	一般自我	31.02±3.78	31.44±4.13	−.731	.465
	学业自我	80.51±7.60	82.04±10.11	−1.171	.243
	非学业自我	169.71±15.83	170.79±18.15	−.438	.662
	全量表	281.23±23.00	284.28±28.53	−.804	.423

* $p<.05$,** $p<.01$,*** $p<.001$，a 表示边缘显著，下同

结果显示,仅在学业自我概念上,留守与非留守初一学生差异显著。初二和初三的留守和非留守学生在自我概念各维度上的差异均不显著。

(4) 留守与非留守学生在学习归因上的差异比较

表22 各个年级留守学生和非留守学生在学习归因上的差异比较

		留守（M±SD）	非留守（M±SD）	t	p (2-tailed)
四年级	失败归因	21.10±1.81	21.10±1.91	−.003	.997
	成功归因	20.61±2.08	20.98±1.92	−1.247	.214
五年级	失败归因	20.85±1.75	21.42±1.82	−2.250	.025*
	成功归因	20.71±1.96	20.35±2.29	1.217	.225
六年级	失败归因	20.87±1.90	20.81±1.85	.197	.844
	成功归因	20.61±1.91	20.28±2.04	1.035	.302
初一	失败归因	20.64±2.22	21.34±1.67	−1.868	.064
	成功归因	21.13±1.95	21.30±1.95	−.457	.649
初二	失败归因	21.25±1.64	21.22±1.59	.110	.913
	成功归因	20.84±2.00	20.96±1.89	−.341	.734
初三	失败归因	20.96±2.05	21.37±1.84	−1.471	.143
	成功归因	21.02±1.77	20.85±1.96	.636	.526

* $p<.05$,** $p<.01$,*** $p<.001$,a 表示边缘显著,下同

结果显示,留守与非留守四年级学生在失败归因和成功归因上的差异都不显著;留守与非留守五年级学生在失败归因上差异显著,在成功归因上差异不显著;留守与非留守六年级学生在失败归因和成功归因上的差异都不显著;初中各个年级留守与非留守学生在失败归因和成功归因上的差异均不显著。

(5) 留守与非留守儿童在成就目标上的差异比较

表 23　小学留守与非留守学生成就目标的差异比较

		留守（M±SD）	非留守（M±SD）	t	p (2-tailed)
四年级	成绩趋近	30.24±6.50	29.57±6.55	.660	.510
	掌握趋近	31.91±6.90	31.64±6.78	.251	.802
	成绩回避	17.23±5.15	17.08±5.08	.184	.854
	掌握回避	16.22±3.78	15.51±3.91	1.174	.242
五年级	成绩趋近	29.12±6.46	29.23±5.35	−.120	.904
	掌握趋近	34.35±6.47	33.09±6.01	1.364	.174
	成绩回避	16.72±4.93	16.68±5.35	.055	.957
	掌握回避	16.89±3.83	16.57±4.30	.539	.590
六年级	成绩趋近	27.94±6.84	28.38±8.03	−.370	.712
	掌握趋近	34.44±6.80	34.13±6.33	.283	.778
	成绩回避	16.16±5.84	15.83±6.34	.327	.744
	掌握回避	16.85±4.04	17.88±4.63	−1.461	.146

* $p<.05$, ** $p<.01$, *** $p<.001$, a 表示边缘显著，下同

结果显示，小学各个年级的留守与非留守学生在成绩趋近、掌握趋近、成绩回避、掌握回避上的差异均不显著。

表 24　初中留守与非留守学生成就目标的差异比较

		留守（M±SD）	非留守（M±SD）	t	p (2-tailed)
初一	成绩趋近	30.26±6.06	30.33±4.63	−.079	.937
	掌握趋近	33.92±6.13	33.82±5.40	.092	.927
	成绩回避	16.48±4.68	15.67±5.20	.939	.349
	掌握回避	16.49±3.81	16.65±3.83	−.235	.814
初二	成绩趋近	30.38±5.74	31.48±7.07	−1.036	.302
	掌握趋近	33.33±6.18	33.97±6.35	−.617	.539
	成绩回避	15.48±4.85	15.37±4.68	.133	.895
	掌握回避	17.25±3.67	16.97±3.76	.453	.651

续表

		留守（M±SD）	非留守（M±SD）	t	p (2-tailed)
初三	成绩趋近	29.13±6.45	29.46±5.99	−.369	.713
	掌握趋近	30.32±6.30	31.48±5.66	−1.344	.181
	成绩回避	15.36±4.43	14.91±4.75	.675	.501
	掌握回避	16.58±4.00	16.92±3.44	−.630	.529

* $p<.05$，** $p<.01$，*** $p<.001$，a 表示边缘显著，下同

结果显示，初中各年级的留守与非留守学生在成绩趋近、掌握趋近、成绩回避、掌握回避上的差异均不显著。

（三）留守儿童心理健康状况比较

1. 调查对象

对象选自石泉县四所中小学，共发放问卷 1000 份，回收 917 份，回收率为 91.7%。其中，男生 497 人，占 54.2%；女生 420 人，占 45.8%。年级分布从小学四年级到初中三年级，平均年龄 11 岁。将调查对象分为四类儿童：非留守儿童，以及父亲在外、母亲在外、双亲在外留守儿童，以示比较。

2. 调查内容和工具

采用①中小学生心理健康量表（MHT），主要测查留守儿童的学习焦虑、对人焦虑、孤独倾向、自责倾向、过敏倾向、身体症状、恐怖倾向和冲动倾向，得分越高说明健康水平越低；②儿童自我意识量表（PH），主要评价儿童自我意识的状况，如行为、智力、学习、躯体外貌、焦虑、合群、幸福与满足等表现；③儿童社会期望量表（CSD），主要评定儿童的认可需要或者对不认可的惧怕，高分表明对不认可的惧怕。

3. 结果分析

（1）调查对象的基本信息

表 25 调查对象基本分布情况统计

调查对象	人数(人)	平均年龄(岁)	年级人数(人)				是否留守			
			四年级	五年级	六年级	非留守人数(人)	留守人数(平均留守年限)(人)(年)			
							父亲在外	母亲在外	双亲在外	
后柳小学	264	11.50	61	84	119	99	79 (3.1)	21 (2.0)	65 (3.8)
池河小学	241	11.22	75	82	84	134	44 (2.6)	25 (3.1)	38 (3.0)
县城二小	253	11.15	46	130	77	104	75 (2.8)	37 (2.1)	37 (3.1)
饶峰镇中学	173	14.68	初一 1	初二 85	初三 87	60	42 (3.0)	28 (2.9)	43 (4.0)

(2) 留守儿童心理健康测查（MHT）结果

留守儿童心理健康的分值显著高于非留守儿童，尤其是学习焦虑、孤独倾向、自责倾向、过敏倾向、身体症状和冲动倾向表现明显。这说明留守儿童心理健康水平明显低于非留守儿童，留守状态确实会影响儿童的心理健康发展。同时，确定四类儿童心理健康水平由高至低的排序是：非留守儿童＞父亲外出留守儿童＞母亲外出留守儿童＞双亲外出留守儿童，这说明双亲外出对儿童心理健康水平的影响最为严重。

(3) 留守儿童自我意识测查结果

四类儿童在自我意识总分上差异显著。确定四类儿童自我意识水平由高至低的排序是：双亲外出留守儿童＞非留守儿童＞母亲外出留守儿童＞父亲外出留守儿童，这提示父亲在儿童自我意识形成过程中担负特殊的教育作用。双亲外出留守儿童的自我意识虽然较强，但这种情况可能是由于被动保护意识所致，而留守儿童与常模相比（p 值均为 .000），其水平显著低于常模水平。

(4) 留守儿童社会期望测查结果

留守儿童与非留守儿童差异不显著，但留守男女儿童的 CSD 总分差异显著（女＝29.27、男＝27.93），女童显著高于男童。这提示留守女童更容易产生对不认可的惧怕。此外，留守小学生得分显著高于中学生，表明小学儿童对于不认可的惧怕要明显高于中学生。

表26　四类儿童在 MHT、PH、CSD 量表中的统计结果

分类	非留守儿童	母亲外出留守儿童	父亲外出留守儿童	双亲外出留守儿童	F 值	p
人数	382	106	227	174		
MHT 得分	35.99	39.81	37.54	39.98	3.886	.02
PH 得分	48.12	47.49	45.81	48.78	2.663	.047
CSD 得分	28.65	28.59	28.38	28.8	0.934	.934

(5) 结果分析

留守儿童的心理问题归结起来可以分为三大类：第一类是心理问题：

自卑、抑郁、孤僻、敏感、怯懦、易哭泣、多疑、厌学等；第二类是行为问题：逃学、自伤、伤人、吵架、斗殴、网瘾等；第三类是社会功能问题：学习能力不足、自我管理不足、人际沟通能力不足等。并且，我们发现留守儿童心理问题发生的规律是：父母在外打工年限越长，儿童的心理问题就越严重。归纳如下：

第一，柔弱无助。如不愿与人交流、脆弱、性格内向，感到压抑和苦闷。我们曾对多名留守儿童就"父母外出打工，你是否感到压抑和苦闷"进行调查，其中明确表示"非常压抑和苦闷"和"有压抑和苦闷的"人数占76.2%。这是因为中小学生正处于身心迅速成长的时期，他们对自身变化、学业压力、人际交往等方面有独特的理解与认识，也产生了许多烦恼与冲突。这个时候他们需要有畅通的倾诉渠道，更需要有人加以正确地引导。但由于父母远离他们，往往缺少了与父母直接沟通与交流的机会，因而也就感到柔弱无助。

第二，孤单寂寞。父母外出打工，不少孩子都感到家庭空落，心里寂寞。据我们调查，父母外出打工后，感到非常孤独和孤独的学生占被调查学生总数的33.8%。在调研中有很多老师也反映，农村留守儿童有一个共同的特点就是放假都不是很想回家，开学的时候都提前返校，因为他们在家里没有玩伴，又没有人说话，和祖辈没有什么话好说。如一位初三女生在日记里这样写道："妈妈，你知不知道，自从你和爸爸、妹妹走后，我一个人在家里有多么寂寞，有多么伤心，从你们走后，我几乎从来没有笑过，天天一个人在家里哭，回想着以前咱们在一起的快乐时光……"在父母外出的日子里，留守儿童不仅失去了以前父母在家的关爱，也感受到了由于主要家庭成员的缺少所带来的家庭气氛的冷清。

第三，被遗弃感。调查发现，在留守儿童的潜意识里，经常会拿自己和村里那些父母都在家的非留守儿童对比，而这种对比往往更让他们感觉到内心的孤单和寂寞。他们所感受到的，不光是日常生活照顾的不一样，别的儿童所得到的关爱以及其完整的家庭，也往往成为他们羡慕的对象和自卑的缘由。特别是有的孩子长久没与父母联系，生活学习没有得到妥善安置时，往往有种被父母遗弃的感觉。如后柳中学有个七年级的学生每到星期五就哭,因为别人都有人来接,他没有,每次都是附近的邻居或有时候来个亲戚带走,感觉父母不要他了。还有一个孩子在日记中写道:每次学校开家长会的时候,别人都是父母来,而我自己只有亲戚来或没人来;换季的时候,别的孩子的父母都会送衣服来,自己却没人送,感到自己就像没父母一样。

  第四,对父母充满怨恨,产生情感隔膜。我们曾经对一位留守男孩的姑姑进行过访谈,姑姑是孩子的监护人,这位姑姑告诉我们,以前孩子心里觉得他爸妈最好、最重要、最亲,可是他父母出去几年后,现在他一点都不想他们,也不知道是什么原因。孩子平时和他爸妈很陌生,除了没钱的时候向他们要外,很少和他爸妈说话。孩子爸妈刚走的那年才5岁,那个时候他特别想他们。他爸爸妈妈因为去得远,很长时间才会回来一次,他那时一想就哭,爸妈回来了就拉着不让走。可是到了8岁的时候,他就觉得爸妈在不在身边已经无所谓。爸妈好不容易回来一趟,他也没有表现出什么亲近感,就像家里来了个外人一样。在对其他监护人的访谈时,也屡屡碰到过类似的情况。这是因为父母外出务工,不仅让留守儿童感到了内心的孤单与忧虑,并且由于父母与子女之间长时间缺少交流与沟通,很多留守儿童常常感觉到父母的陌生和遥远,从而导致孩子与父母情感上的隔膜和疏远。

  第五,盲目反抗或逆反心理。总感到别人在欺负他,一点小事就计较当真,与人交流时充满警惕甚至敌意,对老师、监护人、亲友的管教和批评产生较强的逆反心理。池河小学四年级一男同学,父母去西安打工一年,和奶奶一起生活,奶奶很宠他,基本上不怕奶奶,在家经常和奶奶顶嘴、打架。奶奶和学校老师不让干的事他偏要干,有次学校春游本来不让骑车,他却想方设法从别人家弄来一辆旧车,结果骑车受伤了。据他的老师反映,这个孩子原来并不是这样,他在作文中写道:快过年了,我总是梦见爸爸妈妈,我宁愿他们在家里,即使再苦也愿意。因为对于留守儿童来说,父母的外出不仅使他们缺少关爱和照顾,也同样影响了他们的安全感和自信心。在孩子眼里,监护人没有父母对自己那么强大而有力,更不是自己安全的保护伞,缺少父母在身边的保护与照顾,孩子容易产生害怕和恐惧，因而时刻充满警惕，并且往往通过盲目反抗来寻求自我保护。

五、石泉县留守儿童学校教育问题分析

一般认为，对于留守儿童这一特殊群体而言，亲情缺失、社会教育乏力、家庭与学校配合的弱化，以及留守儿童自我约束力的不足，会造成其在家庭生活、学校生活尤其是学习适应不良的心理和行为的诸多严重问题。然而，从石泉县留守儿童学习适应的实证研究结果看，并不完全符合这样的常识性的判断，特别是在小学阶段，留守儿童表现出良好的学习适应。这说明石泉县的做法基本上是成功的。但我们还是能够看到，无论就影响学习适应的指标来看，还是就留守儿童心理健康所表现出来的指标看，留守与非留守儿童相比，心理健康指标上存在着显著差异，尤其是留守儿童依然存在比较严重的心理健康问题。在中学阶段，这些问题更为突出。就学校环境而言，留守儿童与非留守儿童在各个年级表现出师生关系、班级环境的一致性；从家庭环境而言，初中留守儿童家庭教育几乎处于完全的放任状态。就影响学习的内在因素而言，在小学阶段，并没有因为留守的原因而造成明显的学习动机、自我概念、学习效能、成就目标等方面的差异。但在中学阶段，特别是初一阶段，留守儿童表现出学业自我上的不适应。下面是具体的分析。

（一）石泉县特别重视小学阶段留守儿童的教育管护工作，对中学阶段的留守儿童教育管护明显不足

在现场研究中，我们走访了六所中小学，所见到的关于留守儿童的教育管理规范基本一致，都是由石泉县教体局统一要求。留守儿童的档案实行严格的编码和统一的格式：对留守儿童信息总汇，留守类别分别用A、B、C、D代表：A为父母一方外出、B为父母双双外出、C指单亲家庭、D指孤儿。监护类型用Ⅰ、Ⅱ、Ⅲ、Ⅳ代表，Ⅰ为父母监护、Ⅱ为隔代监护、Ⅲ为他人托管、Ⅳ为自我监护。编制了统一的"乡镇中

小学留守儿童信息总汇表"、"石泉县留守儿童个人信息总汇表"和"留守儿童个人信息表",全县统一印发。学校用于留守儿童寄宿的成长中心的建设也是按照统一的要求配备设施和人员,实施统一的管理规章制度。学校的成长中心扮演起了"留守儿童之家"的角色。这些政策和措施极大地改善了石泉县留守儿童的生存和生活、学习状况,整体性地解决了留守儿童基本生活与学习的需要。

但是,该县留守儿童教育管护工作的重点在小学,这可能跟认识上的倾向性有关。一般认为年龄小的孩子更需要关怀,而年龄大的中学生具有自我管理的能力,因此在教育管理的重点工作放在了小学阶段,这也是小学留守儿童教育取得了重大成就的原因。而事实上,从研究结果来看,中学生面临的学校适应问题更为严重,而且表现出与小学的不同的特点:小学学习适应不良主要与学习方法和技术有关,而中学留守学生的学习不良与学校适应不良主要与心理健康、学习环境和学习态度有关。在石泉县,很多政策在小学阶段落实很有力,但在中学阶段流于形式,很少有针对中学生的特点设置的相关设施和开展的相关活动。例如,成长中心的留守儿童宿舍整齐划一,缺乏学生张扬个性的内容;亲情接待室设备单调;缺乏针对中学生开展的各种文化娱乐活动。学校生活内容和方式对留守中学生缺乏吸引力,起不到应有的作用。我们还发现,随着年级的升高,留守中学生的辍学率逐步升高,一位班主任告诉我们,他们班原来有38人,到了初三,只剩下16人,有的班级比他们班的流失比例还要高。这些留守学生要么辍学在家,无所事事,在社区和村里游手好闲;要么跟随父母外出打工。这些现象应该引起教育部门的重视。中学生的特点不同于小学生,如何针对中学留守儿童开展教育管理,也是值得进一步研究的问题。

(二)寄宿制(留守儿童成长中心)在留守儿童学校教育中扮演了重要角色,但是依然问题重重

为了把"家"搬到学校来,石泉县政府和教育体育局把留守儿童工作的重点放在了留守儿童成长中心的硬件和软件建设上。已经建成了覆

盖15个乡镇的26个留守儿童成长中心。在推进留守儿童成长中心建设的同时，学校结合自身职能，切实加强成长中心辅导老师、代理家长和临时监护人队伍的建设。这些举措，的确极大地改善了留守儿童生活和学习环境，促进了留守儿童健康、快乐成长。这样的结果在我们的个别访谈中也得到了印证。当我们问及某校成长中心管理教师："留守儿童是否遇到更大的学习困难"时，教师的回答是，"留守儿童在学习上跟非留守儿童没有什么差别，相反，有的留守儿童学习非常努力，甚至比非留守儿童还要好"。

但是我们也看到，成长中心住宿的不都是留守儿童，还包括了其他距离学校较远的学生。虽然在政策上规定了留守儿童的优先权，可是在执行过程中，非留守儿童住宿比例较大，致使一部分需要住宿的留守儿童不能入住。在成长中心的运作中，还产生了新的问题：由于编制的限制，农村中小学对于寄宿学生一般都没有配备专门的生活教师，住校生的管理基本上是由任课教师和班主任负责。而这些任课教师和班主任往往又是义务服务，没有额外的津贴补助，他们每天从早上5点多钟一直要工作到晚上10点半钟，以至于他们在时间和精力上无法满足对留守儿童教育管理和照顾的需要。有的学校的寄宿条件较差，许多打工家长宁可将孩子寄养在亲戚家，也不让其住校，孩子也认为寄养在亲戚家里比住校自由。这样一来，留守儿童寄养多于寄宿。据池河镇一名校长介绍，该校住校生占全校学生比例的60%，除了家在学校附近的学生以外，相当一部分路远的学生寄住在学校附近的亲戚家中。在这些学生中，绝大部分是留守儿童，住校的不足一半，于是这部分孩子在学校和亲戚之间就形成了一种管理上的失控区。在这个失控区间，留守儿童自然很容易沾染社会上的不良习气，例如乱花钱、泡网吧、赌博、打架斗殴、与社会上的小混混搅在一起，等等。

（三）代理家长只能部分缓解监护上的问题，作用有限，无法完全代替家长

石泉县出台了《全面推行留守少年儿童代理家长制的通知》，对代理家长的遴选范围、遴选条件、代理家长的职责以及代理家长的管理、培训、考核都有具体的规定和要求，还制定了石泉县关爱留守儿童监护人、代理家长和留守儿童协议书，对代理家长具体提出了"八个一"职责要求。要求代理家长不仅关心留守儿童的衣食住行生活情况，还要关心他们的认知、情感、人格等发展情况，同时还要辅导功课。在有条件的地方，还开展了代理家长帮助留守儿童实施"五个一"双向活动，即留守儿童每月给父母打一次电话，写一封信，汇报一次学习和生活情况，向父母讲一次家乡的变化，请父母为自己提一个建议；同时倡导在外务工的家长每周给孩子打一个电话，每月给孩子写一封信，每月与班主任联系一次，每周与代理家长联系一次，每年回家一次。

代理家长制在很大程度上能够弥补父母关爱的缺失和管理的失控，基本满足了孩子生活上的关爱，对心灵沟通的渴望，在学习上的辅导，在遇到困难时的不孤单。但是，也存在一些问题无法解决：其一，代理只是一种临时的委托关系，无法完全代替亲情，而孩子良好习惯的养成、情感的依赖、家庭文化的影响、家长潜移默化的影响是代理家长无法实现的；其二，代理家长难以把握对代理儿童的亲情关怀与严格要求的尺度。由于缺乏血缘关系，要想走进儿童的内心世界需要做大量的工作，取得儿童的信任，所以，在实际调查中，我们发现，很多代理家长迫于被考核的压力，重养轻教，很多代理家长把自己的临时监护任务理解为让孩子吃饱穿暖，不出事而已。

（四）心理问题依然是留守儿童健康成长面临的最大障碍

石泉县在留守儿童心理健康教育方面做了大量的工作，归结起来有以下具体操作模式：心理健康教育课程模式。每学期安排6个学时，纳入学校教育工作计划并积极落实。"四个一"工作模式：一室（心理健康教育室）、一箱（心声倾诉信箱）、一热线（心理健康热线）、一讲座（心理健康讲座），使留守儿童有获得心理健康知识和正确发泄心理压力的渠道。"六室"活动模式：留守儿童之家、留守儿童书屋、留守儿童谈心室、留守儿童活动室、留守儿童爱心室、留守儿童心理辅导室。这些活动室做到了"六有"：有牌子、有设施、有队伍、有制度、有热线、有活动。心理健康月模式：每年开展一次针对性系列活动，内容包括心理健康情景剧、心理自护教育剧、才艺表演活动，让留守儿童在娱乐中得到心理健康教育，掌握心理调控途径和方法，同时充实课余生活。自我教育模式：学校创设环境和条件，塑造学生自我训练、自我认识、自我矫正心理问题的能力。具体是采取心理剧方式、故事引导方式、才艺表演方式、心理游戏方式、健康知识竞赛方式等，通过这些活动使留守儿童增强自我心理健康教育的能力和效果。

尽管在留守儿童心理健康方面做了如此大量的工作，但是效果依然不够明显。原因是在"亲子离异"状态下成长的留守儿童，"亲情缺失、家教缺位、交流缺少、监护缺乏"的四缺现实，容易使他们形成"父母缺失综合征"和"慢性心理应激综合征"的状态。具体表现和原因是，第一，跟心理健康工作的复杂性、长期性和专业性有关。石泉县留守儿童心理健康水平检测均数为 38.92 分，非留守儿童心理健康水平检测均数为 36.1 分，这二者的数据均低于全国常模；其儿童自我意识测查得分，留守儿童与非留守儿童亦显著低于常模水平。研究中还发现，一些学校存在重"文化"轻"心理"现象。主要表现在四个方面：一是心理健康教育课未能正常开展，课堂效益差；二是专职心理健康教师少，一些兼职教师专业技能欠缺；三是心理健康教育活动没有形成制度，随机性大，往往时有时无；四是心理健康教育场地、设施和仪器不能满足留守儿童心理活动的需要。第二，跟留守儿童由于亲情缺失所带来的难以弥补的心理伤害有关。大部分农民外出打工原本是为了支付子女的教育费用，使之尽可能接受较好的教育，但是由于他们只想到城里赚钱而置子女的要求和情感于不顾，甚至有人外出多年都没有回家看看孩子，平时和孩子的联系也很少，这等于放弃了自己监护和教育子女的责任。尽管父母进城务工的留守儿童大多是交给爷爷奶奶照料或寄住在亲戚家中，但爷爷奶奶的年龄大都在 50 岁以上，文盲居多，往往只能照顾孙子们的日常起居，学习上的事情大多是心有余而力不足，根本谈不上心理上的关怀。我们在调查中发现有些祖父母对孩子在校读几年级几班、班主任姓甚名谁都不知道。隔代监护人不仅大多缺少监督孩子学习的意识,而且孩子也往往不服从其管束。至于寄养在亲戚家中,亲戚一般不会像对自己的子女那样管教这些孩子,认为管得太严,孩子不理解。

六、经验和建议

(一) 值得借鉴的经验和启示

留守儿童教育管护工作的"石泉模式"给我们值得借鉴的经验和启示,至少有以下几点。

1. 政府重视是解决留守儿童管护问题的决定性因素。财力资源固然是保障留守儿童管护工作有效落实的重要条件,但绝不是决定性因素。财力资源无论多么贫困,如果政府认为某个问题需要解决,还是能够挤出的。从这个意义上讲,解决留守儿童管护问题的先决条件不是财力资源而是地方政府对此问题的认知和态度。"石泉模式"的精神资源和制度安排是最主要的亮点,也是感人之处。

2. 党政统筹推动的部门联动为教育管护工作提供的资源保障。对于财力比较紧张的地方政府来说,教育的投入主要靠上级财政转移支付。留守儿童管护工作要花费更多的财力和资源,若单靠教育部门、妇联、关工委一家或几家是根本无法保障实施的。在现有经济社会条件下,通过党政统筹,推动部门联动来整合全社会资源,是贫困地区开展留守儿童教育管护工作的一条固然有限却很有益的途径和方式,是政府执政为民的典型体现。

3. 教育主导运作方式为留守儿童管护工作提供了专业保障。留守儿童管护涉及许多问题,但核心还是教育问题,是在经济社会、城市化进程中义务教育发展过程中出现的阶段性和带有普遍性的问题。管护只是手段,目的是通过教育促进留守儿童健康成长。留守儿童管护工作的开展必须按照教育的逻辑去做,以教育为基础展开才是可行的。石泉县教育部门主导性运作,便是保证了管护工作的专业性和科学性,为提高管护质量和效果作出了实质性贡献。

4. 社会共担为教育主导运作提供了全方位的补充和支持。教育主导运作并非教育系统独自一家运作，需要通过社会共担机制，唤起社会各方共同参与，提供多方面的专业支持。留守儿童管护范围已不是传统意义上学校教育功能所能涵盖的，许多管护业务超出了学校职责范畴，必须由社会相关方面提供医疗保健、心理辅导、亲情依托等多种援助才能富有成效地运作。社会共担对于学校主导运作和留守儿童健康成长不是可有可无，而是必需的补充。

5. 倡导爱心奉献是实施留守儿童管护工作的价值基础。从根本上讲，留守儿童教育管护是公益性事业，不能靠价值交易方式运作，更不能单靠市场方式运作，而要在政府和社会团体倡导下，唤醒全社会的关怀与慈爱之心，培育全社会关爱和奉献留守儿童教育管护事业的风气。

6. 以儿童为本，唤起儿童成长需求和自信是提高管护效果的内在因素。所有管护措施及其运作过程只有转化为留守儿童成长发展的需求，才能最终发挥效用。地方政府在制定教育管护政策，尤其是学校在具体实施和运作时，应牢固树立"儿童才是真正的儿童问题专家"这一理念，采取适宜措施充分了解留守儿童的心理感受，切忌以成人的感情和理性代替儿童的感受和想法。

（二）继续完善党政统筹下教育主导的社会共担管护机制的建议

1. 搞好农村寄宿制学校建设，发挥学校教育的主体作用

第一，政府进一步加大对农村义务教育的投入，为寄宿制学校的建设提供较为充足的财政支持。在当前中小学布局调整过程中，在有条件且必要的地方改扩建一批标准化的农村中小学寄宿制学校，同时加强对寄宿制学校教学、生活、安全方面的管理，以充分发挥学校教育的主体作用，帮助留守儿童克服面临的各种困难。

第二，适当放宽农村寄宿制学校教师的编制，配备专门的生活教师，并对生活教师和其他相关后勤人员的素质提出相应要求。生活教师的职责不仅仅是照顾孩子的饮食起居，还应树立"保教结合"意识，身体力

行、言传身教，担负起对孩子的教养责任。学校其他相关后勤人员也应从"服务育人"的宗旨出发，注重自身品德修养，克服不良生活、卫生习惯，给孩子一个好的行为榜样。尤其应对寄宿制学校的女生加强监护管理，防止和杜绝她们遭受人身侵害。

第三，学校加强寄宿制学校的日常管理。要严格卫生制度，防止流行性疾病发生。学校食堂要办好伙食，注意营养搭配，保证成长发育中孩子的营养健康。学校管理者把寄宿制作为切实服务于学生、服务于进城务工农民家庭的办学形式，严禁通过收取过高的住宿搭伙费，或采取统一配发生活用具的方式来增加学生及家庭的负担。寄宿制学校对许多贫困家庭来说，无疑增加了上学成本和经济负担，学校绝不能把寄宿制当成"勤工俭学"的途径，通过不合理收取寄宿费去弥补学校经费的困难，更不能允许将学生的寄宿费挪作他用，以免降低寄宿生的生活标准。

第四，学校应有专门人员来承担与留守儿童家庭的联系，实施全天候跟踪管理，协调各方关系。如建立留守儿童的专门档案，建立与留守儿童父母及监护人的联系卡，开通"亲情热线"，让外出务工家长定期与子女通电话，开通"师长热线"，让外出务工家长随时与班主任进行沟通，以制度形式保障与留守儿童父母及监护人经常性的联系。

2. 积极营造良好的家庭教育氛围，让留守儿童感受父母的关爱和家庭的温暖

在社会承担起相应的责任的同时，留守儿童家长的地位和作用不可忽视。作为留守儿童的父母应尽自己最大的能力把他们带在身边，给他们一个完整的家，让他们时时刻刻能够享受到父母的关爱和教育。如果条件不允许，应尽最大可能降低母亲的"出行率"。调查中，当留守儿童被问及"如果父母有一个要外出打工，你希望谁在身边"时，大多数留守儿童回答是母亲。因为不管是照顾孩子饮食起居，还是教育孩子，母亲更有优势。母亲在家孩子会感觉有安全感，有倾诉对象。母亲丢下孩子外出打工，对孩子的健康成长是弊大于利。在家庭教育方式上，爱孩子但不溺爱，当孩子做错了事要及时管教，不能满足孩子正常需要之外的要求，以养成孩子自我克制的习惯。如果父母都在外务工，家长要充分

利用农忙季节、春节返乡等机会，多向老师和监护人了解孩子在学校、家里的学习、生活情况，或借助电话多与孩子交流沟通，让孩子感受到父母的关爱、家庭的温暖。学校建立起家长培训学校，这是提高留守儿童心理健康教育工作的有效方式，培训内容是家庭教育的先进理念和科学方法。

3. 进一步完善家长和代理家长的法律责任关系

完善家长责任制、代理家长责任制的行政和法律依据，弘扬社会风气，促进和谐发展。代理家长制在一定程度上弥补了留守儿童亲情缺失和监护缺位的问题。如何强化家长对其子女教育责任、代理家长制的职责和爱心如何受到行政和法律维护、保护代理家长的利益，尚需摸索完备的工作制度。

4. 加大留守儿童心理和行为特点研究力度

加强研究，摸清留守儿童的心理与行为特点，心理需求和解决策略。在原有科研队伍的基础上，吸纳师范大学（学院）有关教育、心理专家，建立省、市、县、镇、校五级专家队伍，对留守儿童的心理、行为、社会性发展开展专题研究，深入了解留守儿童特点和需要；对管理、教育对策进行实践研究，为留守儿童的教育管护工作提供科学依据。

参考文献

边玉芳. 2003. 学习自我效能感量表的编制与应用[D]. 上海：华东师范大学.
董奇，夏勇，等. 1993. 再婚家庭儿童自我概念发展的特点[J]. 心理发展与教育（2）：1-6.
段成荣，周福林. 2005. 我国留守儿童状况研究[J]. 人口研究, 29 (1)：29-36.
江光荣. 2004. 中小学班级环境：结构与测量[J]. 心理科学（4）：839-843.
姜立莉. 2003. 初中生师生关系与其人格、交往归因的相关研究[D]. 上海：上海师范大学.
陕西省教育厅. 2008. 陕西省基础教育 2008 年度工作会议石泉县农村留守儿童教育工作汇报[G]//中共石泉县关爱留守儿童工作资料汇编. 中共石泉县教体局、留守儿童管理中心：3，26．

陕西省教育厅．2008．陕西省农村留守儿童教育管理工作情况汇报[Z]．（未发表）．10，1．

申继亮．2009．透视处境不利儿童的心理世界[M]．北京：北京师范大学出版社．

叶敬忠．2005．关注留守儿童——中古中西部农村地区劳动力外出务工对留守儿童的影响[M]．北京：社会科学文献出版社．

叶敬忠．2008．别样童年——中国农村留守儿童[M]．北京：社会科学文献出版社．

叶敬忠．2008．关爱留守儿童——行动与对策[M]．北京：社会科学文献出版社．

中共石泉县委，石泉县人民政府．2008．党政统筹，教育为主，构建留守儿童教育管护长效工作机制——石泉县留守儿童教育管护工作情况汇报：9．

中共石泉县委，石泉县人民政府．2008．石泉县关爱留守少年儿童健康成长工作方案[G]∥石泉县留守儿童教育管护工作文件汇编．中共石泉县教体局，留守儿童管理中心：9，17．

中共石泉县委，县人民政府．2007．关于全面推行留守儿童代理家长制的通知[G]∥石泉县留守儿童教育管护工作文件汇编．中共石泉县教体局，留守儿童管理中心：9，23．

周福林，段成荣．2006．留守儿童研究综述[J]．人口学刊（3）：60-66．

邹顺生．2007．在关爱留守儿童健康成长办公会上的讲话[G]∥石泉县留守儿童教育管护工作文件汇编．石办通报：3，4．

成绩与问题并存，实现目标任重道远
——西北地区高中新课程实施现状调查报告

● 胡卫平 等[*]

摘要： 本研究采用自行设计的"西北地区高中新课程实施现状调查问卷"，包括校长问卷、教师问卷和学生问卷三类调查问卷，从新课程实施保障系统、学校教学管理方式、教师教学观念与行为和学生学习方式四个方面对陕西省、新疆维吾尔自治区、宁夏回族自治区的40所学校的语文、数学、英语等13个学科的高中新课程实施情况进行了调查，同时还对这些学校新课程实施的整体情况进行了综合性调查。结果表明：新课程实施以来，西北地区的高中学校在以上四个方面都发生了变化，但是仍然存在一些问题，针对这些问题我们提出了相应的改进建议，以推进西北地区新课程的进一步实施。

关键词： 西北地区，高中，新课程，实施现状

基金项目： 教育部新世纪优秀人才支持计划（NCET-10-0535），教师教育优势学科创新平台建设项目（GJ9850104），主持人：胡卫平。

作者简介
胡卫平，陕西师范大学教师专业能力发展中心主任，陕西师范大学教育学院教授、博士生导师。主要研究领域为课程与教学论和发展与教育心理学，电子邮箱：weipinghu@163.com。

---

[*] 课题组负责人：胡卫平。课题组主要成员：周青、胡柏平、王较过、贺卫东、罗新兵、王茂金、李高峰、赵克礼、白文新、刘天才、杨黎明、包勇、武宝军、刘晓静。

Investigation of the Current Situation of New Curriculum Implementation in the Senior High Schools in Northwestern Region

Hu Weiping etc.

Abstract: The questionnaires on "The Current Situation of New Curriculum Implementation in the Senior High Schools in Northwestern Region", include principal questionnaires, teacher questionnaires and student questionnaires of 13 subjects, and 40 schools in Shaanxi Province, the Xinjiang Uygur Autonomous Region and the Ningxia Hui Autonomous Region took part in the investigation. It includes four aspects: they are guarantee system of implementation, the changes of school management style, transformation of teachers' educational ideas and behavior, and transformation of students' studying style. The results indicated that since the new curriculum has been implemented, some changes have taken place in the four aspects mentioned above in the senior high schools in northwestern region, but there are some problems. We made some suggestions to solve these problems, and promote of further implementation in northwestern region.

Key Words: northwestern region, senior high school, new curriculum, current situation of implementation

Author:

Hu Weiping, director of the Center for Teacher Professional Ability Development, professor and Ph. D. supervisor in School of Education of Shaanxi Normal University, the main research areas are curriculum and instruction, development and educational psychology, e-mail: weipinghu@163.com.

从 2001 年开始，我国进行新一轮的基础教育课程改革，目的是在新世纪构建起符合素质教育要求的基础教育体系，培养能够适应未来社会发展的创造性人才。普通高中新课程实验于 2004 年率先在山东、广东、海南和宁夏四个省、自治区启动，2007 年和 2008 年，陕西省、新疆维吾尔自治区高中相继实施新课程。青海省、甘肃省实施新课程较晚，分别于 2009 年和 2010 年开始实施。本次基础教育改革注重课程功能、课程结构、课程内容、课程实施、课程评价和课程管理六个方面的改革，为学校教学带来了新的理念。我们选择陕西省、宁夏回族自治区与新疆维吾尔自治区三个省（区）作为样本对西北地区新课程实施现状进行了调查，旨在全面了解西北地区高中在新课程实施过程中已经取得的效果与存在的普遍问题，为进一步调整修订新课程实施方案提供事实依据，同时为从事新课程教学的一线教师提供具体的指导与帮助。

一、调查对象和方法

本次调查对象涉及校长、教师与学生三个层次，调查范围涉及西北地区的陕西、宁夏和新疆三个省和自治区，每个地区选择省级、市级和县级三类不同级别的高中 5—6 所，每所学校随机抽取高一年级或高二年级的学生作为调查对象，同时对校长、教师也进行了调查。调查科目包括语文、数学、英语、物理、化学、生物、历史、地理、政治、体育、综合艺术、通用技术和信息技术 13 个学科以及新课程实施现状整体调查。综合类调查工具包括教师问卷、学生问卷、校长问卷，教师访谈提纲各一份；每个学科调查工具包括教师问卷、学生问卷各一份；所有问卷以单项选择题、多项选择题、开放性问答题相结合的形式呈现。调查内容主要涉及新课程实施的保障系统、学校教学管理方式的转变情况、教师教学观念与行为的转变情况、学生学习方式的转变情况四个方面。本次调查共抽取 40 所高中学校，发放校长问卷 17 份，学生问卷 13000 份，教师问卷 1358 份。问卷全部回收，其中有效问卷：校长问卷 16 份，教师问卷 1302 份，学生问卷 12781 份，各个学科教师问卷、学生问卷、校长问卷的有效问卷数量如表1所示。为了深入了解部分学科新课程的实施现状，调查结束后，在部分样本学校中随机抽取访谈对象进行访谈。数据采用 Excel 和 SPSS16.0 软件进行处理。

表1 各个学科问卷数量汇总

科目	调查学校(所)	教师问卷(份)		学生问卷(份)		校长问卷(份)	
		发放	回收	发放	回收	发放	回收
综合类	17	277	272	1336	1308	17	16
语文	23	95	92	903	898		
数学	21	102	99	267	260		
英语	24	162	159	938	923		
物理	27	140	127	1590	1581		
化学	26	132	129	965	897		
生物	21	58	55	825	819		
地理	25	78	71	932	881		
历史	16	57	55	859	834		
政治	22	70	67	797	795		
综合艺术	24	62	54	845	844		
体育	26	45	42	890	888		
通用技术	24	40	40	979	979		
信息技术	25	40	40	874	874		

二、调查结果与分析

（一）新课程实施的保障系统

新课程顺利实施离不开课程实施保障体系的建立与落实。我们主要从新课程的实施环境、课程资源的开发利用、学校的师资力量三个方面来了解新课程实施保障系统的落实状况。

1. 新课程实施的环境

学校领导以及教师对课程改革的态度是新课程顺利实施的重要影响

因素。调查显示:近100%的校长和教师表示非常赞成或者比较赞成新课程改革,并且近100%的校长和教师能够完全领会或基本领会新课程改革的理念,只有少部分教师对新课程改革没有很大的热情;近100%的学校有良好的课程改革氛围,并且已经制定相关的规章制度来管理新课程的实施,其中87.5%的学校这些规章制度实施效果还可以,只有12.5%的学校实施效果不是很理想。

学生对新课程改革的了解程度是新课程能否顺利实施的基本保障条件。调查显示:大部分学生对新课程改革并不十分了解,只有6.2%的学生对新课程改革非常了解,28.3%的学生对新课程改革比较了解,32.1%的学生说不清,还有24.1%的学生对新课程改革不太了解,甚至还有9.3%的学生对新课程改革完全不了解,这应该引起各个学校的重视。

新课程改革是一个长期系统的教育实践问题,它的顺利实施需要得到社会各界的广泛认同与支持。课程专家及教研人员的支持、地方政府的认可与家长的认识态度对新课程的实施有着重要的影响。调查结果显示近100%的课程专家及教研员支持新课程,这为新课程的实施创造了有利的条件,但是部分地方政府和学生家长对新课程实施没有给予足够的支持,如图1所示,50%的地方政府对新课程改革的态度一般或不太支持,68.8%的家长对新课程改革的态度一般,这在很大程度上阻碍了新课程的顺利实施。

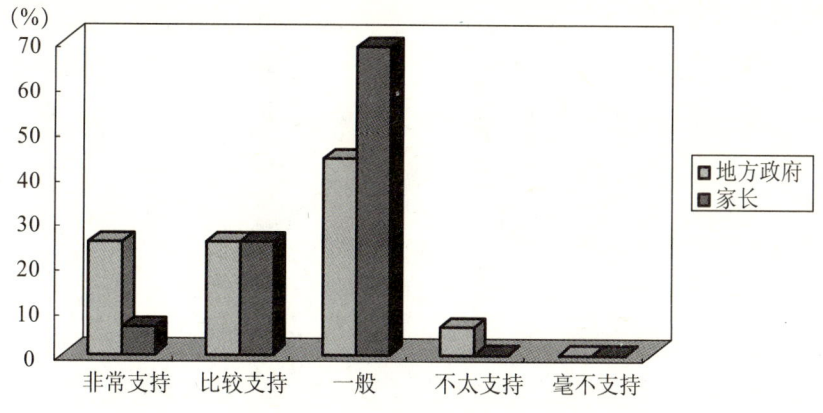

图1 地方政府、家长对新课程改革的支持程度

2. 课程资源的开发利用

基础教育课程改革强调学校要积极开发并合理利用校内外各种课程资源，没有课程资源的广泛支持，再好的新课程理念和目标都很难变成实际教育效果，课程资源的丰富性和适切性程度决定着课程目标的实现范围和实现水平（朱慕菊，2002）。对于新开设的信息技术、通用技术、研究性学习等课程，缺乏一定的课程资源，这些课程便无法实施。

校内资源的开发利用是丰富课程资源的直接途径。校内资源主要包括教师的备课材料、实验室、教材与教具、实验器材与校园网络资源等。根据《基础教育课程改革纲要（试行）》，基础教育课程改革中强调大力推进信息技术在教学过程中的普遍应用，促进信息技术与学科课程的整合，充分发挥信息技术的优势，为学生的学习和发展提供丰富多彩的教育环境和有力的学习工具。调查结果显示：大部分学校已经有校园网络、图书馆、实验室、操场、体育器材等硬件教学设施，但是这些资源并没有满足所有学科的教学要求，如图2所示，82.5%的通用技术教师反映学校课程资源不能满足教学要求，78.2%的历史教师反映教学资源不足，69%的体育教师反映学校的体育器材和设施无法满足教学要求，47.5%的信息技术教师反映所在学校的计算机教室和其他的技术教学设备无法满足教学的要求，教师只能在普通教室上课，学生的操作练习无法完成。

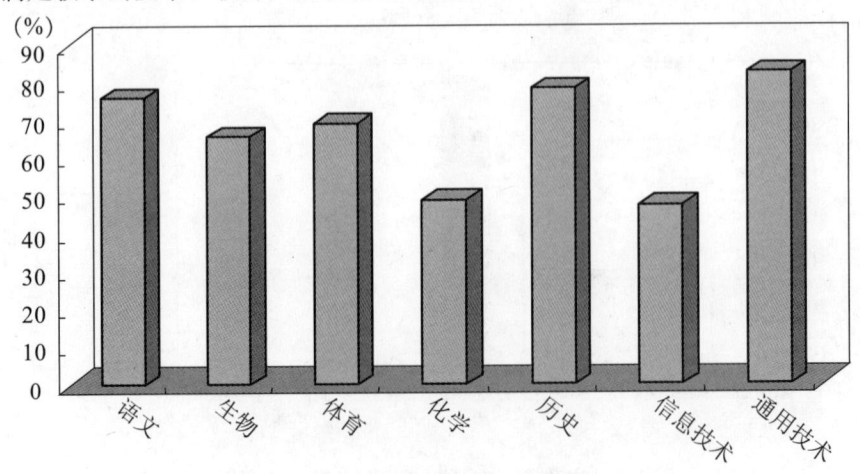

图2 部分学科课程资源不足情况

随着基础教育新课程的发展,课程与教师的关系发生着根本性的变革,教师不仅要考虑教什么和怎样教的问题,而且要思考为什么教、创造性地进行教学等问题。于是教师可以根据真实的教育情境,进行研究、创生课程的活动(靳玉乐,2003)。教师不只是课程的忠实实施者,也是课程资源的开发者。课程资源的开发是一个不断变化、突破的过程,新内容的获得并非程式化的结果,而是学校、教师、学生自主选择、创造的收获。课程资源开发的内容包括横向内容和纵向内容两大类:横向内容主要指教师在教学的过程中探索研究并开发跨学科的知识;纵向内容主要指教师在掌握学生实际情况的基础上,对课程内容进行重组与选择(靳玉乐,等,2002)。调查结果显示:87.5%的学校开设了校本课程,主要有传统地区文化、地区旅游、文学鉴赏、数学史话、东归历史等课程,部分学校由于各种原因现在还没有开始开发自己的校本课程。真正能够促进学生发展的校本课程非常缺乏,大部分学校开发的校本课程没有形成学校特色。校本课程开发的过程中大部分教师感觉自己的课程资源开发意识没有变化,仅有29.5%的教师课程资源开发意识逐步增强,可以根据自己学科特点开设相应的选修课程。

3. 学校的师资力量

学校的师资力量是影响新课程实施的重要因素。调查显示:高中学校师资力量基本情况如图3所示,仅有6.25%的学校师资力量完全能满足教学要求,37.5%的学校师资力量不能满足教学要求,其余学校师资力量只能基本满足教学要求。造成学校师资力量不足的原因是多方面的,14.3%的校领导认为教师的数量不足,14.3%的校领导认为教师的业务水平不能满足要求,42.8%的校领导认为所在学校各个学科教师比例不合理,28.6%的校领导认为还有其他的原因。

《基础教育课程改革纲要(试行)》提出:从小学至高中设置综合实践活动并作为必修课程,其内容主要包括:信息技术教育、研究性学习、社区服务与社会实践以及劳动与技术教育。这些新学科的教学对教师素质提出新的、更高的要求,但各学校的师资力量普遍不能满足它们的教学要求。28.6%的校领导反映所在学校信息技术、通用技术、研究性学习、音乐、美术以及社会实践等学科教师的数量和业务水平均无法达到教学要求。15%的教师反映所在学校的信息技术师资力量薄弱,信息技术教师缺乏程序设计方面的知识,网络管理、网站建设及网页设计等方面的能力也不高;50%的通用技术教师缺乏相关的技术知识,操作技能,难以把握教材知识;10.8%的教师反映所在学校因为没有相应的教师没有开设综合实践活动课程。

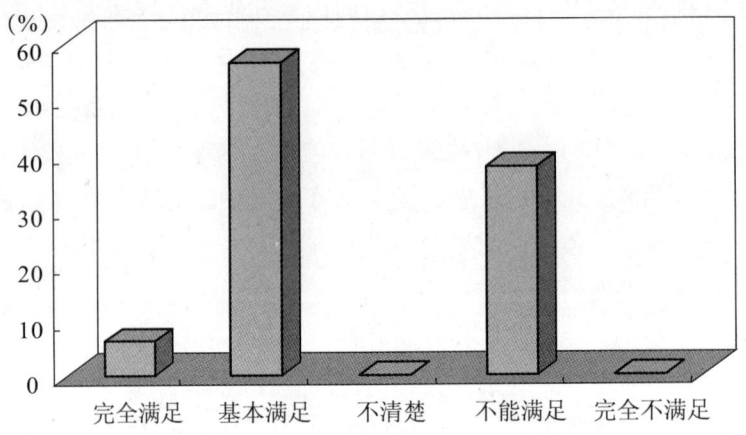

图3 西北地区高中学校师资力量情况

上述分析结果表明新课程实施以来,学校的基本硬件设施建设有所改进,但是还不能满足部分学科的教学要求。教师在平时的教学过程中对校内资源的开发利用率较高,校外资源的开发利用以互联网为主,其他资源利用率较低。学校在校本课程的开发过程中并没有很好地促进教师课程资源开发意识的增强,大部分学校开设的校本课程并没有形成学校的特色,体现学生的发展。部分学校的师资力量不足,尤其是信息技术、通用技术等课程教师数量与专业素质都无法满足新课程教学的要求。

(二) 教学管理方式的转变

新课程的顺利实施与学校科学的管理方式有着密切的联系。由于课程结构发生了变化,教学的管理方式也要随之改变以适应新课程的要求,不断推进新课程的顺利实施。我们从学校的教学研究制度、教学管理制度与教学评价制度三方面对学校教学管理方式的转变情况进行了调查。

1. 教学研究制度

把基础教育课程改革所提倡的新教学观转变为教师的实践,是一场持久的、复杂的攻坚战,需要有相应的制度作保障。随着新课程改革的推进,学校制定的教研制度能否帮助教师提高教学水平,有力地组织教师进行集体学习,不断提高教师收集、管理和运用知识的能力显得尤为重要(胡卫平,等,2005)。完善的教学研究制度将会促进教师进行自我反思,对教师的教学方式和教学行为进行督促与激励,使得教师能够更快地适应新课程。调查结果显示:大部分学校各个学科的教研室已经建设得非常完善或者比较完善,学校也会组织教师进行集体备课、讨论、交流,但是教师的教研活动开展情况却并不理想。29.8%的教师每月只参加一两次教研活动,9.7%的教师每学期只参加一两次教研活动,而且还有少部分的教师从来没有参加过教研活动。如80.8%的数学教师每月只参加一次教研活动,76.4%的生物教师每个学期只参加10次左右的教研活动,28.6%的语文教师每月也只有1—2次教研活动。大部分学科教师反映教研活动形式多样,包括理论讲座、听课评课等,但是教研活动次数较少、缺乏计划性和针对性,对教学实践中遇到的问题研究较少。

教师之间的交流与合作不应仅仅局限在同一个学校内进行,与兄弟院校之间的交流为教师提供了更多的学习机会。调查显示:33.3%的学校会经常与兄弟院校共同组织一些教学设计大赛,26.7%的学校经常请兄弟院校的教学能手为自己的教师讲示范课,33.3%学校认为兄弟院校之间的竞争特别强烈,教学方面的交流很少,6.7%的学校从来没有与兄弟院校进行过交流合作。

教学反思是教师进行教研活动的一个重要环节,是教师提高教学水平的直接途径。调查显示:28.8%的教师每天都总结反思,63.5%的教师经常总结反思,4.8%的教师在学校组织下进行反思,其他时间没有进行过反思,还有少部分教师反映学校没有组织过教学反思,自己也没有反思过。教师反思的内容主要包括基础知识和理论、教学方法和教学设计、教学中的偶发事件、教学效果和资源四个方面;教师反思的方式主要是写教学后记。如63.4%的物理教师通过写教学后记反思自己的课堂教学，15.5%的地理教师通过写教学后记方式进行教学反思，还有部分学科教师通过学生反馈意见、对比其他教师的教学对自己的教学进行反思。可见，大部分教师有了反思的意识，但是并没有真正掌握教学反思的方法，只是简单地对自己的教学进行回顾，没有深入剖析每一个教学行为背后的想法和依据，对自己教学水平的提高没有太大的作用。

以上数据分析表明新课程实施之后各个学校已经基本完善了各学科的教研室，这为新课程的顺利实施奠定了物质基础，但是教师的教研活动、合作交流与教学反思活动开展效果却不理想。

2. 教学管理制度

各个学校依据新课程教学管理理念制定相应的制度对新课程的实施进行管理，而学校管理制度科学与否对新课程的实施有着重要的影响。我们从学校的学时学制管理、教学组织管理、课程考核、课程开设管理等方面对各个学校的教学管理制度进行了调查。调查结果显示：只有20.3%的学生拥有自己的个性课表，大部分的教师根据学校的总课表给学生上课，很少结合学生的个性课表进行调整，如图4所示，51.7%的教师还是按照学校的总课表进行教学。

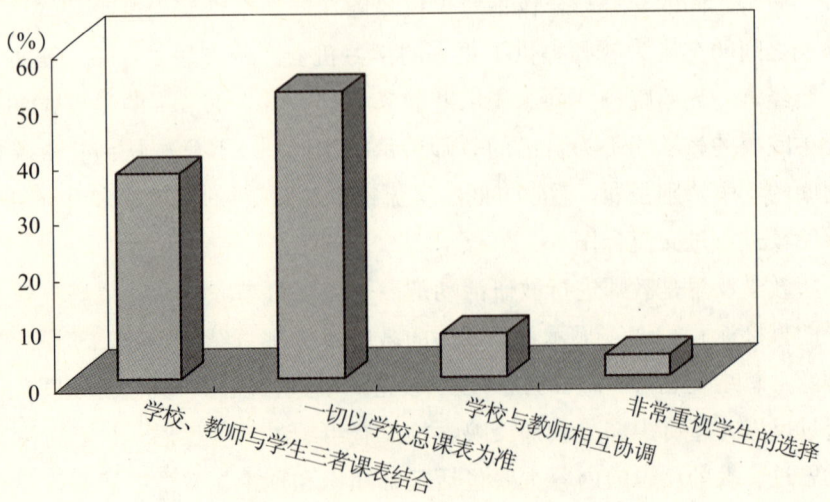

图4　学校学时学制管理情况

高中新课程改革改变了传统的课程结构，增加了学生选择课程的权利，为学生带来了多样化的课程，以学分制和选修课作为切入点，还采用了"走班制"的组织方式，打破传统的固定班级授课制，与学生的综合实践活动课程相结合，促进学生的自主学习、个性化发展。调查显示：高中新课程实施之后所有学校都开设有选修课程，但是部分学科选修课程的开设只是流于形式，真正的课程并未实施，还有部分学科选修课程的开设是按照学校的统一规定，并没有切实考虑学生的兴趣或者特长。如新课标要求的物理实验专题，38.1%的学校所能开设的实验数目不达标，至于物理课题研究部分，各校均未开设，辅助物理实验教学的DIS实验软件，除西安市个别学校外，各个高中均未引入，很多物理教师甚至不知其为何物；化学选修课程的开设与学生的期望有所背离，化学选修的化学与生活、实验化学、化学与技术、物质结构与性质、化学反应原理、有机化学基础六个模块，学生感兴趣的是化学与生活、实验化学、化学与技术，但是学校开设的选修课程大部分是化学反应原理、有机化学基础；通用技术课程是必修和选修相结合的形式，必修课开课情况较好，但是选修课的开课率很低，开设最多的是家政与生活技术，但是也仅仅有14.6%的学校开设，开设最少的是服装及其设计，只有6.1%的学校开设，还有4.0%的学生反映所在的学校根本就没有开设通用技术这门课。

综合实践活动是由国家设置、地方和学校自主开发的课程，是一种以学生经验与生活为核心的活动课程，立足于学生的实践能力和创新能力。综合实践活动课程的开设为学生自主性的充分发挥开辟了广阔的空间。调查显示：19.8%的学校没有开设综合实践课程，其余开设有综合实践课程的学校开设课时较少。27.8%的学校一星期一次，20.5%的学校两个星期一次，14.8%的学校一个月一次，17.1%的学校几个月一次。大部分学校开设的综合实践活动课程内容主要围绕生活中的学科应用、当地历史地理文化、中西文化对比、社会实践、社会问题研究等几个方面。生物研究性学习是高中综合实践活动中的一个必修科目，42.6%的教师反映1个学期1个课题，29.8%的教师反映1年1个课题，10.6%的教师反映高中3年只有两个课题，课题数量远远没有达到新课程的要求。

新课程方案指出，"普通高中学制为三年，课程由必修和选修两部分构成，并通过学分描述学生的课程修习状况"，也就是在普通高中实行学分制课程管理（钟启泉，等，2008）。调查显示：只有50%的学校完全实行学分制，学生可以补考、重修；37.5%的学校实行学分制和分数制结合管理，个别课程完全采用学分制；12.5%学校表面是学分制，其实还是以成绩为主。

《国家中长期教育改革和发展规划纲要（2010—2020年）》提出，高中阶段教育是学生个性形成、自主发展的关键时期，对提高国民素质和培养创新人才具有特殊意义。高中阶段应该注重培养学生自主学习、自强自立和适应社会的能力，克服应试教育的倾向。多样化、选择性的课程结构是基础教育"基础性"的重要维度，是人全面发展的本质要求，是真正提高教学质量的基础（石鸥，2003）。在高中阶段要加大学生选择课程的自由度，促进学生的个性发展。从以上的调查分析可以看出，虽然大部分学校已经开设了选修课程和综合实践课程，但是学校在这些课程开设的过程中还存在很大的问题；大部分学生没有自己的个性课表，教师和学生的教学活动依然是以学校的统一管理制度为主，师生的自主性还没有得到充分的发挥；在课程考核方面，还有部分学校以分数制为主，只看重学生的成绩，学分制只是一种形式，这些都很不利于新课程的顺利实施，不利于学生的个性形成和自主发展。

3. 教学评价制度

新课程实施提倡发展性评价，评价是与教学过程并行的同等重要的过程；评价的基本目标是为了教育学生并促进学生的表现，而不仅仅是为了检查学生的表现；评价是为学生的学习、是为学生的终身发展服务的；评价要尊重和体现个体的差异，促使每个个体最大可能地实现其自身价值；发展性评价具有主体互动化、内容多元化和过程动态化的特点（钟启泉，等，2001）。我们主要从教师评价、学生评价以及信息技术等课程的评价三个方面来了解新课程实施过程中评价体制的改革情况。

《教育部关于积极推进中小学评价与考试制度改革的通知》指出，中小学教师评价制度的改革要有利于加强教师职业道德建设，促进教师业务水平的提高，建立有利于实施素质教育、发挥教师创造性的多元的、新型的中小学教师评价体系；评价的内容应该包括教师的职业道德、教师了解和尊重学生的情况、教师教学方案的设计与实施、教师之间的交流与自我反思四个方面；形成以教师自评为主，学校领导、同事、家长、学生共同参与的教师评价体系。调查结果显示：西北地区各个高中对教师的评价方式多种多样，主要有学生评议、领导评议、教师自评与同事评议四种方式，少部分的学校还通过家长评议、量化考核等方式对教师进行考核评价；对教师的评价内容的调查中教师和学校领导在各方面的观点基本相符，总体来讲学校对教师的评价内容从单一化走向多元化，不只依据学生的学业成绩，还依据教师的校本课程开发情况、综合实践活动参与情况以及论文发表情况，如图 5 所示。但是对教师的评价中缺少了教师职业道德的评价，而且学生的学业成绩依然是最主要的内容，88.6%的教师反映学校对教师的评价依据是学生的学业考试成绩，72.7%的教师反映学校对教师的评价依据是教师在新课改中的突出成果。

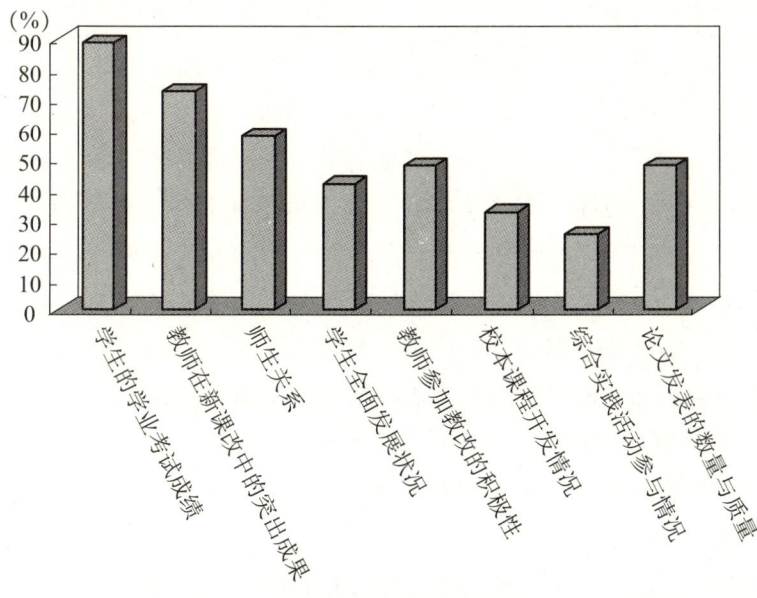

图 5　学校对教师的评价内容

从图 5 可以看出学校对教师进行评价时不仅注重教师的教学成绩，如学生学业考试成绩、全面发展状况等，还强调教师的科研能力，如教师的校本课程开发情况、论文发表的质量与数量等。从教师问卷的调查分析进一步发现：大部分教师对学校的教师评价制度比较满意，有 67.3% 的教师认为学校现行评价制度能够促进教师进行自我反思教学，60.7% 的教师认为能够促进教师间进行公平竞争，59.2% 的教师认为能够调动教师的积极性、促进教师成长，29.5% 的教师认为现行评价制度对教师发展没有多大作用或有阻碍作用。这表明大部分学校已经很好地理解了发展性的教师评价理念并进行了很好的落实，转变了原有的教师评价制度，个别的学校也认识到这种评价制度的优势，但是在具体落实方面并不尽如人意。

"一切为了学生，为了一切学生"是基础教育课程改革理念的核心，新课程的实施要关注全体学生的发展，关注学生的全面发展。《教育部关于积极推进中小学评价与考试制度改革的通知》指出，以促进学生发展为目标的评价体系包括评价的内容、标准、评价方法和改进计划。评价包括学生的道德品质、公民素养、学习能力、交流与合作能力、运动与健康、审美与表现等，还包括各学科的课程目标的达成度。教师要在教育教学的全过程中采用多样的、开放的评价方法（如行为观察、情境测验、学生成长记录等）了解学生的优点、潜能、不足以及发展的需要。每个学期、学年结束时，学校要对每个学生进行阶段性的评价。调查显示：教师对学生的评价方法多样，主要有纸笔测验法、课堂行为记录、作业法、成长记录袋等评价方法，部分学校还采用操行考核、学生自评、小组间互评等方式对学生进行评价，基本上符合新课程发展性评价的要求。对学生的评价过程中，评价内容呈现多元化，如图 6 所示，91.7% 的学生反映教师对自己的评价主要依据考试成绩，其他还有自己的进步状况、努力程度、课堂参与程度等，主要还是围绕学生的学习能力，完全没有将学生的道德品质、公民素养、运动与健康、审美与表现纳入评价的内容。

新课程实施之后新开设的信息技术和通用技术课程还未建立全面系统的教学评价制度，没有相对完善的评价体系。信息技术课程对学生的评价很多教师的观点不一：45%的教师认为应该通过笔试评价，72.5%的教师认为应该通过上机操作的方法对学生进行评价，42.5%的教师认为应该通过作品考试评价，22.5%的教师认为应该通过统考进行评价；部分教师还会按照学生的课堂表现对学生的学业成绩进行评价。通用技术课程的评价中，主要以学生的考试成绩和课堂表现作为评价依据，仅有26.6%的教师将学生的作品作为学业成绩评价的内容。

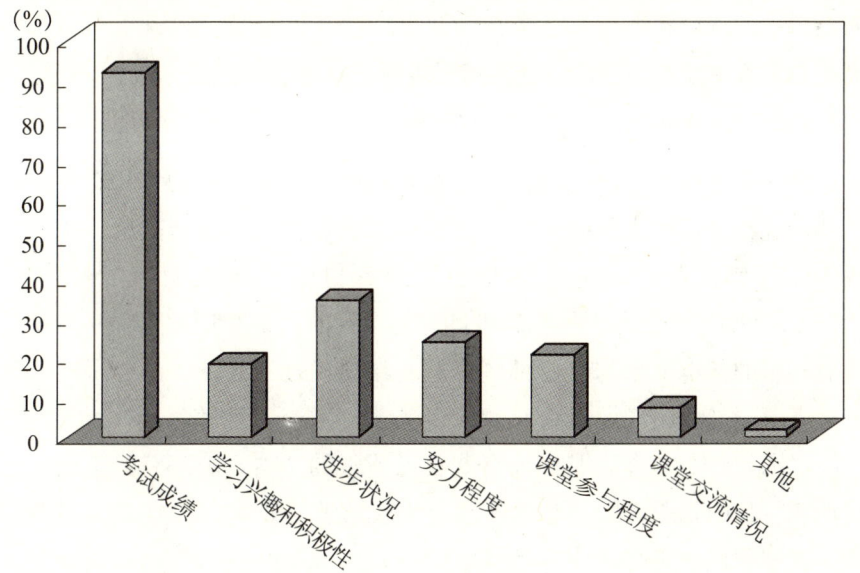

图6 教师对学生的评价内容

对教师的评优过程中，因为技术课程还未纳入高考或者会考的范畴，学校对技术课程的重视程度还不够，学校对技术课程教师的评价与其他学科教师也存在差别，60%的信息技术教师、32.5%的通用技术教师反映自己的课时费与其他学科教师存在较大的差距，82%的信息技术教师、32.7%的通用技术教师反映在学校各项评优过程中自己没有与其他学科教师平等的竞争机会。

（三）教师教学观念与行为的转变

教师的教学观念是教师关于教学的看法和思想，是人们思考教学问题获得的结果，来源于教师的教学经历，同时又作用于教师的教学。教学观念对教学行为与教学方式起着重要的指导作用（杨启亮，2000；孙枝莲，等，2005a）。有研究显示，新课程实施以来，传统的教师观念与新课程提倡的教学理念存在的落差一直困扰着教师的教学实践（李国强，等，2009）。教师是新课程实施的直接执行者，要把课程改革真正落实，最关键的是教师从根本上转变自己的教学观念与教学行为。我们从教师对新课程的认识和理解、教学行为及方式转变以及教师培训三个方面对高中教师教学观念与行为的转变情况进行了调查。

1. 教师对新课程的认识和理解

新一轮基础教育课程改革，说到底是在经济全球化的背景下，在传承我国优秀文化传统基础上的一次崭新的课程文化的创造。这一创造过程为课程与教学的理论研究和实践探索提供了新的视点（钟启泉，2005）。教师作为新课程的实施者，对新课程的认识和理解是保障新课程顺利实施的基本要求与必要前提。调查结果发现：20.3%的教师对新课程改革理念完全能领会，71.2%的教师对新课程理念基本能领会；89.3%的教师非常喜欢或比较喜欢自己所教的学科，85.6%的教师对自己所教科目的新课程标准非常熟悉或比较熟悉，如84.6%的语文教师对语文新课程理念完全适应或者基本适应；89.7%的英语教师对新课程理念保持积极的热情，乐于探索，勤于研究；近100%的生物教师对新课程标准进行了不同程度的研读；67.5%的信息技术教师认为这门课程理念很好，有助于学生技术素养的提高；72.8%的物理教师基本上已经适应了新课程理念与要求；57.5%的通用技术教师认为新课程理念非常合适或者比较合适。

大部分教师对新课程理念已经基本领会，对自己所教学科的新课程标准也比较熟悉，但是很多教师感觉新课程理念操作起来存在很大的困难，如图7所示，81.3%的语文教师认为语文新课程理念操作起来困难大；71.4%的体育教师认为体育新课程理念很好，但是缺乏相应制度保障机制，实施起来很困难；75%的信息技术教师认为新课程理念在考试指挥棒的引导下最终会失败，一些教学要求与学生现在的实际相差甚远，无法实施;45%的通用技术教师认为新课程理念对教师、学校的课程资源要求过高,实际操作起来困难重重。

新课程实施之后,并不是所有的教师都认为新课程大大优于传统课程,14.7%的教师认为新旧课程没什么区别,12.5%的教师比较反对或者坚决反对新课程优于旧课程这一观点,认为新课程并不比旧课程好。如15.4%的语文教师认为新课程实施并没有带来很大的变化,12.1%的语文教师认为新课程实施效果不如传统课程效果好;28.9%的英语教师感觉新课程实施效果一般,学生并没有很大的热情,学习没有很大的变化;32.8%的政治教师认为新课程内容多时间少,操作起来非常困难,实施效果不如传统课程好。

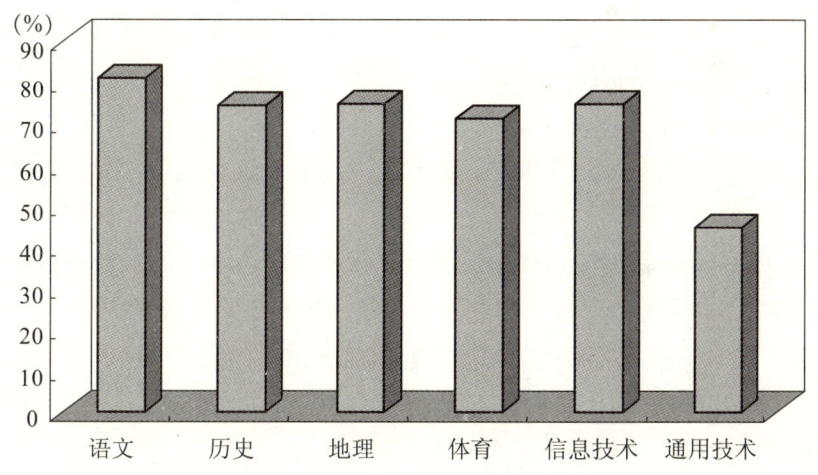

图7 学科教师反映新课程理念困难情况

从中可以看出:新课程实施以来,各个学科的教师认真学习新课程理念,深刻理解自己学科的新课程标准要求,还有少部分教师对新课程理念理解不够透彻。新课程改革强调学科知识与学生实际生活相联系,强调科学、技术与社会之间的联系,各个学科的知识内容相应增多,对教师提出了更高的要求,由于学校硬件设施的限制、教师自身素质的缺陷、新课程要求与教学评价之间的矛盾等,部分学科实施起来相对困难,有的学科实施效果还不如传统课堂教学实施效果好。

2. 教师教学行为的转变

新课程要求教师角色发生改变，教师不再是知识的传授者，而是学生学习的指导者。教师角色发生改变，教师的教学行为随之改变。教师教学行为的改变是学生学习方式转变的前提。学生在实际的学习过程中采用什么样的学习方式，很大程度取决于教师的教学行为，取决于教师的教学方式（任长松，2003）。我们主要从教师对教学目标的把握、对教材的处理、教学方式、课堂组织、教学负担变化等方面对教师教学行为进行了调查。

新课程提出知识与技能、过程与方法、情感态度与价值观的三维教学目标，而教学目标是教学的出发点和归宿、是教学活动的依据，教材是教师进行教学、学生进行学习的直接资源，教师能否很好地把握三维目标、适应新教材直接影响教学活动是否能够顺利进行。调查结果显示：18%的教师能完全把握新课程的三维目标，65.4%的教师基本能把握；对于新的教材，80.6%的教师能够完全适应或者基本适应，而且在平时的教学过程中，84.7%的学生反映教师会根据教学的需求对教材进行调整。但是在新课程教学过程中，部分教师反映所教学科的教材内容与学生的实际相差甚远，学生理解起来会比较困难，不利于教学的顺利进行。如15%的教师认为通用技术教材没有体现新课程标准理念；25%的通用技术教师对新教材不适应，不能很好地驾驭新教材内容；15%的通用技术教师认为通用技术教材必修模块和选修模块的内容难易度不适合本校学生。教师可以理解通用技术教材中涉及的基本数学知识，但是却很难理解教材的编写意图，不能很好地驾驭教学内容。55%的信息技术教师认为必修模块和选修模块的教材及其配套资料的难易度不适合本校学生的学习能力。通过进一步访谈了解到教师感觉高中信息技术教材内容偏多，重点难以把握，不知如何取舍，而且部分教材内容就如同是应用软件的说明书或上机操作手册，很难进行操作。

教学方式是教师教学方法的活动细节，体现了教师教学活动的操作过程。不同的教学方式会使教师形成不同的教学风格，以至于影响学生的学习风格。本次课程改革把教学方式的改革作为重要内容，把教学方式的变革看作培养主动参与、乐于探究、勤于动手的有创新精神的全面而有个性的学生的核心措施（卢立涛，2007）。调查显示：各个学校教师在平时的教学中，81.2%的教师认为自己在平时的教学中采用的主要教学方式是讲授式，85.4%的学生认为自己的老师在平时教学中主要采用的教学方式是讲授式。从表 2 中可以看到，部分教师在平时的教学中认为自己经常采用探究式、合作式与主题式的教学方式，但是只有很少的学生认为教师会采用这些新的教学方式。教师在平日选择教学方式时主要考虑教师、学生与教材的实际情况，少部分教师会着重考虑高考的要求。对于新课程强调的探究的教学方式，教师也通过不同的方式实施。大部分教师会通过组织探究讨论活动进行探究式的教学，71.3%的教师根据教学内容适当安排时间组织探究，13.6%的教师基本每节课都会组织探究，8.8%的教师在完成任务之后的剩余时间组织探究。但是还有6.3%的教师由于教学任务繁重，无心组织探究。部分学科的探究式学习还是一种形式，并没有真正体现出探究教学的目标，如英语探究式学习过程中 29.3%的教师只是简单地帮助学生探究问题的答案，42.7%的教师帮助学生探究词汇、语句的结构，这并没有激发学生的探究兴趣，还浪费大量的时间在简单语法的理解上。另外，在教学过程中部分学科的教师将先进的信息技术与学科教学相互结合起来，如数学教师、物理教师、艺术教师在教学过程中会使用多媒体教学，地理教师会将 GPS 接收机引入课堂教学中，部分学校的信息技术教师、通用技术教师会引导学生进行技术操作练习等。

表 2　教师在平时的教学过程中主要的教学方式（%）

	讲授式	探究式	主题式	合作式	其他
教师	81.2	69.4	39.5	52.8	2.6
学生	85.4	29.7	27.6	21.1	4.2

教师的课堂教学是影响教学效果的直接因素，主要体现在课堂组织、课堂学习气氛两方面，有序的课堂教学组织，活跃的课堂气氛有助于学生学习效率的提高。调查显示：只有 31.1%的学生反映教师在课堂上经

常组织各种活动（如提问、发言、讨论、交流等），而且学生能够积极参与进来，师生互动效果很好；22.5%的学生反映教师虽然组织这些活动，但是效果不是很好，师生不进行互动；还有42.4%的学生反映教师只是偶尔提问，师生互动不多；4.0%的学生反映教师从不组织开展这些活动。教师从不提问、偶尔提问或者没有掌握提问的方法与技巧，提出的问题太难或太容易，不利于师生的"对话"，影响教学效果。对于新课程的课堂教学，大部分学生反映平时的课堂气氛很活跃或比较活跃；但是还有20.2%的学生反映平时的课堂气氛不太活跃；7%的学生反映课堂气氛很不活跃，根本提不起学生的学习兴趣；低沉刻板的课堂气氛，让学生少了一些自由，多了一些约束，强制进行学习，不能开放地、有选择地进行思考发现，降低了学生的课堂学习效率。

新一轮的基础教育课程改革从课程内容、课程结构、课程评价等方面都进行了调整，教师的学生观需要转变、教学方法需要更新、搜集和处理信息的能力需要加强、教学需要联系实际生活等。为了达到新课程提出的要求，大部分教师感觉教学任务繁重，自己的教学负担加重，如图8所示，93.3%的教师反映自己教学负担加重，这严重阻碍了新课程的顺利实施。部分学科教师也反映自身的教学压力变大，79.1%的化学

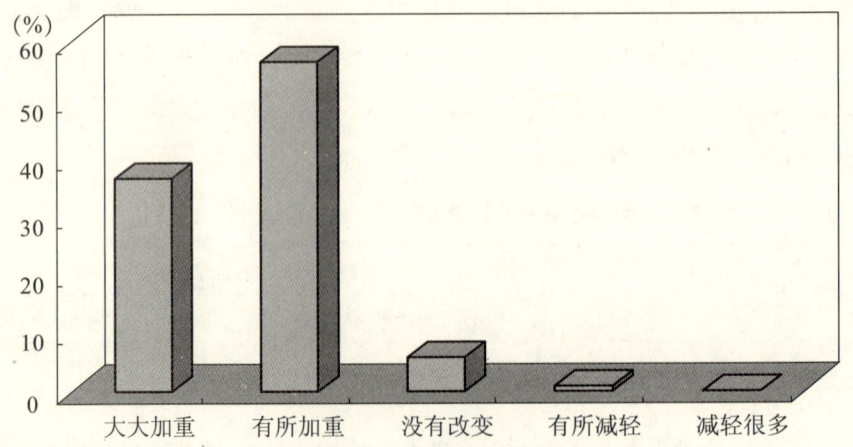

图8　新课程实施后教师教学负担变化

教师、89.1%的生物教师认为自己的压力比之前大，86.9%的语文教师认为自己的教学压力变大，51.2%的体育教师认为自己的教学压力变大很多。

上述结果分析表明，新课程实施之后，教师的教学观念与教学行为都发生了一定的变化，教师基本能够把握新课程的三维目标，但是部分学科的教师很难驾驭所教学科的教材内容；教师的教学方式逐渐从单一化向多样化转变，但是探究、合作等新的教学方式采用较少，教师的课堂组织能力还没有很大的提高，课堂提问效果不好，课堂氛围不太活跃，学生积极性不高；另外，大部分教师的教学负担加重。

3. 教师专业发展

教师专业发展是新课程改革相伴生的一个问题，斯滕豪斯曾说过："没有教师发展，就没有课程发展。"新课程的推广实施对教师提出了新的要求，对传统的教师角色提出了挑战：教师要建立以学生为本的教育观念，树立活动教学观，改变原有的教学习惯，教师需要具备综合的学科知识，学会合作，学会运用现代信息技术开发课程资源，等等（李瑾瑜，2003）。新课程实施之后，教师在教学过程中发现自身的不足，通过教师培训和自主学习发展不断促进自身的专业发展。

教师作为学生学习的引导者、教学的研究者，不仅要具备扎实的教学基本功，还要具备其他各种能力，如课程开发与整合能力、将信息技术与教学有机结合的能力、指导学生进行研究性学习的能力等。调查结果显示，新课程的实施过程中教师已经逐步认识到自己的不足，认为自己在某些方面还需要进一步的提高，如图9所示，60.7%的教师认为自己的课程开发能力与整合能力需要进一步提高，43.6%的教师认为自己开发与利用课程资源能力有待提高，41.9%的教师认为自己指导研究性学习的能力需要提高。学科教师不仅要具有一般教师所具有的知识与能力，还需要具备专业能力，如17.9%的政治教师认为自己对生活中政治问题解析能力还有待提高；40%的信息技术教师需要提高网络及数据安全保护能力，47.5%的信息技术教师需要提高网络常见故障解决的能力，50%的信息技术教师需要提高校园网络管理能力；18.51%的综合艺术教师的认为自己音乐、美术、综合艺术等方面的专业素养都需要进一步的培养与发展。

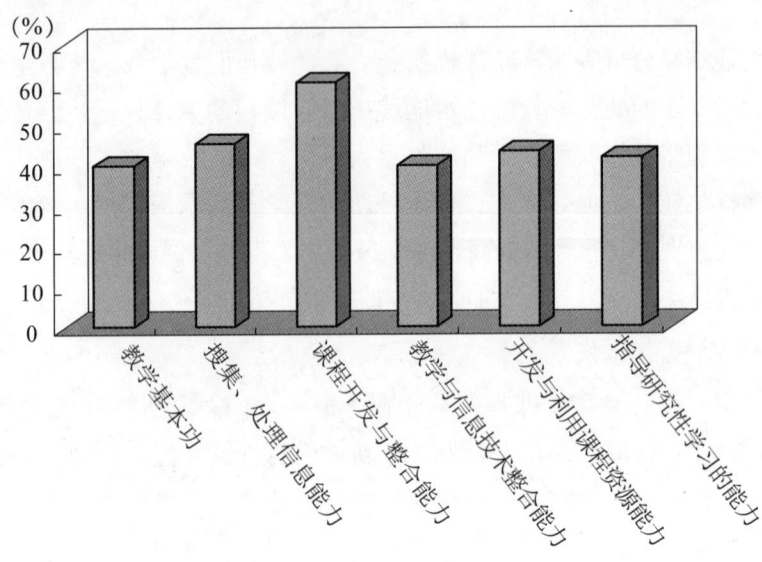

图 9　新课程教学过程中教师需要提高的能力

基础教育课程改革是对传统课程观念和课程体系的彻底变革。教师是新课程实施的具体操作者。通过教师培训，可以促进教师更快地接受、理解、适应新课程（孙枝莲，等，2005b）。因此，针对新课程教学要求对教师进行培训显得尤为重要。通过调查我们了解到：91.4%的教师参加过市级以上的培训，其中 15.2% 的教师参加过国家级的教师培训；4.1%的教师参加过区县级或校级的培训，只有 4.5% 的教师从未参加过培训。培训包括短期培训和长期培训两种，短期培训主要是在教学期间参加的培训，长期培训是教师在寒暑假参加的教师培训。学校组织教师培训采用的主要方式有：送教师出去学习、定期开展公开课展示活动、请一些优秀教师做示范课、请专家讲学、安排特定的时间让教师讨论交流、组织教师对新课程的相关书籍文件等进行学习、对优秀课堂实录进行观摩与分析，除此之外学校让教师通过学习专家学者对课程改革的认识分析来进一步加强自己对新课程理念的理解。有的教师培训是针对学科内容的教师培训，如地理学科的教师培训内容包括相关的学科专业知识、同课异构的教学设计、地理教师的职业道德、地理教育理论与实践知识、地理课堂教学管理知识、地理课程与信息技术整合知识等。通过培训，教师在不同的方面取得了收获，如图10所示，74.5%的教师领会课改的精神、理念和目标，74.2%的教师转变了教学方法，70.5%的教师转变了教学观念。

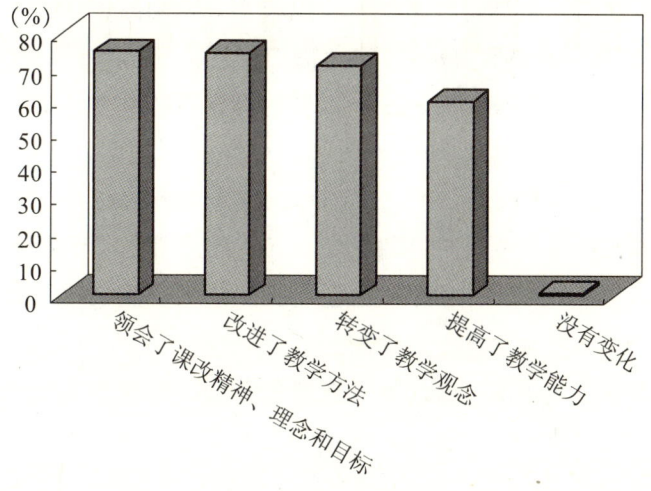

图10 教师培训效果

从图10中可以看出，大部分教师培训后对新课程理念、目标等的认识更加深刻，教学方法和教学观念也有了一定的改进，但是相比较其他方面，教师的教学能力却没有得到很大的提高。40.4%的教师认为自己的教学能力没有提高，还有少部分的教师感觉培训前后自己没有多大的改变。部分学科的教师接受培训的机会很少：如综合艺术教师的培训，采用专家讲座、参观访问、案例展示和发言讨论等形式，只有33.3%的艺术教师经常参加，25.9%的艺术教师参加机会一般，35.2%的艺术教师偶尔参加，还有少部分教师从未参与；53.7%的政治教师一年参加培训的机会只有1—2次，9%的政治教师从未参加过培训；只有29%的通用技术教师参加过培训，大部分教师参加的是市级培训；53.7%的信息技术教师新课程实施之后只参加过1—2次的教师培训，大部分教师参加的是市级培训；体育教师的培训同样以市级培训为主，17.5%的体育教师从来没有参加过培训。

教师的自主发展是促进教师专业发展的另一条有效途径。当前我国正在进行的基础教育课程改革，突出教师在课程改革中的主动性。如果教师具有自主发展的意识与行动，就能积极投入到课程改革中，做改革的主人；教师只有具备自主发展的意识，才会产生自主行动的需要；教师只有实现了自主发展，教师的专业成长才是主动的、自由的、创造性的（姜勇，2009）。调查显示：新课程实施之后，部分学科的教师能够进行自我学习，促进自身发展。如43.9%的体育教师每个月保持三次以上的专业学习和技能训练，26.8%的体育教师会利用节假日不定期"充电"；历史教师通过批改作业、分析学生的考试成绩、征集学生对自己的教学意见等形式不断改进自己的教学；55%的通用技术教师和67.5%的信息技术教师在教学工作中很重视学生提出的教学建议，并主动征求学生意见，对自己的教学方法、教学设计等进行改进。

上述分析结果表明：西北地区新课程实施以来各个学校的教师的各方面能力还有待进一步的提高；各个学校对教师培训也比较重视，大部分教师参加过培训，培训方式多种多样，而且培训也取得了一定的成效，部分教师能够进行自主学习，不断促进自身发展。但是部分学科的教师培训机会很少，而且培训之后还有部分教师的教学能力并没有得到提高。

（四）学生学习方式的转变

转变学生的学习方式是本次课程改革的一大目标和重点。学生学习方式的变革是教师教学行为变革、评价方式变革的出发点和依据。新的学习方式强调教师引导学生进行自主探究、教学联系学生的生活经验和社会实际、各学科之间相互联系、凸显知识的发生和发展过程，并且要加强学生学习的选择性（任长松，2003）。学生不再是被动的知识接受者，而是主动学习者。教师作为学生学习的指导者，要基于学生的兴趣引导学生参与到教学过程中，转变学生原有的学习方式，加强学生的自主、合作、探究学习。学生的学习动机和兴趣、学习态度是影响学生学习方式的潜在因素,因此本次调查从学生学习动机和兴趣、学习态度入手,全面调查学生学习方式的转变情况。

1. 学生学习动机与兴趣的转变

学习动机是指在自我调节的作用下,个体使自身的内在目标与学习行为的外在诱因相协调,从而形成激发、维持学习行为的动力因素。学习动机是影响学生学业成绩的重要因素,激发学生的学习动机是素质教育的重要内容(胡卫平,等,2009)。新一轮的基础教育课程改革强调学生的全面发展,首先必须激发学生的学习动机,提高学生的学习兴趣,将学习视为自身的发展需要,变被动的学习为主动的学习。调查结果显示:新课程实施以后,大部分学生的学习动机没有得到激发。61.7%的学生是由于学校、教师的课程安排而学习,30.6%的学生是迫于父母的督促进行学习,只有28.4%的学生是为了满足自己对知识的好奇心而学习,21.4%的学生是希望自己将来从事科学研究而学习,还有少部分学生是出于高考压力、社会竞争压力或未来生活压力等原因而不得不学习。

兴趣是最好的老师,浓厚的学习兴趣可以使学生的大脑处于最活跃的状态,接受知识信息达到最佳状态或效果。调查显示:新课程实施之后学生的学习兴趣并没有得到很大的提高,如图11所示,49.2%的学生反映自己的学习兴趣没有变化,10.5%的学生认为自己的学习兴趣有所下降。46.7%的学生反映新课程实施前后教师的教学方式没有发生太大的变化,不能激发自己的学习兴趣,10.8%的学生不太喜欢教师课堂教学中采用的教学方式,还有5.2%的学生毫不喜欢,因此对课堂学习不感兴趣。

除了教师的教学方式没有激发学生兴趣之外,学生学习兴趣总体没有得到很大的提高还有多方面的原因:学生对开设的课程不感兴趣,学生认为新课程改革之后课堂教学没有发生很大的变化,学生对某些课程认识不明确,等等。如58%的学生对课堂演示实验和生活中的物理现象感兴趣,53%的学生对实验操作感兴趣,但是平常的物理课堂教学更多的是教师的讲授,很少有实验的演示或者生活中物理现象的解释,由于学校课程资源不足,学生不能进行实验操作,因此学生的学习兴趣并不高；体育新课程理念很好，由于学校硬件设施的限制等原因，26.5%的教师认为体育新课程与传统课程没有任何区别，因此学生的学习兴趣并没有很大的变化；通用技术课程的学习中，44.6%的学生对通用技术课程缺乏明确的认识，认为通用技术课程只是玩不用学，28.1%的学生认为通用技术课程没有高考压力被其他科目占用很正常或是被占了挺好。

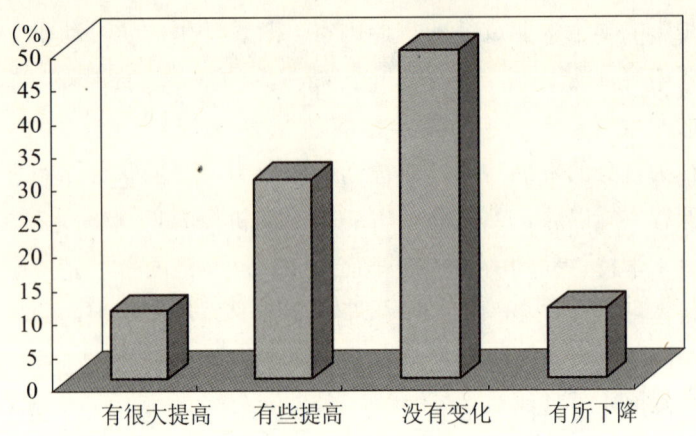

图 11　新课程实施之后学生学习兴趣变化

从上述结果分析发现，新课程改革没有很好地激发学生的学习动机、提高学生的学习兴趣，学习对于大多数学生来说依然是出于外界各个方面的压力，是一种强加的负担。

2. 学生学习态度转变

学习态度是学习者对学习活动的基本看法及其言行表现；学习态度正确、主动、积极与否对学习活动的顺利进行和目标达成至关重要（孙胜伟，2003）。调查显示：新课程实施之后，在平常的学习生活中，60.8%的学生积极参与学校和教师组织的一些实践活动，在课堂教学过程中，77.2%的学生愿意进行小组学习或活动，认为与同学们合作是一件令人愉快的事情，在同学之间的相互学习交流可以不断提高自己；只有22.8%的学生与同学配合不是很理想所以不太愿意进行小组学习或活动。在大部分学科教学中，学生的态度也比较端正，能够积极主动地参与。如物理新课程学习中，49%的学生会在实验小组中积极主动地做实验，50%的学生有时或偶尔会在做实验时亲自动手，只有1%的学生在小组实验的过程中从不动手；59.3%的学生在数学课堂上会积极主动地思考，与教师、同学进行交流，72.5%的学生愿意进行小组合作学习，共同解决数学学习中遇到的问题；61.6%的学生能够在生物学课堂上积极主动地参加探究小组活动；44.11%的学生能够主动进行政治预习、关注时事热点；47.2%的学生非常积极主动地参与化学课堂上的小组活动。

大部分学生对新课程的学习抱有积极的态度，但是还存在部分学生对语文、地理等学科的学习持有消极的态度。如33.2%的学生感觉语文课堂形式单调乏味，不愿意参加教师组织的活动，20.4%的学生对语文新课程学习没有什么感觉，不愿参加各类与语文相关的活动；地理课堂教学中，56.3%的学生对小组活动的积极性、主动性一般，不乐意与大家合作学习。

上述分析结果表明，新课程实施之后大部分学生的学习态度较好，能够积极主动地参与学校、教师组织的一些实践活动课程，但是部分学生对少数学科的学习态度还比较消极。

3. 学生学习方式的转变

倡导积极主动、勇于探索的学习方式是普通高中新课程标准的基本理念之一，新课程的学习应该改变原有的只限于接受、记忆、模仿和练习的学习方式。教师要把学生看成一个个正在成长和发展的有个性的人，尊重学生的主体地位，提倡学生积极主动地参加活动、进行交往，促使学生改变传统的学习方式，提高自身素质，发展学生个性（肖龙海，2003）。新课程实施的过程中，教师通过自身教学方式的转变引导学生学习方式的转变，通过小组讨论等形式引导学生进行自主、合作、探究性学习。调查显示：69.1%的教师认为学生的学习方式转变很多或有所转变，在平时的学习中，学生可以尝试采用多种学习方式。但是81.3%的学生反映自己在学习过程中经常用到的学习方式仍然是上课认真听讲，积极做好随堂笔记，38.3%的学生经常通过与同学进行合作进行学习，只有15.4%的学生反映自己会积极提出问题并勇于尝试探究解决。在部分学科的学习中，学生的学习方式没有发生本质性的变化。如政治学习中54.1%的学生主要的学习方式是做试题，30.5%的学生的学习方式是上课听讲，课下背书、做题；对政治教材中涉及的探究性问题，38.84%的学生只是简单想想或者根本不予理睬；地理课程的学习中，只有4.2%的地理教师经常组织学生进行自主学习，40.5%的学生从来没有过自主学习，对地理知识的自主钻研能力也较差；74.5%的学生反映在历史课程的教学中还存在"满堂灌"和"题海战术"的现象，63.6%的学生只是偶尔进行自主学习；80%的学生在化学学习中采用的主要学习方式依然是上课听讲，只有15%的学生会进行探究性学习。可见，新课程实施之后，学生还未能很好地进行自主、合作、探究性学习。

　　新课程实施之后，教师布置的作业也逐步从单一化变得多样化。调查显示：90.2%的学生反映教师布置的作业是书面作业，40.7%的学生反映课外作业是资料收集，31.7%的学生反映课外作业是论文或研究性报告，还有少部分教师布置的作业是进行实地访问调查、参与社会实践活动、观察生活中的某事物等。课堂学习内容的增多，课外作业的增加严重影响了学生的睡眠时间。65.8%的学生反映自己每天的睡眠不太充足或者很不充足，12.5%的学生感觉没太大变化，只有21.7%的学生感觉睡眠很充足或比较充足。为了完成老师布置的、父母安排的、自己制定的学习任务，大部分学生不得不挤占自己的睡眠时间，睡眠的质量也较差，学习效果也降低，无疑产生了学习上的恶性循环。学生睡眠不足的现象也侧面反映了新课程实施之后大部分学生的学习负担加重，如图12所示，63.9%的学生认为自己的学习负担加重许多或者有所加重。

　　学生学习负担加重，导致学生学习效果也不理想，如图13所示，只有58.5%的学生掌握了知识，42.7%的学生学会了自主学习，而学生的德、体、美、劳四个方面更是没有得到很好的发展。可见，新课程实施之后，教师除了关注学生的知识掌握之外还注重学生的自主学习，但是这两方面只围绕着学生的学习能力，忽视了学生的技能发展。教师在今后的教学中应该关注学生思想品德、智力、身体素质、审美能力以及劳动技能的全面发展。

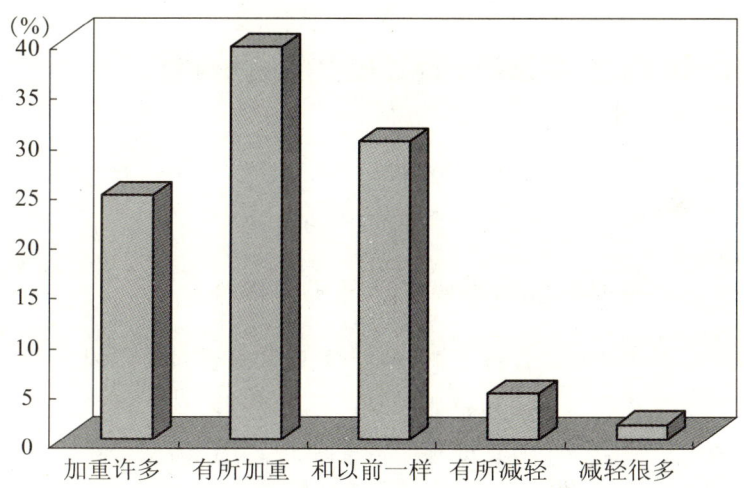

图 12　新课程实施之后学生的学习负担

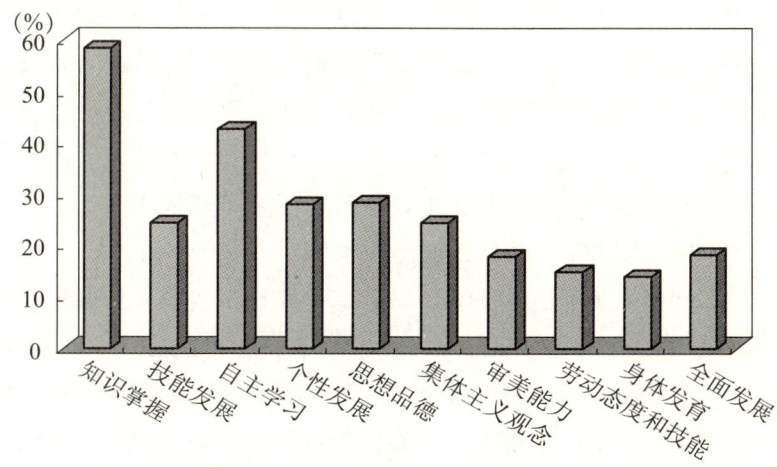

图 13　新课程目标达成度

上述结果分析表明，新课程实施之后学生的学习方式并没有发生本质性的变化，大部分的学生没有完全领会自主、合作、探究的学习方式的真正内涵，在学科学习中死记硬背的学习现象依然存在；学生的学习负担加重，学习效果不好，学生没有得到全面的发展。

三、西北地区新课程实施过程中存在的问题

通过对西北地区新课程实施现状的调查结果分析,我们对西北地区新课程实施过程中出现的问题进行如下总结。

(一) 新课程实施的保障系统还不够完善

第一,学生对新课程不了解,地方政府和家长对新课程没有给予足够的支持。学校的校领导和教师普遍赞成新课程改革,对新课程改革有较大的热情,但是学生对新课程并不了解,学生作为新课程改革的主体对新课程不了解,这对学生参与新课程的热情与积极性产生很大的影响。另一方面,新课程的实施需要学校、家长的相互协作,需要地方政府的不断支持。西北地区高中学校在新课程的实施过程中,地方政府和家长的热情一般,甚至有些地方政府对新课程的实施不太支持或者持反对态度。虽然地方政府对新课程实施不起决定作用,但是地方政府的态度会影响学校对新课程实施的投入程度,间接影响教师对新课程实施的态度与热情。家长对新课程的态度一般,导致学生进行新课程学习的积极性不高,不利于学校进一步进行新课程的推广。

第二,课程资源不足,教师课程资源开发意识较弱。新课程对高中部分学科教学提出更高的要求,并且增加了综合实践活动、信息技术、通用技术等课程,丰富的课程资源是这些课程顺利实施的前提和基础。但是大部分学校的课程资源不足,硬件设备短缺,教师对校外资源开发利用率较低,严重影响了信息技术、通用技术等课程的实施。特别是西北地区的农村学校,有些甚至没有基本的实验设施,网络设施更是缺乏。另外,大部分的教师课程资源开发意识相对较弱,在平时的教学过程中教师不能及时开发更多的课程资源去满足教学的要求,如化学、物理、生物等学科的实验课程因为缺乏实验器材或实验原材料使得教学无法进行。

（二）学校的管理方式没有发生创新性的改变

第一，教学研究制度尚需完善。各个学校的教师教学研究制度还未完善，部分学科的教师教学研究活动开展次数较少，而且有的教研活动还流于形式，缺乏计划性和针对性，教师之间并没有进行实质性的交流探讨，不能很好地促进教师之间的交流合作，教学过程中遇到的问题也没有得到真正解决。另外，部分学科的教师已经具有自我反思的意识，但是没有很好地掌握自我反思的方法，只是简单地通过写教学后记对自己的教学方法、教学设计进行回顾分析，不能对自己的教学行为进行深入剖析，找出自己的优势与缺点所在；还有部分教师到现在还没有教学反思的意识，对自己的教学不能进行很好的认识评价。

第二，学校管理制度没有发生本质的变化。各个学校在新课程实施前后教学管理制度并未发生本质改变，选修课程安排、课表制定等完全按照学校的规定，很少考虑教师和学生的实际需求，教师和学生的自主性没有得到真正发挥。大部分学校实行全校统一的学时学制管理制度，学生很少制定自己的个性课表，教师在大多数情况下只是按照学校统一课表对学生授课，很少将学校课表、教师课表与学生课表三者相结合。综合实践活动课是新课程实施中的特色，但是部分学校由于教师短缺、教学设备短缺或教学课时较少等问题没有开设综合实践活动课程，还有部分学校开设了，但是课题较少、课时过少，没有体现这一课程应有的价值。还有少部分学校选修课的开设是一种形式，并没有真正体现学生的兴趣与特长，如学生喜欢的物理研究课题很少涉及；化学选修课的开设由学校制定，与学生的兴趣背离；信息技术、通用技术的课时较少，而且经常会被其他高考科目占用。50%的学校还没有真正实行学分制，学生的考核还是以分数制为主。

第三，科学的评价体系尚未形成。学校对教师的评价内容变得多元化，不仅注重教师教学成绩，还重视教师的科研能力等。但是对学生的评价过程中，评价内容主要集中在学生的学习能力方面，很少对学生的思想品德、身体素质、审美能力与劳动技能等进行评价。另外，新课程实施之后新开设的信息技术、通用技术课程的教学评价体制还未完善，还没有形成一个系统科学的评价制度。调查结果显示：对信息技术课程的评价中有的教师通过笔试对学生进行评价，有的教师通过上机操作对学生进行评价，有的教师通过学生的作品进行评价等；通用技术课程评价方式单一，大部分的教师通过考试成绩、课堂表现对学生简单进行评价，很少关注学生的技术操作技能，没有体现技术课程的特色；在对信息技术、通用技术教师进行评价时，与其他学科的教师会有差异，代课经费也有差距，评优过程中没有平等的竞争机会。不平等的评价体制严重影响技术教师的教学热情，致使教师在教学过程中只关注学生的考试成绩，忽略学生的技术素养的提高，严重影响学生的学习积极性，导致教学效果降低。

（三）学校师资问题

西北地区部分学校的师资力量不足，主要表现在两个方面：教师的数量短缺和教师的专业素质有待提升。

第一，部分学科教师严重短缺。大部分校领导反映由于学科教师结构不合理，部分学科的教师严重短缺，如信息技术、通用技术课程教师。少部分学校没有信息技术教师和通用技术教师，部分学校的信息技术教师、通用技术教师都是"代课"教师，即由其他学科的专业教师给学生上这些技术课程，教师对课程内容了解不透、教材难以把握。

第二，教师专业素质不高。大多数教师对新课程理念已经有了较深刻的认识，但是部分学科教师在新课程理念的具体操作过程中遇到很大的困难，如数学教师反映教学过程中出于多媒体运用不精、小组讨论效果不佳、学生参差不齐、很难调动学生积极性等原因，教学效果并不理想；另外，语文、历史等学科的很多教师也反映新课程理念操作起来困难重重。教师的各方面能力，如搜集处理信息的能力、课程开发与整合的能力、将信息技术与学科教学有机整合的能力、开发利用课程资源的能力、指导研究性学习的能力等还有待进一步的提高。

第三，教师培训的效果不佳。教师是新课程的直接实施者，教师的数量与专业素质很大程度影响课程实施效果。西北地区的大部分高中教师参加过不同级别的教师培训，但是教师接受的培训没有针对性，培训内容没有形成一个系统完整的体系，因此没有很好地提高教师的教学能力，还有部分教师接受培训之后感觉自己在教学中没有什么变化。还有少部分学科教师，如艺术、政治、信息技术、体育学科的教师参加培训的机会较少，甚至有些教师新课程实施之后没有参加过培训，培训级别也较低，主要是市级培训，严重阻碍了学科教师的专业发展，也阻碍了这些课程的顺利实施。

第四，教师教学负担加重。新课程实施以来，很多教师已经深刻认识到新课程提出的要求：教师不仅要注重知识的传授，而且要注重学生学习能力的培养；课时量在减少，课本内容反而增加，难度也有所加大；教师很难把握教材知识、教学进度，需要花很大的精力去备课；教师不能合理处理新课程教学与高考之间的关系。大部分教师感觉自身的教学负担加重很多或者有所加重，部分学科教师特别是化学、生物学科的教师感觉新课程实施之后自己的教学压力变大很多。

（四）学生存在问题

第一，学生的学习动机不强，学习兴趣下降。新课程实施之后，大部分学生的学习动机没有得到激发，学生学习还是出于父母的压力、高考的压力等。学生的学习兴趣没有提高，甚至部分学生的学习兴趣还有所下降。各个学科学习过程中，对课堂教学小组参与的积极性不高，对新开设的课题研究参与积极性也不高，甚至有些学生基本不参与学校、教师组织的一些实践活动。

第二，学生学习方式没有发生本质性的变化。部分教师反映新课程实施之后学生的学习方式慢慢转变，在平时的学习中开始尝试新的教学方式，但是学生反映自己在平时的教学过程中主要以上课听讲为主，很少进行合作、探究性的学习。这主要包括两方面的原因：（1）客观条件不足，由于班级容量，教学内容与课时数量，教师引导学生进行自主、合作、探究性学习较难，即使实施了，学生的学习效果也不明显；

(2) 主观条件不足，学生对自主、合作与探究学习方式的内涵不了解，而且学生本身积累的科学知识较少，没有很好地掌握探究的方法，大多数学生还不知道该探究什么、如何研究。

第三，学生的学习负担加重，学习效率不高。新课程实施之后，学生需要学习的内容增加，不仅有原来的基础课程，还新增加了信息技术、通用技术、研究性学习等，学生不仅要学习知识而且要提高自身的技能，学生的作业量也较大；很多知识还需要学生进行死记硬背，比如历史、英语等，因此，大部分学生感觉新课程实施之后自己的睡眠不足，学习负担加重，不仅有身体上的压力，心理上的压力也变大。

四、西北地区新课程实施改进的措施与建议

针对西北地区新课程实施过程中存在的问题，提出如下建议。

（一）完善新课程实施保障系统

基础教育课程改革要进一步推广实施就必须着力加强课程改革保障机制的建设：加强组织管理和统筹规划、建立激励机制、强化条件保障。西北地区的各个学校要针对自己实际情况，完善新课程实施的保障系统。

1. 改善新课程实施环境，加强地方政府和家长的支持

学校应该组织开展关于新课程的学习活动，加强学生对新课程改革的认识，在平常的教学过程中教师与学生共同学习新课程新要求，防止学生对新课程产生认识偏差，不断激发学生参与新课程的热情与积极性。学校要与家长密切联系，共同促进学生的全面发展。地方政府、家长要给予课程改革巨大的支持，保证课程改革的顺利进行。首先，地方政府要加大资金投入，特别是加大对农村高中新课程经费的投入，加强教师队伍建设，改善学校硬件条件，促进学校各个学科的新课程实施；其次，地方政府要重视学校新课程的实施，定期组织专家小组对学校的新课程实施现状进行调查，发现新课程实施过程中出现的问题，并为学校提出适当的建议解决问题；再次，地方政府要建议学校组织大型的关于新课

程的活动，邀请家长一起参加，教师、学生与家长一起学习新课程理念，防止学生对新课程的认识偏差、家长对新课程的理解误差，不断激发教师学生参与新课程的热情与积极性，也促进学校、家长一同指导学生学习，促进学生的全面发展。

2. 学校教师要不断开发利用校内外资源

课程资源是新课程实施的一个重要影响因素，因此学校与教师不仅要重视校内课程资源的利用，也要重视校外课程资源的开发利用。首先，学校要加大对新课程实施的投入，尽量满足化学、物理、生物等学科的实验教学，不断丰富各个学科的课程资源；其次，教师在平时的教学过程中要充分利用校外图书馆、博物馆、科技馆、社区、工厂、企业等资源，将学生的学习融入到日常生活当中；再次，学校要加强与本地大学的联系，建立中学与大学相互联合模式，共同培养学生；最后，学校要通过各种途径不断加强教师的课程资源开发意识，鼓励教师尽可能发挥自己的聪明才智，在教学活动中自制教具，合理利用网络资源，建立自己的教学资源库，尽可能减少课程资源匮乏对新课程实施效果的影响。

（二）学校进一步改革教学管理方式

学校是新课程实施的基地，民主科学的管理方式是新课程实施的重要条件，只有更新学校管理机制，才能更好地发挥教师和学生的自主性。

1. 完善教学研究制度

第一，学校要进一步完善"以校为本"的教学研究制度，增加教师开展教研活动的次数，加强教研活动的计划性和针对性，教学促进科研，科研促进教学。开展教学研究时，学校要引导教师不断丰富自己的相关理论知识，联系自己在教学中遇到的实际问题，提出解决问题的办法。另外，学校要为教师的教学研究提供条件、支持教师在教学实践中进行课题研究，如提供教师一定的科研经费等。

第二，各个学校要加强与兄弟院校之间的合作交流，为教师提供了更多的学习机会，通过共同组织教学设计大赛等促进教师的专业发展。

第三，加强教师的自我反思能力，促进教师实践性知识的发展与教学水平的提高。学校通过专家指导等途径引导教师掌握教学反思的方法：①描述自己的教学行为；②解释为何会有这样的教学行为；③分析有没有更好的意向和计划，是什么样的；④这样的意向和计划为什么好；⑤如何将这样的意向和计划纳入自己的教学；⑥在教学行为实践中通过反思不断调节。教师按照科学的方法对自己的教学活动进行反思，不断提高自己的自我反思能力。

2. 改进学校教学管理制度

第一，学校的课程安排要综合考虑教师、学生的实际情况。选修课程的设置要充分考虑学生的兴趣与特长，让学生去选择自己喜欢的物理研究课题、化学选修课程等。

第二，综合实践活动课程基于学生的直接经验、密切联系学生自身生活和社会生活、体现对知识的综合运用，有助于学生综合素质的提升。学校应该按照新课程要求开设足够课时的综合实践活动课程，更好地促进学生对自我、对社会、对自然以及对三者的整体认识，帮助学生树立与自然、社会和谐发展的价值观。

第三，学分制是伴随着新课程改革选修制度的产生发展起来的，学分制的发展有利于学生个性化发展。学校要建立完备的教学管理体制，尊重学生的个体发展，优化选课制、导师制的实施，更好地促进学分制的实施。

3. 进一步完善教学评价体制

第一，完善学生评价体制。教师对学生的评价不仅要注重学生的学习成绩，以及与学生学习成绩有关的课堂参与程度、课堂交流情况，还要重视学生的思想品德、身体健康、审美能力与劳动技能，促进学生的全面发展。

第二，完善信息技术、通用技术课程评价体制。信息技术、通用技术课程的评价要体现过程性评价与总结性评价相结合的特点。信息技术教师要将评价贯穿教学的始终，借助信息技术和网络平台，让学生对自己的学习过程和学习效果及时进行评价，培养学生的评价意识，用自我评价的方式促进自身的学习进步。另一方面，教师对学生进行评价时不能只看学生的考试成绩,要结合学生设计的作品,包括学生作品设计的内涵、思路、过程、方法等,对学生的技术素养进行综合性的评价。通用技术是一门重体验、重实践的课程,教师在教学过程中不仅要关注学生的通用技术基础知识的掌握,更要关注学生在通用技术课程中进行的技术设计、技术试验和技术制作,综合地对学生进行评价。

(三) 加强教师培训,提高教师专业素质

教师是新课程实施的直接实践者,教师素养的高低直接决定新课程实施的成败。学校以及教育相关部门不断给予教师指导,为教师进行新课程实施提供方便,减轻教师的教学负担。

1. 加强教师系统培训,提高教师专业能力

教师培训是一个系统的、长期的过程,需要全体教师的参与,各学校要加强"以校为本"的培训,有针对性地对教师进行小步骤的微观培训,促进教师的专业发展,提高教师的专业能力。教师专业能力分为五个层级,从低到高依次是:第一,教师的基本能力(如三笔字、普通话等);第二,教师的教学能力;第三,教师的教育能力、管理能力、心理健康教育能力;第四,教师的教研与自我发展能力;第五,教师的教学改革与创新能力。在五个层级中,教师的教学能力是关键,教学能力又包括教学设计能力、讲授能力、板书演示能力、教学提问能力、课堂互动能力、教学反思能力等,学校要邀请专家或者将教师送到专业的机构,对教师的五个层级的能力进行专项系统培训,提高教师教学水平,保障新课程的顺利实施。

2. 减轻教师的教学负担

第一,学校要严格规范课程设置,根据教师的实际情况合理安排每周课程和作息时间,保证教师能够有充足的时间进行课前准备、课后反思;第二,教师在平时的教学过程中要根据学生的实际需要,对所学教材进行适当删减,精选教学内容,精心备课,吸取优秀教师的经验,对自己的教学设计进行调整修改,不断提高课堂教学质量;第三,加强学校与家长的联系,取得家长对新课程实施理解与配合,减少从家庭角度

给教师增加的负担,共同探讨促进学生自主学习的有效途径。

(四) 转变学生学习方式,提高学生学习效率

单纯接受式的学习方式使学生感到枯燥乏味,不利于学生学习动机的激发,不利于学生创新素质的培养。过重的课业负担会严重损害儿童少年的身心健康。各个学校在新课程进一步深化的过程中,要努力激发学生的学习动机、转变学生的学习方式,减轻学生的学业负担。

1. 激发学生的学习动机,提高学生的学习兴趣

第一,学校要开展各方面有意义的课题研究活动,努力创建创新性学习的校园文化,让学生将自己的学习融入到日常的活动过程中,变得好学、乐学;第二,教师在教学过程中要重视学生学习的主体作用,创设问题情境,把学习的主动权交给学生,让学生自我发现问题,在小组讨论、合作交流的过程中解决问题;第三,教师要在课堂教学中灵活应用各种教学方法和手段,活跃课堂气氛,鼓励学生进行创新思维,增强学生的自我效能感,提高学生的学习的直接兴趣,激发学生的内在动机,提高学生的学习效果。

2. 转变学生的学习方式

第一,培养良好的学习习惯。学习习惯与学习方式同属于学生的学习行为,培养良好的学习习惯是转变学生学习方式的有效途径。在平时的学习生活中,教师和家长要督促学生改变被动的学习习惯,养成善于发现、自主学习的良好习惯。第二,转变教师的教学方式。教师在教学过程中要采用多样的教学方式,帮助学生改变单纯的接受式的学习方式,同时对学生新的学习方式作指导、训练。学生在掌握知识的过程中不断学习探究、合作的方法。第三,创设良好的课堂氛围。良好的课堂氛围有利于激发学生的学习兴趣。教师在课堂教学中创造良好的课堂氛围,使学生在和谐轻松的环境中进行情境体验,将自主、合作、探究的学习方式转变为自己的内在需要,在日常的学习中不断尝试训练。

3. 减轻学生学业负担

第一,各个地方政府要对学校进行合理指导,将减负工作落实到学

校中：科学安排学生的作息时间，提高学生的学习效率；严格规范学校考试制度，减少考试的次数，规范考试形式与考试内容；第二，教师和学生要转变教学方式和学习方式，创设互动、合作、探究的平台，营造和谐交往的课堂文化，教师引导学生在自我探究学习的过程中体验学习的乐趣、了解科学研究方法；第三，切实减轻学生的心理负担。教师要引导学生对自己准确定位，减少心理压力，冷静、客观地分析自身的素质和潜能；教师要与学生家长进行交流，调整家长对子女的期望值，减少学生的外来压力。

参考文献

胡卫平，单欣欣. 2009. "学思维"活动课程对小学生学习动机的影响[J]. 教育理论与实践，29 (9)：53-56.

胡卫平，等. 2005. 小学新课程实施现状调查报告[J]. 课程·教材·教法 (3)：8-14.

姜勇，洪秀敏，庞丽娟. 2009. 教师自主发展及其内在机制[M]. 北京：北京师范大学出版社：229.

靳玉乐. 2003. 新课程改革的理念与创新[M]. 北京：人民教育出版社：80.

靳玉乐，宋乃庆，徐仲林. 2002. 新教材将会给教师带来什么：谈新教材新功能[M]. 北京：北京大学出版社：101-103.

李国强，邵光华. 2009. 新课改背景下教师信念对教学行为影响的研究：基于课堂活动精细分析的视角[J]. 课程·教材·教法，29 (10)：80-83，93.

李瑾瑜. 2003. 新课程与教师专业发展[M]. 北京：首都师范大学出版社：135-147.

卢立涛. 2007. 浅析新课程背景下教学方式的变革[J]. 教学与管理 (4)：3-5.

任长松. 2003. 新课程学习方式的变革[M]. 北京：人民教育出版社：154-156.

石鸥. 2003. 选择一种课程就是选择一种未来：关于高中多样化、选择性课程结构的几点认识[J]. 中国教育学刊 (2)：1-5.

孙伟胜. 2003. 论学生正确的学习态度及其培养[J]. 当代教育科学 (19)：13-16.

孙枝莲，胡卫平. 2005a. 新课改下的教师教育观念现状研究[J]. 内蒙古师范大学学报：教育科学版，18 (8)：50-54.

孙枝莲，胡卫平，等. 2005b. 山西省初中新课程实施现状调查报告[J]. 教育理论与

实践 (7): 35-39.

肖龙海. 2003. 论优化教学过程与学生学习方式的更新[J]. 课程·教材·教法 (10): 15-19.

杨启亮. 2000. 转变教学观念的问题与思考[J]. 教育科学 (2): 17-20.

钟启泉, 崔允漷. 2008. 新课程的理念与创新: 师范生读本[M]. 北京: 高等教育出版社: 218.

钟启泉. 2005. 课程改革: 新视点与生长点[J]. 中国教育学刊 (8): 20-22.

钟启泉, 崔允漷, 张华. 2001. 为了中华民族的复兴, 为了每位学生的发展:《基础教育课程改革纲要 (试行)》解读[M]. 上海: 华东师范大学出版社: 303-304, 73.

朱慕菊. 2002. 走进新课程: 与课程实施者对话[M]. 北京: 北京师范大学出版社: 211-213.

西北山区乡村人的大学梦
——以陇中二百户村为个案的大学信任基础研究*

● 张 清

摘要： 大学是文明的重要标志，既是城市文化的显著特征，又与远离城市的乡村人有紧密的联系。接受大学教育是城市人与乡村人的共同追求，但城市人与乡村人了解大学、信任大学和追求大学梦又有许多不同特点。本文选取陇中一个乡村，通过访谈来探究村民目前对我国大学的信任状况及大学信任的传统基础，同时论述了信任基础本身具有发展和演化的特点。我国社会结构转型、大学教育制度的变革现状与乡村人所持有的传统信任基础之间存有错位情形并影响到人们信任大学的水平。为此，文中提出了相应措施来使大学信任复归并提高人们与大学的合作意愿。

关键词： 大学，信任基础，西北山区，乡村人，大学梦

作者简介
张清，陕西师范大学教育学博士研究生、武警工程大学高等教育研究所副教授，主要研究领域为高等教育学和军事高等教育学。电子邮箱：zhq-wj@126.com。

* 因研究需要，文中所用人名均为化名。

The University Dream of Rural People in Northwest region of China
—the Study on Foundation of Trusting in University Based on Erbaihu Village in Center Areas of Gansu Province

Zhang Qing

Abstract: University is an important symbol of civilization, which is not only a notable feature of city culture, but also keeps close ties with the rural areas. Both the city people and the rural people have a same pursuit to get higher education, but city people and rural people have many different characteristics on understanding university, trusting in university and pursuing university dream. This paper selects a village in center areas of Gansu Province to explore villagers' university-trusting status and traditional foundation of trusting in university, at the same time the paper believe that university-trusting have characteristics of the development and evolution. Our country social structure transformation and higher education institutional reform have significantly take placed, which lead an obvious dislocation between traditional foundation of university-trusting of rural people and these kind changes. The dislocation lessens people's university-trusting level. Therefore, this paper puts forward some corresponding measures to reset the malposed university-trusting and improves people's cooperation intention with university.

Key Words: University, Trust foundation, Northwest mountainous region, Rural people, University dream

Author:

Zhang Qing, vice professor, Institute of Higher Education of Engineering University china's Armed police force; Pedagogy doctor; Research and teaching focuses on Higher education and Military higher education, e-mail: zhq-wj@126.com.

一、引言

从社会学的传统来说,信任基础常被称作信任结构。艾森斯塔德首次提出信任结构概念来揭示社会信任所依存的根据,不过这一用法坚持在宏观意义上使用,借以衡量不同国家的社会信任度。另外一些社会学家如韦伯、卢曼等尽管没有明确提出信任结构的说法,但都在相近意义上表达了社会信任所依赖的根据。这种抽象用法对于信任根源的普遍性揭示有独到之处。与此相反,一些研究者则使用信任基础这一概念从微观视角来表征具体信任关系当中信任所依据的内容或促成信任产生的根源,它的着眼点是具体关系所涉入双方的特点,而不再是抽象的概括。因为不论是心理学还是社会学的研究,都认定信任是基于双方互动的结果,只不过前者视其为在关系基础上形成的一种涉入双方体验后形成的态度,而后者则认为它是社会关系基础上的"社会事实"。二者的共性都是从关系角度去理解信任。既然信任是一种关系结构,那么信任基础就不见得仅来自于信任对象,它还受到置信者本身因素以及其他诸多外在因素的影响。基于此分析,我们需要明确的是处于大学信任关系两端的置信者和被信任者是谁,二者的关系结构又是如何的。在这个关系当中置信者是与大学相对而存在的公众。"公众"概念这里仅将大学所服务的对象作个人角度的理解,包括曾经、现在和未来的家长和学生,而不含社会组织如企业、单位等。纵使有这样的限定,此意义上理解的公众也依然存在相当的复杂性,因为公众在社会阶层、社会资源和个人情感等方面千差万别,这些变量会影响到人们向大学提供不同水平的信任。而大学则是最为直接的被信任者,但是这还不够,由于我国大学与政府的特殊关系决定了大学的一些行为不是出自于大学自身决定,而是来源于政府的直接干预。因此,大学背后的政府力量是隐含的被信任对象。基于此,说公众信任大学就是指公众出于大学给自己(或子女)提供的学习和个人发展所带来的预期获益而保持对大学持续依赖的信念。给大学信任如此定义是体现了信任关系的两个核心方面,一个是主体对利益的趋向，另一个是对预期结果所抱有的期望。正如布劳所指出的"人们在社会交往中体验到的满足既取决于他们从中获得的实际利益，也取决于交往给他们带来的期望"（彼得·M. 布劳，2008）。如果与上述置信者和被信任者联系起来解析，这一概念里则蕴涵三层意思。其一，公众所保持的信念是其建立在对大学的可能性行动的"自我感觉"和"判断的想象"之上的，靠着超越不足以得到的大学具有的专业信息而概括出的一种期待，这种期待是公众所要获益的。其二，大学是一种专业性的社会组织，对它的信任不是停留在对大学中个人的信任，而是对专家系统及其原则正确性的信任。其三，公众对大学所保持的依赖信念，隐含着对政府管理大学过程及教育政策等正确性的信赖。缘于信任产生的复杂机制，特别是大众的异质性导致每个人对大学信任供给不同，这种状况就为我们力图以一种大而全的视角来归纳人们的大学信任图景带来极大困难。而且，依照社会心理学的理解，信任是一种态度，而态度作为人的一种主观体验后的行为反应，它一方面深受个人的社会认知影响，另一方面——也是最为关键的——它是一种内隐的社会心理活动，要想较为全面地理解与把握个人内隐的心理活动也是极度困难的，必须依赖人的行为痕迹来探究它。因此，为规避上述两个方面的难题，本文意图通过选取甘肃省中部地区的一个村庄来探究村民们对大学的信任情况。为使研究可行和客观地反映事实，笔者尽可能将研究地域缩小，通过个案研究获取当前这个地区乡村人对大学的信任状况及其仰赖的信任基础。

二、田野研究地点概貌

笔者所选择的田野研究地点是甘肃省中部靖远县境内的一个名叫二百户的行政村。二百户村所在的靖远县地处陇中与宁夏回族自治区的交界处。六盘山由西北向东南横贯甘肃省中东部，靖远县的县城就处于六盘山的西北端头，黄河由西向东穿过县城，然后向北取道进入宁夏回族自治区境内。二百户村则位于县城向东50公里一个叫做屈吴山的西山坡下。由于山坡向西边顺势而下，横亘绵延足有70多公里，在这里就形成了陇中特有的地貌——黄土塬。整个黄土塬地势很高却较为平坦，海拔平均在1000米，屈吴山则是六盘山绵延到此后隆起的最高山峰，海拔为2858米，它将靖远县与甘肃省所属的会宁县、宁夏回族自治区的海原县隔开。山中建有寺庙曰潮云寺，此处为靖远、会宁和海原三个地域的道教圣地，每有"道场"时信众就会从四处辏集于此。由此可见屈吴山与祖祖辈辈生活在这里的人们有着密切的关系。

靖远县在历史上处于中原政权与少数民族政权的边界地带。在唐广德年间吐蕃势大，败唐兵于此处，此后这一带则为吐蕃所辖，至宋仁宗明道元年时，西夏兵南下，吐蕃败逃，此处为西夏所治，后至南宋时期这里则被金国所统辖。13世纪蒙古崛起，先后于1227年和1236年灭西夏和逐金将郭虾蟆，遂为此地统治者。在元代统治时期，作为马上民族的统治者为虑常年行军与作战之需，及时获得军需给养，便从各处迁民至此，并沿黄河南岸一线宜耕种处络绎布置耕作区，令百姓屯田耕种和养马，逐渐成一个个村庄。元统治者横征暴敛，在西北所辖区实行定人定量办法征集粮秣。当时根据居住在这个村的人口及粮食产量情况，所定上交粮秣为"二百斛"（"斛"是一种衡量粮食多少的量具），给其他相近的较大村庄分别定量各为"一百斛"、"三百斛"和"五百斛"等。后来，"斛"则逐渐被民间讹传为"户"，是故"二百斛"则成为"二百户"。国内学者在研究我国村庄名称命名时所归纳的"方言同音附义，致使村名悄然更替"（曹锦清，2001）现象，此村名之来历实可为一例。

二百户村是星罗棋布于塬上的陇中许多村庄的普通一村，其作为一个行政村由6个自然村组成，分别是谢河、河门、头百户、二百户、崔家山、大圈（juàn）。这些自然村处于二百户自然村各8公里开外（最远的当属崔家山，距离二百户自然村有12公里）并以环形状散布在其四周。整个行政村人口3000余人，其中以行政村所在地二百户自然村人口最多，占全村人口总数的一半以上。

这个村子所在的塬上地貌与风情是我国西部黄土高原的缩影。这里气候属于中温带半干旱区，常年降水量不足300毫米，土地贫瘠，植被覆盖率极低，放眼望去映入眼帘的满是裸露的黄土。由于年降水量少，这里粮食作物种植非常单一，乡村人仅靠广种薄收春小麦和秋糜子来获取口粮。这里民间常用"三年一小旱，十年一大旱"的说法来形象地描述旱情。由于干旱少雨，有的年成就会歉收，严重的时候庄稼几乎会颗粒不收。由此造成的乡村生活的贫困则是非常普遍的。据统计，1990年这个村所在的乡人均年收不足1000元，人均口粮也仅只能维持当年用度。2009年这个乡人均收入的最新统计为1247元。

由于这里频发的干旱，再加上全球气候变暖之故，屈吴山顶的积雪已融化殆尽，原来发源于屈吴山西山脚下流经这个村庄的山溪已断流，造成这里人、畜饮用水严重匮乏，这再度加重了二百户村居民生活的困苦程度。常年生活的困苦使得这个村子的人们一辈一辈渴望摆脱窘境，改善生活状况。他们都力图通过自身的勤劳耕作改变现状，但是这里的自然条件极大地限制了村民们在短期内达到目的，也就是说村民的顽强进取的劳作成效常常被他们生存的自然环境大打折扣，要想仅凭田地精耕细作来达到生活状况得到立竿见影的成效几乎是不可能的。为使家庭与个人生活能得到较大改变，这里的村民往往还是将希望寄托于孩子身上，希冀他们通过读书上大学来改变自己的命运，进而使家庭状况也得到改变。

三、乡村人心目中的大学的来源

二百户村距离省会城市兰州市有150余公里，只有在那里才有离他们最近的大学。这种状况意味着世代生活在这个村的多数村民们与异地大学之间几乎很难发生直接联系，他们中的绝大多数人终生与大学不能谋面。极少有机会与大学发生直接联系的村民们是如何来认识这些处于城市里的大学呢？即他们都是通过什么途径在另外一个地域来认识远在千里外的大学呢？通过笔者深入了解村民后，觉得如果说他们对大学还有个印象的话，那么这个印象的得来也是通过有限的途径获得的。

其一，从与大学有过直接联系的人那里获得大学的信息。在村子里与大学产生直接联系的人就是那些曾经上过大学的人或正在就读于大学的人。前者绝大多数都在毕业后没有再回到这个村子生活，而是留在了城里。但是他们却不可能与村庄绝对隔离，因为这些人尚与村子有着隔不断的血缘关系和亲情关系。当他们与自己的处在乡村的社会关系发生联系时，就会与村子有着密切联系。通过这些机会村民可以了解到有关大学的信息。这种方式了解大学的过程，存在隐性与显性两种情况。隐性方式就是村民可以通过这些曾就读于大学的人的身份变化获得与大学有关的附着知识或者其外在的象征意义。因为在村民眼里这些从村子里走出去上大学、而后留在城里工作的人已经是与他们迥然有别的"城里人"和"公家人"了，这些人与他们在服饰上、肤色上以及举手投足之间所显出来的气质已截然不同。通过对这些明显的有关身份、地位和生活状况的感受，村民们觉察到这些变更无不与大学密切相关。从这个意义上说，上过大学的人身上所附着的一些特征已经变成了村民们识读大学的一个重要方面。显性的方式是说这些学有所成的、上过大学的人有意识地向村民们宣传大学，从正面主动告知大学对于那些仍然生活在村上的亲属及其他村民的意义。这些已上过大学的人从功能上来说其实扮演着大学的"宣传队"角色。

其二，乡村知识分子是大学的"布道使"。笔者在这里所归类的乡村知识分子包括二百户村小学的老师和原来自然村小学的老师、在村里开药店并可以行医的乡村医生、来自乡政府的驻队干部等。这三类乡村知识分子都有着在中、高等学校就读的经历，他们从学校走出后并没有离开乡村而进入城市，反而是与村民们一起生活在同样的环境之中。尽管他们从事着专业性或行政性的工作，并从中获得相应的薪酬，有着村民所认为的"吃公家饭"的特点，但是实际上他们中的大部分人都来源于乡村，并都扎根在乡村。葛兰西所论的乡村知识分子与我们这里的乡村知识分子极其相似。他说："乡村型知识分子大多数都是传统的，这类知识分子使农民与地方和国家行政机关取得了联系，他们因此而具有了重要的政治—社会职能。此外，乡村知识分子总体上比一般农民具有较高的或者说至少是不同的生活水平，因此他们代表着农民希望摆脱或改善其处境时所参照的社会典范。农民大众每一步有机的发展在一定程度上与知识分子的运动相关联并且有赖于此。"（安东尼·葛兰西，2000）这些乡村知识分子在村民眼中是非常有学识、具有很宽眼界的"有本事"的人物，因为他们都是从"大学"里出来的——村民们往往将那些基于有外面上学经历而发生地位、收入改变的情况，都倾向于归类为上大学之故，即使是从一些初等的专科学校毕业的人都会被这样归类。有了这样的归类，这些乡村知识分子在村民的眼中，变得地位与收入具有显著性，使村民们获知了与大学的社会功能有关的经验知识，毕竟从"大学"里出来的人生活在他们当中，这种经由大学而获得的好处是实实在在的，他们完全是能看得见摸得着的。乡村知识分子本身的身份优势及其生活状况都成为一种代表大学的符号。从这个意义上来说，乡村知识分子充当着将大学向村庄介绍的作用，他们是大学的"布道使"。

其三，是通过传媒来了解大学。从整个村子的范围来说，人们接触最广泛的传媒载体可能要算电视了。"家电下乡"使二百户村约有九成的家庭拥有电视，因此电视成了村民们了解外面世界的主要方式，凭借电视人们可以获得相关大学的一些信息。电视播放的内容大都是充斥着城市人的生活内容与生活方式，这是一种我们不得不正视的客观现象。由于几乎所有的电视台以及电视节目的制作都是将城市作为发端之地，并且绝大多数电视节目的制作都是在将城市作为环境、前提和过程来完成的，这在无形当中就形成了以城市人的生活式样、生活环境、富庶程度以及城市社会等多个维度来冲击着村民眼球的状况。这实质就形成了电视业务的城市中心主义现实。正是因为电视对城市人、城市生活的肆意宣扬，传递给人们的信息是只有城市生活方式才是所有人奋斗的终极目标，才是人活着的毕生意义。乡村里的人们经此铺天盖地的信息引导，深切感受到城市与乡村之间存在的巨大区别。进城，则成为乡村人心目中的夙愿。而要进入城市以改变生活地域则必须依赖一些方式，其中最为要紧的就是考大学。正如钱理群所指出的，"乡村里的这种城市取向，就是要成为城里人，他们所希望的就是要脱离土地，上大学实现'逃离农村'的梦，从此走上了永远的'不归路'"（钱理群，2008）。

其四，村民从乡村传统文化中间接地感悟到大学。二百户村的人们非常喜爱流行于我国整个西北地区的戏剧——秦腔。当笔者在村子的这段时间，赶上了谢河村李金扬家为庆祝孩子上大学而唱了两天秦腔戏。谢河村并没有建成专门的戏台，因此戏班子就在一处高地上搭起了帐篷作为戏楼来演出。为了迎合李家庆贺大学生的主题，由这个村和其他村爱唱戏的人组成的戏班子特地安排第一天演出了《双诰命》这一全本戏，第二天则演出了《女驸马》和《状元媒》中的两出折子戏。这三出戏在秦腔中是大家非常熟悉的剧目，都是讲述我国过去一些朝代的人在中状元前后发生的一些感人故事。类似这样的戏剧往往以历史的真人真事为样本改头换面，添加一些人们喜闻乐见的情节，其中包括兄弟状元、少年状元、晚达状元、贫寒状元，等等，这些鳌头上的幸运儿，遂成了后世仿效的样板、激励人们奋进的楷模。村民们经过对戏剧这种渲染效果的接受，其中的感悟则是至深的。他们会从戏剧中得到启示，反观自家状况，即如何改变家庭贫穷的景况？如何出人头地改变自身的命运？戏剧似乎提供了他们明确的答案，只不过彼一时的考中状元为此一时考大学所置换。这其实就是在村民脑海中形成的一种类比过程。类比过程可以"将新的关系、新的联结引入到生活中来。通过与旧关系、旧关联的类比，新的事物被引入并顺利地得到承认，从而人们能够突破给定社会中习惯的一般约束力，推动习惯的发展及其功能的丰富，并产生新的习惯"（倪霞，2005）。

其五，家长亲自去大学而了解到大学。村里能够亲自体验到大学的人，除了上述我们提及的大学生群体外，还有那些在自家孩子考上大学后赴大学报到时陪同一道去的家长。不过能够达到这样条件的家长在村里占极少数，因为要有能力陪同孩子去大学报到的要有个前提条件，那就是从经济条件上来说要能承受得起。魏邦宁和魏四虎就是各自陪同自家孩子去大学报到的家长的代表。魏邦宁虽然住在二百户村里，但他却在乡卫生院做合同制医生，妻子在村里务农。魏四虎在二百户村里开了一家私人诊所，妻子在村小学当老师。因为他们两家的家庭经济情况在村里面是数一数二的，所以当他们家的孩子上了大学，家长就有条件能陪同一道去报到。魏邦宁说为送自己的姑娘到陇东学院去报到，自己在

2007年9月初从县城搭了汽车去了一趟庆阳市，到了目的地他才对孩子所上的大学有了数，原来他花了心血要让自己姑娘上的大学是这个样子：有很阔气的大门，还有就是只觉得人多，来来往往的都是人。他和女儿忙了一天就是交费，四处交费和买一些马上要用的东西，等把女儿的吃住安排停当了，第二天他就匆匆搭车回村里了。同样，魏四虎告诉我他在2006年9月初送自己的女儿到处于省城兰州的甘肃政法学院报到，他也亲眼见到了大学。他拿出与自己女儿在这个大学门口拍的照片给我看。这张照片前后留着许多深深浅浅的指印，实际上他已拿给村里人看过多次了，这张照片成为村民们了解大学的窗口。

经过上述几种方式，村民们认知了远在千里之外的大学。这些认知的结果大都是通过村民们在间接信息基础上来想象出他们心目中的大学。

四、乡村人对大学的信任和追求

由于个人向大学供给信任会明显与个人和大学间的关系状况有关，信任供给会因主体特点、状况以及与对方的关系状况的不同而显得非常不同。因此，笔者把调查的对象群体按照一定的标准进行分类，并在此基础上呈现不同类型的人群对大学的信任状况，进而完成对大学信任状况的记叙和判定。在这里，我们对这个村的村民们的分类大致是依据他们与大学之间关联程度的情况来进行的，即从"曾经有人上过大学的家庭"、"有人正在上大学的家庭"、"有人将要上大学的家庭"、"从未与大学有关联的家庭"这样一个区分依据来归类访谈人群，并在这些相应的人群中进行"目的性选取调查对象"（陈向明，2008）。

捕蝎者说

受访人：李宝林，男，家住二百户村，现就读于上海某大学建筑学专业。

他的父母亲和二百户其他许多村民一样都是依靠种植家中的几亩旱沙田生活，一年除了"面朝黄土背朝天"地辛勤劳作外，还必须仰赖老天爷多降雨水，方可收成一家的口粮。好在去年冬天降雪多而给地里坐了厚墒,今年他们家里把六亩沙田全种了西瓜,而主粮则种在还没有压沙的旱土地里,全凭老天来照应了。从李宝林口里得知,家里之所以将重头押在西瓜上,主要是因为他兄妹三人都要上学,需要交学费,种上的西瓜要是收成好会变成现钱供他们上学。家里除了他在上大学外,弟弟暑假后就要升入县一中高三了,小妹也将就读于县二中的高一。尽管他们都非常幸运得到了村子里许多孩子向往的优质教育机会,但毕竟是离家就读花销多,这两年他又在上海上大学更是加重了家中的负担。李宝林说到自己上大学的时候,话题就多了起来。他告诉我说:

"虽然上学期间我办了生源地助学贷款,解决了一年 5000 余元的学费问题,但这项款毕竟还是要还的。不仅如此,在上海那样的大都市伙食与其他生活花费也是不小的一笔费用。光我一年下来除去学费外要花去家里 5000 块左右,而仅凭家中一年一季的卖西瓜收入远不能满足。为此,我想方设法在读书期间的课外时间找些事做来挣些钱,让家里轻松一些。"

当我追问他是如何找事来做的时候,他笑笑说:"我在大学校门口摆过地摊,也在街道上发过广告单,还一直兼职做家教。开先实在抹不开面子,后来见到许多和我一样的大学生都在地摊上叫卖,渐渐就觉得心安理得了。"

他告诉我放暑假原本不打算回来而去找一份事做,但是因为弟弟暑假期间高三要补课,他不得不赶回来帮助父母经营西瓜。不过他说他在村里已找到另外一条弥补自己找钱的门路了,就是晚间上山去捉蝎子来卖钱。在我的一再要求下他答应带我一起去捉蝎子。一日傍晚饭后他叫了我带上工具,一同与他上山。一路上我们谈天说地,他告诉我,尽管现在他比较辛苦,但无论如何也会坚持把书读完,不但如此,他还一定要帮助弟弟妹妹考上大学。他说通过两年的大学读书生活使他开了眼,觉得外面的世界与村子的生活完全就是两个样,特别是像上海那样的城市生活与村子相比,两个地方简直就像生活在不同的两个世纪,差别太大了。村里经常天旱又缺水，而城里的环境比起这儿的荒山枯岭要强到十万八千里去了。大学毕业一定要留在城市里发展，不是他不爱自己的家乡，而是城市里机会多，能使自己学的东西有地方用，而且收入也会不错，这样就能供弟弟妹妹上大学，也会减轻家中的负担。他强调说："现在我越来越觉得像我们这样的农村娃最好的出路就是上大学，虽然毕业有可能会找不到工作，但无论如何上大学要比不上大学强得多，因为这是每个人发展的基础。"

说话间夜色已转深，我们也到了目的地。我们两人各自拿出准备好的一套捕蝎工具——蓝色荧光灯、腰间便携电池、长柄镊子和一个空塑料桶。将这些工具收拾停当后，我们左手握住荧光灯并将其旋亮，又把塑料桶的铁丝提手挂在左手腕，右手拿住镊子开始捕捉蝎子了。我们用荧光灯发出的蓝色光来扫描着地皮，令人惊讶的事情出现了，只见得在蓝色光下，地面上有黄色透明的东西四下里跑动起来。李宝林叫道："今天白天日头毒，晚上蝎子都出来纳凉了。快看，这些黄色的东西就是蝎子。"说话间，他的空塑料桶里发出一声响来，原来他用镊子早已经夹到一只蝎子扔到桶里了。我按照他教的办法也用镊子捉住了一只尚在奔跑的蝎子，拿到眼前观察了一下，原来这蝎子在蓝色荧光下通体是半透明的，并能发出黄色的光来，这便使得蝎子在黑夜里无处遁形。在我停下观察的当儿，李宝林那边愈是手疾眼快，瞬时有十几只已被捉入了桶中。捉到高兴处，他一个劲地说，我们这是在拾黄金哩！

从暮色初临开始，我们只选择了一个山坡一直向上搜寻蝎子，到晚间12点左右我们两人的桶里已觉沉甸甸的了。此时，李宝林停了下来告诉我说，现在应该回去了，一到晚上12点多气温已开始变低，蝎子都要回洞里去，就不容易捉到了，明晚我们再来。往回走的路上，李宝林给我盘算起今天晚上的收入。他说一斤活蝎值140块，今晚他捉到的蝎子足有半斤多重了，明天到收购站就能换回近70多块钱。他还表示整个暑假都会来山上捉蝎，那样的话一个学期的生活费就全够了。

拾"发菜"的女大学生

受访人：杜倩倩，女，家住头百户村，现就读于兰州某大学。

问：你现在是上大一的学生吧？和高中生活比较感觉如何？

答：对，暑假放完，回到学校就读大二了。我学的是给排水工程专业，是为城市服务的专业。高考时我没有报这个专业，是大学在招生时调剂的。也说不上喜欢还是不喜欢这个专业，那时觉得只要能有学上就算万幸。大学与高中完全不一样，没有那么多的压力了，人的心情比较轻松，而且供自个儿支配的时间很多。

问：助学贷款办了没有？大学里其他费用高不高？

答：办了，这样可以暂时不用愁四年上学的学费了。其他的费用对我们家来说还是一个大数目，你想，第一年光交住宿费、军训费、代办费都超过4000块了，这还不算我一年的伙食费呢，这些费用我只能向家里要，但是每次我都觉得很愧疚，家里一年的收成都叫我给拿完了。去年地里的庄稼收成除了留下够吃的外，卖了一些包谷和几亩胡麻，得来的钱全供我们几个上学了。

问：暑假每天都去山上拾"发菜"？

答：只要天气好我们三个都会去的。其实拾"发菜"也不会耽误干其他活，我们都是赶在太阳还没有出来前就到山上了，因为这个时候地皮还是潮些，"发菜"不容易断，丝子长一些，拾起来就要快得多。到太阳升高后就不好拾了，因为"发菜"变得不柔软，容易断成节节儿，拾不到了，再加上这个时候太阳光太强了，地上的光也就强了，盯着地面时间长了眼睛会疼、会淌眼泪，也就不好找"发菜"了。所以赶在晌午饭前我们就会回来的。

问：方便说一下一天能拾多少"发菜"？能卖多少钱吗？

答：这没有什么。一个上午一般拾三两多，回来还要挑出混在里面的干草苗，得到的净"发菜"也就二两多一点。现在上门来收"发菜"的人出价一般是一斤150块，我一个人一天大概也就能拾30来块钱。

问：这么辛苦，觉得读大学值吗？

答：肯定值。好不容易才考上大学，我们村多少人想考还考不上呢。不过我觉得自己真的是比较幸运，考上了大学。村里和我差不多一样大的都老早在初中就不念书了，三场原中学（三场原是乡政府所在地，三场原中学是这个乡办的中学）只有初中，离家远，条件差一些，特别是冬天，宿舍里不烧炉子，好多学生冻得受不了都回去了。所以多数学生考不上城里的高中，有的看看没有希望也就老早不上了。大多数都回到村里务农了。比起来我确实是幸运的。现在苦一些，可是以后会好起来的。

问：以后会好起来？你觉得上大学后未来就一定会好过你村上的伙伴吗？

答：对呀，这是毫无疑问的，不然谁还会上大学？

问：是什么使你这样确定呢？

杜倩倩沉吟了一下，然后回答：上大学一直就是会有好出路的，我们跟前的其他村子里过去也有好几个上大学的，他们都在城里工作。再说了这几个村这两年毕业的大学生都还是留在了城里，没有听说谁过得差呀。再说了，这村里与外面的差别太大了，大学毕业后再不济也会强过在村里"改造地球"。

问：可是，现在大学毕业就业比较困难，你不担心这样辛辛苦苦地读大学，出来却找不到工作吗？

答：谁说不担心呢？听说我们院这个专业今年定了单位的不多，留在兰州也很难，不过有好几个签到宁夏了。我毕业要是能像他们这样就心满意足了。现在最担心我工作的是我的爸和妈，本来他们供我上大学就是盼望我能跳出农村，眼下就怕我上完大学又要回到村里，觉得抬不起头。但我觉得最起码我在大学学了些东西，见了世面，学会了和别人打交道，起码也会在城里找个活干。哎！走一步看一步吧，说不定金融危机过去会好些。总之，三年后是个什么样子，难说。

问：两个妹妹都在上学吧？你对她们的未来是怎样设想的？

答：改改（杜倩倩妹妹之名）在三场原中学读初二，尕弟在二百户学校上五年级（头百户村村办小学两年前撤了，并入了在二百户村扩建的寄宿制小学）。改改学得并不太好，总是班里的中不溜，关键是她数学和英语都不行。按我的意愿弟弟和妹妹都应该上大学，不然一辈子在这山旮旯真是个惆怅。

问：你现在大学就读，已经对大学有了直接的认识。村里人对大学是个什么样的态度，你能感觉到吗？

答：从我自己来说，村里人还是非常看重我的，每次碰到的村里长辈们，都会夸奖我一顿，会说些我有出息啦、为父母争了光啦等类似的话，我想对我的态度也就是对大学的态度吧。还有，村里人也有时会打听一些大学的话题，比如我读的大学在哪里啦？离村上有多远呀？大学有多大、有多少人呀？反正我觉得大学在他们心目中是神秘好奇的地方。

这两个案例是村里正在就读大学生的代表，从这两个就读大学生的访谈中可以看到，这个村子在外就读的大学生获得机会，走出了他们父辈们世代居住的乡村社会，进入了位于大城市的大学里来，他们对大学已经有了与父辈们完全不一样的接触方式，那就是从遥远的处于异地的封闭的乡村来想象大学到了直接在大学里生活、学习并亲身来感受大学，这种与大学打交道的方式的差别显然是巨大的。另外，又由于这两位学生都家境贫困，尚能够矢志不渝、自强不息坚持要完成各自在大学的学业，这其中的动力及其对大学的信任状况委实可以代表这个村里其他大学生所持有的态度。因此，当我们分析其所依赖的大学信任基础，则可以概括这个村子大学生信任大学的基础。正是因为随着对大学认知的深入，乡村大学生对大学的信任源于这样的基础：其一是体认到大学能提供给他们知识，知识是个人发展的基础；其二是通过大学可以改变自己的命运和生活环境，具体地说就是大学是他们改变身份，跳出"农门"进入城市生活的必由之路；其三，尽管读完大学有找不到工作之虞，但是他们仍然笃信大学之与他们的前两项意义。

村里的时新仪式:"暖"大学生

八月末的一天晌午,二百户自然村的上庄突然响起一阵急促的鞭炮声,打破了整个村子的宁静。邰学明家今天"暖"大学生。我从村里人的口中得知,村上人所说的"暖"大学生,实际上就是说村里要是谁家当年有考上大学的孩子,就在这个孩子快要上学去报到的前几天里选择一个好日子,举办一个隆重仪式来庆贺一番,远处的亲朋和本村的乡邻们都会从各处赶过来恭贺。出了大学生的人家一般要根据亲朋和乡邻们可能到来的数量准备非常丰盛的宴席来招待前来恭喜的亲朋和乡邻们。过去,这种"暖"大学生的现象还算少些,现在则是越来越多了。

我到达邰学明家门口后,看到放过鞭炮的纸屑红艳艳地铺了一地,闻到空气中尚弥漫着鞭炮燃后的浓浓气味。邰学明的老伴和考上大学的儿子来香站在大门口迎接四处到来"暖"大学生的亲戚朋友。院子里早已经摆好了好几桌宴席,先到的客人都已开始划拳行令,吆五喝六地饮上了酒,也有喜欢在闹中取静的一些客人聚在一起"喧"着与今天主题相关的话题。院子里的沙枣树上架着一个大喇叭,口儿朝外,用最大的声音向外播放着秦腔。作为一家之主的邰学明在院子里招呼着到家里来贺喜的人入席,并使唤着帮忙的几个青年干这干那的。西厢里搭起的帐篷就是村民们所称的"大灶",里面几个帮忙做饭的妇女正忙得不可开交,给炉子吹风的鼓风机声响很大。邰学明在偶有闲下来的时候,也会加入到那些"喧"着有关大学与大学生话题的客人当中,说上几句他对大学的理解,并还向大伙介绍着儿子上的是什么大学等内容。当别人说到他儿子如何如何有出息的时候,他一直笑着说些谦逊的话,但我却分明能看得出他难掩内心中的喜悦。

时至正午12点的时候,人们突然都安静下来了。只见一位负责安排此次"暖"大学生活动的主事向大伙喊道:"'暖'大学生仪式开始。"随着话音,来香站在了院子中央,主事拿着一朵用红色的绸缎被面扎成的大红花,绾在了来香的胸前。随着主事的喊声,笔者见到来香向着上房的方向跪了下来，并匐倒上身磕了三个头（听堂兄说，这里的人家一般都在上房里供奉着祖先的神位，因此来香是向祖先磕头呢），然后站起来转过身子向来客三鞠躬。接着，主事就当众宣读起来香的录取通知书来。原来来香考上的是一个第二批录取的院校——兰州城市学院（原来叫兰州师专）。此时，众人的掌声响起，随之门口也有专人燃起了鞭炮，一时间整个院子掌声、炮声、笑声、说话声、秦腔声等一块响彻起来，将整个院子喧闹得热气腾腾，真可谓是在"暖"大学生呢。此项活动一结束，主事就喊道："开桌——"就餐的村民们则重又开始动起筷子来，邰学明一家人则穿梭于其间周详地"看桌"（指招呼人们吃好喝好）。

这个案例是"有人将要上大学的家庭"的代表。村里面像这样一旦有孩子考上大学，"暖"大学生的仪式都会少不了。尽管今年整个村只考上了4个大学生，这其中没有一个考上所谓的重点大学，但是这4家都无一例外地在8月末临近孩子到大学报到的时候，选择了好日子举行了"暖"大学生的仪式。通过对这几次"暖"大学生仪式的观察，笔者归纳了其用意：首先，正如案例中所说到那样是为了庆祝村民自身看来是一件非常风光又喜庆的大事，通过这个仪式可以表达家里的喜悦心情，并想和村民们一起分享这种喜悦。其次，家长满怀着信心，表达着孩子考上大学后将开始与村里人完全不同的未来，孩子的未来在家长的眼里已变得非常确定了。这说明家长也深深凝聚着对上大学及上大学结果的不言而喻的、想当然的信任。再次，家长通过这样一个仪式，向其他村民们宣示自己供读大学生终有所成，家长本身也充满着成就感。更为重要的是通过这一仪式的举行，也会宣示自己就此改变了在村里以往一贯的身份和地位。在二百户村内，人们生于斯长于斯，他们的交往范围多数就限于邻近的几个村庄，这种长期形成的熟人社会关系，使得每个自然村的人们非常关注给熟人们留下最为美好的印象，有个好的口碑和突出的声望。在村里若要达到这样的地位所带来的最为直观的好处是，可以在村里公共事务、公共场合、公共活动和村民自组织当中享有最多的发言权和较强的引导与左右别人的能力，即使他身无任何正式职位。在乡村熟人社会中人们对类似的声望或者"出场"机会多寡的看重已经成为他们的一种荣誉性的追求。显然，通过"暖"大学生的仪式就是为达到这样的目的。

事实上，对乡村熟人社会中的名声与威望的热衷也会加深人们对大学的预期，因为毕竟在村民们看来，自己的孩子上学是他获得村里人首肯的关键理由。因此，作为家长对大学的预期利益需求则会显得更为迫切。与其说是在庆祝自家孩子考上了大学，不如说是家长们在庆祝自己供大学生"功成名就"了。

养猪供孩子上大学的家长

曾富强有两个孩子正在读大学。大儿子在沈阳建筑大学读大四，学的专业是冷暖气工程，二儿子在上海第二工业大学机械制造专业读大二。

见到曾富强的时候他正穿着白色大褂在猪棚里忙碌。他告诉我从二儿子一上大学他就开始在家中盖起猪棚养猪。他饲养了六只母猪，通过母猪产崽来卖钱，二百户村附近的方圆其他十里八村都依靠他这里供应猪崽。除了这以外，他还学会了处理常见的猪病，能收些服务费和药品费。前两年的猪肉价上涨，他正赶上时候，赚了一些钱，两个孩子的上学费用宽松了许多。曾富强告诉我说：

"我的两个娃并不是特别地出众，能考上大学全靠各自的踏实肯学和恒心。老大第一年考上的是榆林学院，孩子不愿意去，我也觉得不满意，因此又留下来补习了一年，谁知第二年再考连本科线都没有上，一下子全家都懵了，伤心极了，怎么办？是放弃还是继续再补习一年？我的压力太大了，一个是自己觉得村里人都在看我的笑话，第一年考上还嫌不好，今年什么都没有捞着。再一个是老二也上了高中了，两个高中生花费多，家里负担压得我喘不过气来。孩子母亲也打退堂鼓了，说老曾家世代就是务农的命，家里就是出不了大学生，要认命，就连老大本人也泄气了。我难过了好长时间，在家里思来想去的，不敢见村里人。想着孩子现在只有十几岁，后面的路还长得很呢，难道现在就要和我一道守在村里继续过面朝黄土背朝天的日子不成？不上学去就是打工，也不是好混的。我也在外面打过工，不会有长远的好结果。想想只有上学这条路才管长远，才会有好前程。再说了，我也不服输，我不信命，我就不相信世世代代务农的人家就不能出个大学生？我想通后就给孩子打气，说了好多道理，最终也使他鼓起了勇气，不到开学孩子就提前背上铺盖到一中补习班重读了。一年下来最后高考结果出来分数比一本线刚高过一分。他的班主任说上一本大学可能希望不大，能保证上个不错的二本大学。但我真希望能上个重点大学，最主要是觉得不能亏了孩子，也觉得这样会更风光些。因此，在报志愿的时候，我天天在研究《大学报考指南》，最后大着胆子报了现在这个大学，全靠碰运气。着急地等了近一个月，果真收到了沈阳建筑大学的录取通知书。不要说我家里，整个家族十多户人听说后都到家里庆贺，这是我们曾家整个家族的第一个大学生，我高兴极了，在家里放起了鞭炮，觉得就像过去家中出了状元一样，确实是该到扬眉吐气的时候了。

"二儿子考大学的时候也很吃力，和老大一样连续考了三年才考上。不过这个时候我心里并不像前面那样有压力了，因为一来孩子看到哥哥考上大学了，他的动力可足了，能承受住打击。二来是觉得我也有些应付这些事的经验了。说到经验我还真有些教这些娃报考志愿的收获呢。我用了六年的时间来供两个孩子上高三，每年高考结束，我都要在报志愿时过一遍那么多的大学，我逐渐对大学的东西感兴趣了，就让老大给我买了一本介绍所有大学的厚书来看，那时候我还放着一群羊，有一阵子我连放羊的时候都拿着它在琢磨，觉得找到了些门道，这里面有学问呢。"

曾富强在说到报志愿话题时侃侃而谈，神态自信。我能理解这种自信是有道理的。多数乡村人长期以来对于有关大学的信息知之甚少，或者说是一无所知，当曾富强通过孩子考大学这一渠道了解到大学许多的信息时，这种拥有信息的自豪感就会自然而然地产生。况且近年我国大学所掀起的合并、改名、改变隶属等情况及其信息连生活在城市中的人都难知其详细了。

很显然，曾富强在村里赢得"名气"与有上大学的儿子密切相关，这不但使他能够从别人那里获得尊重的可贵资本，而且也使他有了与大学交往的经历并积累起了在整个村子范围内来说的非同一般的有关大学的信息资源，这些资源成为他在这个村内声名鹊起的另一重要资本。不但如此，两个儿子上大学——这种与大学已有的交往事实，表明了村民们与大学的交往以及获益的情况是他们信任大学一个重要依据，并可以在他们当中一再复制出这种信任。

贷款供大学生：忧虑与信心

初次见到李伯林的时候，他正与小儿子一起用砖头砌着二百户小学的新大门。二百户小学得到上面的拨款，利用暑假时间进行办学设施的改善。李伯林会些砖瓦活，就承包了学校围墙与大门重建的施工任务。李伯林有三个孩子。大儿子 2006 年从宝鸡文理学院毕业，在天水一家轴承厂找到了工作，两年后和大学的女同学在天水结了婚。女儿现在兰州的一所大学读大三。第三个孩子是男娃，名叫石头，高一第二学期就辍学在家。

到李伯林家里后，我看到用黄土泥抹过的院墙已明显历经多年了，很多处都掉了墙皮，看上去是斑驳一片。院内收拾得非常整洁，只是正面的上房和东厢里的厨房显得灰暗许多，外墙原来上过的白石灰粉也脱落殆尽，里面的泥土坯深深浅浅地显露出来。旧式的糊纸窗棂与房屋上面露出的椽头也变成黑灰色。这使得整个院落尽管整齐有致但却显得老气横秋。李伯林仿佛看出了我的所想，就解释说他的房屋已算村里最过时的，二十多年没有翻修过了，都是因为供学生上学。李伯林告诉我说：

"东东（大儿子的小名）是我们李家的第一个大学生，补习了一年才考上。考上的时候全家都非常高兴，高兴完了就为学费发愁。不过好在第一年能从亲戚家里凑到了些，可是到后来就变得非常麻烦了，家里实在拿不出孩子的学费，亲戚帮助一次就已经非常难得了，不可能再借下去了。最后，没有其他办法，我只好去贷款给孩子作学费和生活费，几年下来共贷了一万多。这两年孩子毕业了，尽管一月只拿千儿八百的，但一直和家里一起想法还借款。"

说起大儿子的工作，李伯林看上去心里也很沉重，他说：

"儿子大学毕业后为找工作费了好多周折。毕业的那一年娃跑了许多地方，直到9月才定下单位，尽管觉得单位并不太如意，但为了能尽快找个事做，也就只好定了下来了。我们俩一点忙也帮不上，为儿子干着急。后来我们就觉得孩子找到的工作真是不太好，因为他们俩（指大儿子夫妻）维持自个儿都非常紧巴。前一段时间听说厂子不太景气，两口儿主动要求到西安给厂子站门市部来做推销员，不知道情况咋样了。"

"霞子（李的女儿名字）今年九月就上大四了。刚考上的时候赶上了生源地贷款，暂时就不用愁学费了。霞子放暑假没有回来，和她几个同学留在兰州做些零工挣生活费，说是给哪个酒厂糊包装盒，一天一人能糊200多个，糊一个给两毛钱。一天吃掉十块，自个儿能落30来块。今年假期长，这样挣下来，下学期的生活费也就有些了，再加上我给村里的学校做活挣的，加起来就差不多了。"

可能联系到了大儿子大学毕业后工作不太理想的原因，李伯林突然说：

"我看现在上学是白念呢，光说是上大学呢，我觉得有些划不着了，花了恁多钱最后却自个儿包不住自个儿，这是个惆怅，我都不敢想霞子毕业后工作咋找下呢。"说完叹息了一声。从李的话里可以理解出他本实的意思，那就是说虽然家里花了许多钱（甚至是贷款）让孩子上大学，但终了孩子毕业却不能维持自己的生计，这一现实深深影响到了他对自己女儿读大学后的未来预期。李的妻子在旁边却说："不供娃上学又不行，人家都在供，咱咋能不供呢？这是做父母的应该做的。再说了，只要娃儿们愿意上学，家里砸锅卖铁也得供，起码能够多个出路，不然都窝在村子里咋办呀。要是你不供，娃儿也会怨悔做父母的呢。"李伯林沉默了，只是狠命地吸旱烟，盯着地上发愣。

到李伯林家调查后得到的结果令笔者获知了有关乡村人对大学的理

解的另一面，那就是这里的人家不惜贷款或负债都要供自家的孩子上大学。村子里像李伯林一样通过贷款或负债来供孩子上大学的人家并不是个案，整个村里现有孩子就读大学的 11 户人家都不同程度因供孩子上大学而欠下账。大圈村正在供两个孩子上大学的魏尚礼家真可谓是这些人家的最典型代表了。全家除了留下口粮外，把所有收入与产出都供了大学生，这还不算，现在欠下的外债与贷款已超过了两万元。魏尚礼比李伯林乐观许多，并且信心十足。不过，他的信心来自于他在村落范围的观察与认识：

"庄里上大学的娃娃不是都留在了城里了吗？没有见哪一个回来务农的。再怎么说到外头去了路子还是要多一些，况且大学生找不到工作难道'公家'就不会管吗？'公家'总会想办法的。"

魏尚礼对未来的预期全放置在自家孩子上完大学的结果上，他甚至笃信他家当前的贫苦生活会被想象中的未来全新生活所替代，而这种笃信是与"公家"能令他放心的预见为前提的。他所称谓的"公家"是指国家和政府，这也就意味着他与大学交往的结果之所以能得到保证，其底线是对国家和政府所持有的信心。不只是魏尚礼一家人对"公家"抱有热切的期望，村庄里的人们之所以对孩子上大学的未来怀有确定的结果，都是将国家与政府设定为确保这些确定结果得以实现的既定因素。从这一点来说，我们所分析的大学信任与人们的政府信任之间存在千丝万缕的联系。

庙会里的头面人物

农历六月六日是这个村最热闹的一天。村里的人们都认为这一天是他们信仰的一位"神"的生日。因此，村民们在新建的庙里老早就开始提前筹备举办庙会了。

六月六日是个大晴天。一大早庙院内已经聚集了许多村民。尽管人群有进有出，但整个院子的秩序却井然有序。向里走的人群是已经敬献完"供品"的村民，相反，朝里走入的人群则是要前去献供品的村民。空地里都是献完供物的村民，他们站在这里等待庙会的组织者分配任务。依常例,村里每有庙会要举行,这庙会一般会持续四五天,因此会有许多事务要由村里人分别担负。从庙会组织到庙里具体的事务,诸如管事、守殿、布施、上香、火房、卫生、工程、饮水等其他一应打杂事务都会由不同村民来充任,不过这诸多杂务都依照与庙会活动的相关程度以及与神殿的远近程度分成等级不同的事务,并且都被归成几个大类,分别由一些村民来掌管和负责,而其他村民则具体承担其中的各项杂务。这种分工实际上也显露出村里的庙会活动存在一种隐而不显的等级分工,尽管这个等级是若隐若现的,但是起码可以说是得到整个村民集体的内心认可的。随后我所见到的村民在接受任务时所显示出的遵从状况就能充分证明这一点。村里的普通村民们都因为相信为庙里干活,能够被无所不在的"神"所见到,这就足以表达他们对"神"的虔诚。因此,他们每个人心中所祈求之事就会得到"神"的佑助。分配庙里杂活的是由几个在村里算是德高望重的组织本次庙会的村民来担任。王立农便是担负这种职责的村民之一。当他站在高处给村民们分配任务的时候,我见到他头戴一个崭新的原色草帽,面色白皙,上身穿淡蓝色短袖,下身穿着深色的半新西裤,看上去年龄近六十。他的这种穿着及其所显示出的精、气、神与站着等待分配任务的面色黝黑的村民有些区别。当他将不同任务分给空地里的村民后,我看到所有得到任务的村民都非常尊重这种分配,一点异议都没有,并且立即就行动起来了。

这个村的此次庙会井然有序地进行着。我感兴趣于庙会里村民的这种等级是如何形成的,也就是这些庙里的"头面人"是如何获得其他村民内心服从的。

当我将庙会里几个负责较高事务的村民放在一起来考量时,其中的共同之处就非常清楚地显示出来了。这个共性在于这些村民与各自家中"出产"大学生之间存在非常显著的关联。不管家庭中是何年月出了大学生,只要有大学生便是家庭的一种优势。王立农就有两个孩子上过大学。大儿子早在20世纪90年代初就从西安一所重点大学毕业，被分配到省内的一个无线电厂工作，后因效益不佳到深圳谋求发展，如今业绩很有成效。二儿子也于20世纪末从西安一所大学毕业，被分配到靖远县的行政部门工作，用村民们的话说也是"非常了得的呢"。前面案例中的曾富强也与王一样享有同样的级别，他在庙会里专门负责村民们上交的布施以及庙会所有的花销账目。同样，李伯林也作为一个管事，正在忙着庙会上的外联工作，就是与其他村里庙上的负责人联系，邀请这些人来参加庙会。

这个案例是"曾经有人上过大学的家庭"的代表。对于上述观察与感觉到的这种关联性，我也一直担心会因自己的过分猜度与武断地联系而捏造或牵强地得出"事实"，因此不得不从侧面来印证我所观察到的问题。从与村民的谈话了解中我得到了肯定的佐证。有村民告诉我，村上在平时过日子的时候，并没有这种等级。然而一到全村有类似庙会这样由村民自己组织起来的活动的时候，这种自愿的遵从就会出现。而且拥有这种权威的村民的确与他们家中出了大学生或者有在外面干"公事"的人有关。因为在村里人们的眼里，出个大学生就同过去家族里出了有"功名"的人一样，整个家族就会非常荣耀，就会获得像过去人们所说的名门望族一样的地位，这些家族里的人在村里的公共事务或活动中就享有很多的说话机会。还有村民告诉我，大家其实都还是很羡慕这种荣耀的，都渴望能够拥有这样的荣耀。如果不能拥有，则会心甘情愿地佩服那些拥有这种荣耀的家庭及其人员，至少会想到这些家族中的人是比自己聪明或者是得到"神"的助力以及其他说不清道不明的优点，这些就是村民遵从的根源。实际上，在村里有着这种隐形权威的家庭也已经感受到了拥有这种优越性的好处，因为我见到这些家族其实一直以来已经着手所有村民都能看到的事情，那就是他们花费更多的财力与物力供孩子们去上学。

由此观之，孩子上大学与家长在村里的社会地位、身份有着密切的关联。这种心理认同的等级尽管不会在平时表露出来，但却也是村民们在他们相对封闭的社会生活圈内进行互动，进而影响彼此认定对方身份的主要结果，它会在村里的公共场合和公共活动中表现出来。在引人注目的情景中显示出来的被人尊重与服从，其中获得的满足感是不言而喻的。这也就是村民们不遗余力地供自家孩子上大学的动力源之一。

为解家中田少之忧到为家族争口气

张守义说他老两口生有四个男娃。他最开头一门心思地供自己大儿子上学是因为一直担忧家里的田地太少了，总是担心几个男娃长大后没有粮吃，因此就是要想方设法地让孩子能够多出去几个，在外边能找口饭吃。他告诉我说，只有他的大儿子出生于农村包产到户之前，赶上了生产队分地，而其后所生的三个儿子都是在田地承包以后才出生的，这就意味着生产队里分给他的田地只有他们夫妻俩和大儿子三个人的，而后来出生的孩子是没有田地的。更为突出的问题是，不但是包产到户后出生的男娃没有田地，就是再往前看一下，等到这些男娃长大后娶进的媳妇也在村里是没有地的，这就造成了像他这样的家庭总是在田地上显得非常紧张，往往会出现以较少的田地份额来养活较多的家庭人口，这导致他们这些家庭一直以来面临着如何糊口的危机感。张守义说现在政策已经定下来了，从实行包产到户后的田地政策是不会变的，最起码在他这一辈子是不会变的，这就意味着他家的田地在他这辈子是不会增多了。

张守义说："好在大儿子争气，上学十几年没有留过一次级，到高三一下子就考上了，叫成都的电子科技大学录取了，是个重点大学。我松了一口气，但最头痛的问题是学费了。原来上大学是国家管的，正好是我娃考上的那两年说是搞什么并轨，学费不但开始要交了而且还老高的呢。第一年的七凑八凑的还可以交清，往后就有麻烦了，只靠地里长出的庄稼交个零头还勉强呢。没有办法，都是逼出来的，我只好放下地里活叫女人侍弄，我就到煤窑里去背炭挣些现钱来供娃娃上学。"尽管在煤窑挣钱的经历如众所周知的那样艰苦，甚至还会有付出生命之虞，但是张守义在接下来的叙说中并不愿刻意向人说出他所受过的苦难。

"在煤窑挖煤苦是苦些，但心里却是畅快的。儿子上的是好大学，比别人家娃上的要强些，他们的娃上个中专都宣扬开了，我们这才值得宣扬呢。想到这些，我就觉得轻松些。因为我经常在'炭行'上做活，学到了些找煤和挖煤的技术，所以后来就在各个煤窑上来回地帮活，渐渐地混了个人熟，活也开始干得轻松些了，挣的也就慢慢地多一些。要不然的话，家里小些的几个娃娃见老大上了大学都来了劲，一个接一个地比着上大学，我怎么能供得起？二儿子考得不太好，上的是天水师范学院的大专，可是他在学校又升成了本科。三儿子也没有让我操多少心，第一年就考到长安大学了。这三个一个挨一个地上了大学，我是既高兴又愁怅，高兴的是自己觉得在村里脸上太有光了，走到哪里都会受到高看。愁怅的是花钱太多——我一年在'煤行'上挣的，娃们开学一下子就全拿个精光。得，还得再到'煤行'上去挣，就这样我整整干了八年。"张守义带着富有功成名就的神色调转了话题，开始了他的抚今追昔。他说道："在这个村里我们张家是个小家族。'民国'十八年父辈带着一家人逃荒到这里落下脚，到现在才有十来户。过去人少势单，常受到别的大户家的小看，有时候给家里的孩子说一门亲事都不容易，为啥呢？就是因为人家知道我们是单门独户。一直以来我们也积攒着一股劲，就是盼着如何活得像模像样些。其实，说我因为地少供大学生只是一个方面，更加重要的原因是在这里啊。"张守义说到了动情处，一个乡村人内心积聚下来成就感在这里找到了迸发的机会。

以张守义所在家族为代表的大学生扎堆现象在这里表现得非常突出。这一方面说明家族观念在这里是家长供孩子上大学和孩子自觉刻苦读书的动力源之一；另一方面，我们还能体会到这种家族观念得以强化的动因，也是孩子们上大学后带来的荣耀所凝结成的结果。除此而外，在这个案例中再一次凸显了供孩子上大学后也会直接导致一个好处，那就是推动"产出"大学生的家庭或家族成员在村内实现社会层次的向上流动。当我们将此与村落形成机制、村民一直以来的乡村生产状况联系起来理解，就会明白其中的要义。首先，从村落形成的过程来说，陇中二百户行政村所属的这六个自然村，在村落形成的时候有一个共同的特点，那就先由一至两个姓氏家族最先到达这里，经过若干年的生息与经营，人口得到增长，逐渐扩展成为一个村落，与此同时规范整个村落的日常规则、习俗、文化和权力结构也以这些家族为主体而被创制出来。后来陆续有其他的一些外来人口到此居住并融入村落生活，自会依照这些日常生活规则与权力结构维系与原住民的社会生活关系。其次，长期以来的自给自足的小农生产与经营方式凸显了人多势众的好处。不单是在生产劳动过程中人多会使维系生活的产品在绝对数量上占有优势，就是在决定村内一些公共事务时人多也有明显的优势，特别是在一些不受正式管理组织管辖范围的民间事务中更是如此。相反，势单力薄的人家不但在扩大生产上处于劣势，就是在社会关系网络中也处于非常有限的境地，更不要说在村庄事务中争得更多发言权了。基于这些原因，对于这些后来的人家来说，在日常的村庄社会生活中则会出现微妙的依从关系。由此，力求摆脱这种局面的人家自会寻找途径来改变，以达到提高社会层次与名望层次的目的，而供孩子去读大学则是他们首要选择的一种方式。

为什么还要补习？

杨文华一家三口人生活在谢河村。杨文华的儿子杨又又在三场原中学读初三，杨又又去年就在三场原中学读初三了，可是连续考了两年高中，到今年暑假还是没有考上县城的四所高中的任何一所，并且成绩一年考得不如一年。我到这个家庭的时候已近正午一点多，杨文华、他的妻子和儿子又又才刚从枸杞地里摘完枸杞果儿回到家里。三个人满身都带土，脸色都被西部强紫外线的毒日头晒得焦黑。一家人洗去脸上的泥土，拍打去身上的浮土后，女主人就进入厨房忙活着做饭了，杨又又独自进了耳房，他似乎有些不愿意与陌生人接触。杨文华则斜靠在炕头柜上一边歇着农乏，一边与笔者攀谈起来。我看到他手背上被枸杞刺划出的许多细细的血线，日常暴露于太阳下的脖颈也被晒得脱着"死皮"。

当我问及又又上学的情况时，杨文华起先不愿意接触这个话题。按我的理解，他可能委实觉得谈论此脸上无光，所以他刻意回避这个话头。笔者就和他拉起家常来，将话题作迂回处理，问他们家里枸杞长势如何，一天能摘多少斤枸杞果儿，如何晒干枸杞并如何保存，价格又如何，等等，慢慢地在不经意间将话题引到调查的主题上来。随着谈话深入，我们之间的交流气氛变得热络起来，少去了几许生分，他也逐渐放弃了拒斥的态度。

"又又其实在我们村里上小学的时候学得非常好，经常能挣回奖状来。后来升到初中，我们家没有熟人和亲戚在城里，不能像别的有门路的人家那样把娃转到城里的学校去上，我们的娃只能到乡中学去上了。也不知是老师教得不好还是我们娃自己'逛掉了'，到初二的时候我发现娃学得不行了，现在连上高中都成问题了。真是愁死人了！按我的意思，又又下半年还要去三场原中学去复读，再补习一年，看还有没有指望上高中，万一不行，就只好上中专了，现在的中专只要你想上，都能上得去，是不管你学得好坏的，出来以后工作也不好，人家就说是和打工一样的。就因为这样来得太容易了，大家都不愿让娃上中专，觉得不太美气。说实在的，我自己都不甘心，还是希望又又能上高中，考上大学，能找份像样的工作，吃上松活饭。那样的话我们也就心里会舒坦些。人比人真是气死人，我们庄子里别的人家娃上个大学咋就没有我们娃这样难肠呢？他们就能悄不吱声地考上了。再说了，大家都在拼死拼活地供学生，我们家能不供吗？现在你不供学生就觉得比别人缺些什么，就觉得比别人矮了半截。在村里面各家都在比照着过日子呢，整个村里没有出大学生的家族可能就算我们杨家了，所以就指望正在上学的娃娃们争气，不管怎么难也要有个结果。"

这一案例是"从未与大学有关联的家庭"的典型代表。杨文华能这样坚持让自己的孩子要把学上下去，这里面的因素除了与其他大多数家长一样，指望自己的孩子能够考上大学，跳出"农门"外，还反映出乡村的人们依然固守着传统的家族观念，在处理一些问题时仍旧会从家族这个视角来考虑，不只如此，人们的一些行为方式和行为习惯已然被家族意识潜移默化而成为一种思考问题的惯习——从家族利害的角度出发来考虑与外界作应对之方。当我们细究这里的人们所认定的家族及其特点的时候，也会发现这与费孝通先生所分析的家族概念和这里的村民们所认同的家族概念具有一致性。费孝通先生把家族当做乡村社会中一个基本社群来看待，认为家族是"扩大了的家庭"。这里的村民们依照父系血统来划定他们心目中的家族观念，这个范畴往往还可能扩展到居住在一个村同姓人当中。若要现代乡村社会还这样依重于家族的原因是复杂的。单就从家族在传统社会中所担负的社会功能的角度来看，家族其实是乡村社会中的一种社群组织。费孝通（2007）[38]指出："在中国传统社会中家族是由许多家所组成，是一个社群，利用亲属的伦常来组合社群，而且这种社群是一个事业社群，可以经营各种事业。在中国乡土社会中，政治、经济、宗教等的功能都可以利用家族来担负。"在这里，费孝通先生从家族的社会功能说明了其对个人或家庭的重要性，正是因为家族有这样的社会功能，才使得个人依附和顾及到家族。而从乡村生活的实际来看，过去人们依靠小农经济维持生计的时候，社会生产力低下，生产工具落后，通常是全要依赖人力的密集作业来使生产和生活持续下去，此时人力的多寡起着决定作用，因为这样可以以众人的力量来完成单个人或单个家庭难以完成的产品数量，借此才成为个人生活与发展的保障，个人就会获得安全感和心理慰藉。由此，在乡村人的日常生活当中就永远烙下了人多好办事和人多势众的印记，基于这样的原因，人们设法维系家族的动机就变得非常强烈。个人与家族的关系就成为乡村生活的最常见的关系形式，个人依赖家族以求得个人发展，个人为家族作贡献以求得家族的壮大用以给个人提供物质与心理的庇护。费孝通（2007）[97]曾举例子指出："在传统社会里的大家族就是这样一种团体。全族合力供给一个人去上学，考上了功名，得到一官半职，一族人都靠福了。"在这个例子中个人从家族中获得支持，取得个人的成功后，再回过来反哺家族。由此，当下这里的村民们依然还将上大学作为为家庭增添荣光的重要方式，就不难理解了。也从这里就可以理解，以及人们对上大学的追求不单是出于个人未来有个好的出路——尽管这一点非常重要，而且还要考虑到上大学对于家族的重要意义。可见，人们对大学的预期获益也往往会从家族的角度来考量。为此，通常普通村民的大学信任就源于更一深层家族原由。

寄宿制学校始料不及的事与陪读爷爷

近两年，二百户村小学初步建成了寄宿制学校，并将其他自然村的小学全部撤了，这些自然村的小学生们不管年龄大小，都被集中到二百户小学来上学。从我接触到的事实来看，二百户村的寄宿制学校并没有实现完整意义上的寄宿。从其他5个自然村里集中过来的104个孩子晚上并不在这个学校住宿，孩子们只在中午放学后不能回到各自的村庄里去，要留在二百户村小学；但是学校在中午却并不负责为孩子们提供午饭也不提供休息的地方。孩子们中午就待在各自的教室里就着开水吃着早晨上学时从家中带来的馍馍。吃过馍馍后，孩子们就只能趴在课桌上打会儿瞌睡，然后到下午两点开始上课。至下午放学后，几个自然村的孩子们再结伴步行回到各自的村里去。第二天一大早孩子们则会带上当做当日中午饭的馍馍大老远地再从家里结伴步行到二百户小学，开始他们新一天的求学生活。崔家山村是离二百户村小学最远的一个自然村，它坐落在屈吴山脚下，这个村的学生每日都是步行赶到二百户小学，路程弯弯曲曲地将近20里。

在实行寄宿制学校之前，崔家山村原有的小学里各个年级的学生总共有34名。实行寄宿学校的第一学期，这34名学生都能坚持步行20里路到二百户学校上学，可是由于路远，再加上到二百户小学上学的学生还有一年级、二年级的低龄孩子，而且二百户学校中午无法提供午餐给孩子们，而在晚上又不提供住宿的地方，这样一来就有一些孩子坚持不住了。据二百户小学的张校长说，这些孩子在其他季节尚还好过些，最让人揪心的是孩子们在冬天天寒地冻的天气里，天不亮就要早起赶到二百户小学来上学，放学赶回家里时天也就黑瓷实了，娃儿们真可以说是披星戴月呢。这样一天一个来回地跑，中午又吃不上热饭，一些低龄的孩子就没法再坚持下去了，好多都放弃了来上学。张校长强调，这些娃并不是自己不想上学了，只是这样下去孩子们太遭罪了，家长们实在看不下去了，就不再供了。这样一来第二学期就有一半学生不来上学了，现在来这里读书的都是高年级的学生，也有零星的低年级学生仍然坚持上学，那是因为他们在二百户自然村里有亲戚，这些亲戚给他们提供了食宿。不单是崔家山这一个村子存在这个问题，另如离二百户比较远的头百户村也面临着一样始料不及的令人惋惜之事情——一些孩子会因为办寄宿制学校之故而不得不离开学校。

崔家山村总共有96户人家，人口不足500人。社长胡明告诉笔者放弃上学的孩子当中大多数并没有跟着家里人到地里务农，而是转到其他地方就读了。把自己家孩子转到外地就读的最初只有姓李的两个家庭，当时只是一个偶然情况而已。因为李家的兄弟俩都带着各自的妻子在靖远县城郊承包了一些水地种蔬菜到城里卖，村上的家和农活一直就靠老人来照料。面对孩子在乡村里上学的这种情况，李家弟兄就设法将他们的孩子们转到城郊的一个小学来上学，倒是比较满意地解决了孩子在家上学难的问题。这两家对孩子上学的妥善安置，不想在村里起到了一种带头和示范作用，其他家庭也纷纷仿效。原来不在外边干活或打工的年轻夫妇都为了给孩子提供比较方便就读的学校，离开村子走向外面的城镇去找活干，待到活计稳定下来生活安定后，就会将孩子转到这些城里或城郊的学校就读，而村上的家和田地也同样留给他们的老人来照料和耕种。有一些家庭甚至出现了带着孩子举家外出的情形。当我在村里见到许多被闲置的房屋时，深深受到冲击和震撼——这个村里为孩子上学而背井离乡的人们大有不成功就不返回的意味，从其间我真真切切感受到了家长的决心，并将一家人的未来生活走向交给了让孩子上学的后果里，不惜改变他们一贯固守的生活方式和生活地域。我和社长一起统计的结果显示，在崔家山村的96户人家中就有24户人家把孩子带上一边外出做工，一边设法安排孩子在打工的地方就近上学的情况。当然，并不是所有从二百户村小学弃学的孩子都有幸在家长的努力下转到其他地方的学校去就近上学，也有一些孩子因为家中或这或那的具体原因而无法获得和前面提到的孩子一样的上学机会，他们迫不得已就此辍学了，这一现象则可能是实施寄宿制学校过程中所始料不及的。

这种将孩子转到外地去跟着打工做活的父母在异地上学的情况笔者将其称为"跟读"。事实上，这些自然村的村民除了通过"跟读"的方式解决孩子的上学问题外，还通过其他方式解决他们在寄宿制学校中遇到的上述问题。下面出现的情况，笔者则称其为"陪读"。因为一些家庭无法实现将孩子转到外地随家长在异地上学，他们所选择的办法就是由一位家长在二百户村租下房子，和孩子们一起住在这里，负责照料孩子的食宿与饮食，以便解除孩子们上学的许多后顾之忧。我在二百户村见到与二百户学校院墙相连的两间平房就被来自头百户村的王炳奇老人租了下来。老人和自己的4个孙子住在租来的这两间平房里，其中一间作睡房，另一间作他们的厨房。王炳奇老人已经60多岁了，他的老伴已去世多年。他有三个儿子，各生育了两个孩子。在乡村，他这个年龄的人按说已不必再操心农活了，应该过被后辈们孝顺的舒服日子，可是如今，他在这里却要负责照料4个孙子的饮食起居，既要给孩子们做饭，还要操心他们的冷暖和学习情况，一天早晚上锅抹灶的没有个闲。他的儿子儿媳都在村里的田地忙农活，顾不上理会这里，只有每半个月派个代表抽空往这里送些米面和烙好的馍馍就行了。老人虽然抱怨，但是却非常负责自己的这份"差事"，将4个孙子照料得非常周全，以致他家的这种"陪读"模式在整个行政村都成为一个新事物了。

如果把寄宿制学校及其附带出现的一些异常情况视为乡村新生的事物，实际上就会发现这个新事物及其影响已经打破了这里的人们长期形成的生活习惯。如果没有这种新情况闯入和扰动村民的生活，笔者观察或了解他们对上大学信任态度的切入点反而会有些单调和太多的雷同。正因为这一新情况的出现给人们的生活带来了许多令他们始料不及的事情，导致村民们不得不正视这些问题，然后分析这些新的情况，并在此基础上找出解决这些问题的办法。其间充满着村民们对新情况的不满意、内心的痛苦及调适、正视现实后寻找出路、决策安排等等情形和环节。在此基础上，还出现了家庭或个人行为的变化，如家庭内部人员的分工变化了、家庭原来固守的生活方式被改变了，村民们的生活地域被迫改变了，等等。在这些生动的乡村生活中，笔者才得以真切体验与观察到他们在针对问题时进行或做出艰难抉择的过程，这些艰难抉择过程以及其后所表现出的解决问题的"两种方案"充分体现了这些家庭对孩子上学问题的重视，同时也表现出了他们因地、因人、因家庭等情况比较智慧地解决了他们所遇到的这一新情况。事实上，在应对这一新情况、寻找解决问题方案的时候，自始至终都有一种强劲的动力在催动着村民们竭尽自家的能力去选择对孩子们有益的决策结果。也就是说，这些村民们甘愿放弃自家原来的生活方式或谋生方式到异地他乡寻找机会，或者放弃了家庭人员中原有分工逻辑而将家庭人员的角色进行变更，都充分说明了他们对大学隐而不彰的信任态度指导了他们所表现出来的信任行为。通过这一案例所呈现的这样两种情形，则可以反映出整个二百户村占人口大多数的家庭或村民对大学所持有的信任态度和信任行为。

五、村民大学信任的微观和宏观基础

（一）有目共睹的大学功能及其成就

在英国社会学家吉登斯看来，大学是现代抽象系统之一。它赢得人们的信任是因为它作为一种专家系统是人们须臾不可离的。"因为在现代社会，大学作为抽象体系之一的专家系统成为大众不能摆脱的依靠。"（安东尼·吉登斯，2007）因此，从普遍意义上来说，大学及其功能成为人们信任它的基础。这也就是巴伯在考察信任时指出的"信任与某角色的技术能力相关"（Barber，1985）。

首先，专家系统是以科学和高深学问结构为基础的，而普通民众对它们却一知半解，处于对科学与学问的懂与不懂之间，这恰是信任得以产生的场景。通过上述对村民们了解大学的途径来看，村民与大学处在不同地域，一个是远在偏僻的乡村，另一个却是处于现代化的都市里，而且乡村的人们绝大多数无法与大学发生直接的关联，他们获得的有关大学的信息都是由中介或间接的渠道得来的。而作为抽象系统的大学，由于其组织性能的高度专业化，乡村的村民们在接受有限的教育过程中，势必造成在消极的意义上被大学所征服。因此，从这两个维度看，这种心理上的征服使他们倾向于赞同而不是否定或怀疑科学及其驻守的大学。而且这种消极征服导致大学与大众之间客观存在的信息落差和不对称，造成大众对大学的信任是一方"依赖"另一方的非平等信任关系。

其次，大学的多元功能及其成就成为村民信任大学的基础。由于在新中国成立后的很长时间内，掌握知识的人口比例非常低，大学教育就更能显著地显示出其传授知识、传播文化、培养人才和培植社会道德等多元功能的成就上来，因此，它的社会影响则更为人瞩目。这就意味着大学本身因其在特定时代的辉煌业绩与文化象征奠定了其赢得信任的基础。

最后，大学还具有如帕累托和布尔迪厄等社会学家所揭示的推动社会流动的功能，这成为大学赢得信任的另一重要因素。尽管村民们其实并不懂得社会学家所指称的社会流动是什么，但他们往往能够通过直接的经验感知到"上大学是现在农村娃娃最好的出路"，"上了大学能叫我们的娃娃做上城里人"。上述案例中的家长与学生几乎都是将考上大学作为改变孩子个人命运乃至家庭生活状况的最高奋斗目标。另一方面，发生在村里的社会流动除了向城市方向流动外，还存在着村落内的社会流动。村里家庭或家长的声望与家庭"产出"大学生的情况存在正相关性，即如果一个家庭"产出"过大学生，那么这个家庭以及家长都会享有较高的声望。更深一步细究这里的人们何以对声望如此看重，其中的原因是声望往往还会嵌入到村庄内的日常生活当中并形成一种隐而不显的村落政治形态。因为享有崇高声望的人会在村里的群众性活动中或邻里纠纷当中显示出特别的影响力。

（二）用认知经验复制信任

美国学者罗素·哈丁（2004）就认为"信任是属于知识的认知范畴，它的认知来源是个人对围绕信任关系的环境作出判断，特别是对专家、权威和政治代理或制度做出的主观判断"。一个时代的多数社会成员可能终生不能与大学有直接交往，他们最多是通过观察那些经历过大学教育的人所发生的一些变化，来获得关于大学的知识与经验，这些知识与经验则在以后对这类人群了解大学起着主导作用。就拿二百户村村民来说，他们从受过大学教育者所从事的非农职业、社会地位提高、家族声望升高等多方面的变化而亲身感受到大学教育后的诸种结果和好处，在此基础上就逐渐积累起有关大学的非常丰富的经验，这些经验最多地指向大学是有关获得身份、社会地位变更和生活状况得以改变的有效途径。一些研究者所提出的"信任经验"（房莉杰，2009）概念可以深层说明其中的原委。所谓"信任经验"就是指人们在信任对方的时候一方面是依赖于对信任对方信息的了解与熟悉，另一方面还要结合信任主体自己或者其他人过去的信任经历来进行。这两方面加起来就是信任经验。这种信任经验并不一定是主体亲身体验过的，它往往可能是通过传播途径或在交往中获得的，也可能是从别人的信任结果中习得的。对这些经验的处理会使个体形成一些稳定的信任态度，类似于通常人们所说的"刻板印象"（Williams，2001）。就是那些从未与大学有过直接来往的村民们，正是因为他们经过多次观察和体验后，体味到大学特别是处于计划经济时代的大学在满足众多的他人期望之时是反反复复地处于成功之中的，并被人们广为所知。这些村民获得了有关大学及其信任大学后的经验，即使是间接得来的经验，也成为他们信任大学的基础，并一再复制出信任。这也就说明作为信任对象的大学过往的行为或表现深深地影响到了信任者（村民）或未来可能与大学有关联的人一再付出信任。从这个意义上说，信任可以生产和强化信任，从而使得信任连续出现。

（三）交往习性令信任习以为常

法国社会学家布尔迪厄提出的习性概念可以加深我们对村民信任大学基础的认识。在布尔迪厄看来，习性是作为一套内在化的、导致行为产生的主导倾向。它是一种"文化无意识"，是"塑造习惯的力量"。习性通过引导个体"不假思索地服从秩序"而把"必然性"转化为"德性",在这当中集体的参照则是极为重要的。习性的倾向使行动者偏向于选择依据他们的资源与过去经验最可能成功的行为方式;习性往往依据预期的结果指定行为的方向;习性意味着行动者专心于现在,并依据以前的经验来参与未来。

现实中,村民们很难有机会或者根本无从理解大学作为专业性组织其实际运行的原则,但村民们却自甘将自家的孩子送入大学,并希冀从中获得他们想要的主观结果,这种建立在"一次也没有接触过却获得了其他根据而产生的信任"与村民们和大学的交往习性有着非常密切的关系。因为村民处于社会金字塔的最低层次,也就是李强教授所称的村民们处于"倒T字形"社会结构的那"一横"上(李强,2008)[250]。他们只能限于自己群体对大学的理解程度来指导对大学的未来期望,这种理解程度与乡村地域的整个文化水平相关,而文化水平往往影响村民们理解问题的深度。依据"习性是一种深层的结构性的文化母体,它根据不同的阶级机会产生自我实现的预期能力"(Bourdieu,1984),来理解村民们基于阶级文化背景而使信任一度再生和延续,实际上就说明了村民与大学交往俨然已形成了交往习性,它导致了人们与大学的日常交往成为一种遵从习俗的结果。社会学家戴维·斯沃茨在研究了习俗和社会文化现象后指出,"习俗是一种独特的一致性行动,这种行动不断地被重复,其原因在于:人们由于不假思索地模仿而习惯了它。习俗是一种集体方式的行动,它规定着一个社会中'承认'与'荣耀'的标准。……周围的人都是习俗的遵从者,而他们遵从习俗则会给别的个体提供了这样的暗示:按照大家的方式,你就能获得安全感"(戴维·斯沃茨,2006)。郑也夫教授(1997)也指出,"日常形成的习惯对个体的信任感培育发挥着无声的巨大作用。社会成员对交往习惯的依赖以及对相互保持习惯的信任形成了社会关系和公共秩序的预期性。日常惯例造就了生活的稳定性和预期性,并造就了人们心理上的安定和信心。"这就是村民与大学的交往习性所起到的作用。

(四) 村民大学信任的制度基础

依据我们在前文中的判定,这里的村民一直以来都向大学源源不断地供给信任。只要大学能够持续不断地提供村民想要的得益,就能最终使这种经由长期形成的信任持续而又强劲。大学提供给让村民们满意的期望是与保障这些结果的制度密切相关的。从狭义角度来理解,制度是指由国家或政府制定用以调整个人之间,个人与机构(组织)、社会、国家、政府之间关系的法律、规定、政策安排及其他诸多规则。联系实际,我国与大学有关的这类制度众多,既有规范和调节大学微观运行的内部制度,也有与大学运行密切相关的作为"环境"而存在的外部制度。在这里,我们将分析的重点放在大学外部制度方面,因为这些制度所担负的功能在于筛选大学的入学者、规范教育费用分担、规定大学生就业方向和提供学生从业后的相关待遇等。

其一为大学入学制度。在筛选入学者方面最早于1952年推行了由国家统一组织的入学考试,后又从"文化大革命"起到1977年的这段时间推行推荐制度——由基层组织根据个人成分、政治态度和现实表现等情况,参考候选者的文化状况来推荐学生进入大学。1977年全国恢复高考制度后,对于入学者的选拔又回归到通过国家统考的方式,这一制度一直持续至今。从其功能上来说,高考制度注重以个人学习成绩作为选拔标准,其实质遵循的是个人能力本位原则。另外,高考制度还在于平等地面向社会上所有成员,因此它也就成为保证社会公平的重要方式。这就意味着每个人,无论他是什么样的出身、什么样的社会阶层,也无论他生活在城市还是乡村,都有可能通过自身的努力进入到大学就读。

其二为大学公费培养制度。新中国成立后的很长一个时期内,国家注重培养技术干部和新社会所需要的管理干部,此时对包括大学教育在内的所有高等教育领域不管是对推荐来的还是通过高考进入学校的学生,都实施免费和资助并行的费用承担方式,这意味着大学生的培养成本不仅全由国家来承担,而且还包含着其他福利性质的资助和补贴(如学生伙食补助和津贴等),而大学生本人及其家长在此时几乎没有分担就学成本。这一点则就是由社会大众所解读的"公费"上大学政策。

其三为毕业包分配制度。这一制度因事关孩子上完大学后的结果，所以长期以来成为人们看待他们与大学关系的一个核心因素。事实上，新中国成立后长期以来所实施的大学生就业制度也确实给学生及其家长提供了非常确定的结果。从新中国成立到20世纪90年代初期，在大学生就业制度上国家一直实行由政府按照各个行业、各个部门的人才需求情况，实行统一规划、统一分配去向并统一指定工作岗位的就业政策。此项政策及其所形成的效应深深影响着国内几代人对大学的认知图式——每一个毕业生都有确定的去向，学生之间存在的不同只不过是去向存在差异罢了。

其四为国家人事制度。新中国成立后，国家人事制度与大学生毕业包分配制度密切衔接，进一步使学生毕业后的去向规范化，从而使人们对大学的预期结果更加确定。人事制度明确规定，凡属于党的组织、国家机关、人民军队和人民团体以及企事业单位的领导骨干和业务管理人员、专业技术人员统称为"干部"，而只有从国家正式全日制中等专业技术学校、高等学校毕业的具有中专、大专和本科以上学历的学生，在按照国家计划分配的到工作单位后，才可以取得干部身份。"干部"不仅代表着一种工作岗位的分工，更为重要的是它还展示着一种社会身份，一种与国家、政府等机构密切联系的国家工作人员。除了身份与岗位外，更为重要的是与干部相联系的一系列福利为人们所羡（左言东，2009）。由于国家人事制度规范着城乡人们向上的社会流动的途径，因此，这一制度便成为人们与大学交往的一个极其重要的因素。

其五为国家户籍制度。新中国的户籍制度就是指以1958年颁布的《中华人民共和国户口登记条例》为核心的限制农村人口流入城市的规定以及配套的具体措施，另外还包括定量商品粮油供给制度、劳动就业制度、医疗保健制度等辅助性的措施，以及在接受教育、转业安置、通婚子女落户等方面又衍生出的许多规定。它构成了一个利益上向城市人口倾斜，包含社会生活多个领域、措施配套、组织严密的体系。这种农业和非农业的二元户口结构户籍管理制度产生了"城里人"与"乡下人"

在事实上的不平等。特别是在计划经济时代，"城里人"相对于"乡下人"来说有许多优越性。不啻如此，户籍制度还形成了城乡之间人们的身份区分与等级化。李强教授就指出，"户籍制度本质上是一种身份制度"（李强，2008）[311]。而供乡村人改变自己身份的渠道则非常狭窄，对于他们的农业户口多数情况下只有在考取国家正规大中专院校时，才可能实现"农转非"，才有资格迁入城市里定居并上岗工作。

总之，这些传统制度既以单独的方式影响着人们对大学的理解，进而影响着人们与大学的交往方式。而且更为重要的是这些制度形成了一个系统，以整体性的功能规范着学生进入大学→就读于大学→毕业→分配工作并享有相关待遇这样一个完整过程，这个过程经大众的社会认知对大学功能的理解及对大学的获益预期形成了固定图式，对大学提供的稳定获益在内心形成了"心安理得"感，由制度引起的大学信任因之而显现。

（五）大学信任的信仰文化基础

曹锦清认为对村落的研究，首要的是要关注村落文化。笔者则在此基础上认为要研究村落文化更应深入了解村庄里人们的传统信仰文化。这是因为村民的信仰习惯与信仰文化是乡村文化中最为弥散而深入人心的社会意识，而且我们还发现传统的信仰文化与二百户村民对大学的态度之间不但存在千丝万缕的联系，而且是型塑人们信任大学的隐秘力量。

宗教信仰与大学信任有紧密关联。笔者在二百户村见到，在宗教信仰方面，村民们信仰的有佛教、道教和儒教。村民们长期以来形成最为普遍的信仰活动形式是通过在专门场所进行的群众性公开活动。专门场所分布在各村的村庙，村庙里会有一位深得人心、传说逼真的"方神"与人们的日常生活密切相关。除了村庙外，影响最广泛的宗教场所要算距二百户村只有十公里的屈吴山潮云寺。群众性的信教活动往往是通过庙会来实现。除了在寺庙进行宗教活动外，这里的村民还将信教延伸至家庭里来。他们认为家里的一些事务也由诸神来管理与护佑，其中最要紧的要算'灶王神'、"土神"、"醋坛神"和"马王爷"等神仙了，这些神仙与村民的家庭生活紧密相关，时时保佑着一个家庭的方方面面。由于人们都慑于神的威力，便对这些神仙笃信不疑。马克斯·韦伯曾对中国乡村人的这种信仰有详细的体察，他认为："出现某些典型的职能神（君），如雷君、风君等，是农民宗教所特有的，……各种功能神，最下直至茅厕女神，都被强烈地专门化和固定化了，并日益发展成为祭祀传统主义的产物。"（马克斯·韦伯，2008）

正是由于村民们对宗教里的"神"充满着崇拜心理，所以一些重大家庭决策都要经过他们的宗教信仰思维来过滤，衡量其中的是非曲直及其合理性，并参考从中领悟到的原则来寻求作出家庭大计，只有通过这个过程方会使他们的内心获得安全感。这里每家都当做的一件大事——孩子上大学——则自然成为家长将此与自己信仰的神之间建立起极其显著的关联。这些关联主要是通过两种方式建立起来。

一是深信"神"有能力保佑自家孩子上大学。因为村民所信仰的宗教之诸神，在村民们心中充满着神秘感，他们深信这些"神"都是法力无边。在这样的前提下，村民们将这种单靠他们自己力量限度不能实现的大事——家中孩子上大学，求助于这些神秘的力量，相信神会实现他们的愿望。在笔者深入挖掘村民们所持的"上大学与'神'有联系"观点的更多访谈材料时，遇见了意想不到的困难。因为村民们觉得信神是非常神圣的一件事，对和神相关的话题说得多了就会显示出对神的不敬，反而会与他们的信仰初衷相违背。为此，笔者对一些不信神的村民进行侧面了解，以作为对缺憾的补充。

* * *

魏列财，男，62 岁，家中开了药铺，家里从没有出过大学生。

"娃娃考学要靠自己，城里人那么多人都不相信神，难道他们的娃娃就考不上学了？难道大学里的娃娃都是这些信神'惯惯儿'（指信神非常执著、非常有诚心的人）的娃娃？你看村上一有庙会，跑得最勤的都是家里有上高中娃娃的大人！"

关金仓，男，45 岁，家里没有出过大学生，但家中有上高中的孩子。

"村上王家的这几年有好些个娃娃都考上了大学。他们家过去是地主,'四清'和'文化大革命'的时候差点有人活不下来了,被折腾得要死要活的。如今政策好了,他们家也开始露脸了。我看这全是他们家里的娃娃懂事,要给家里争口气下盘(指拼命)地学,这才一个一个地上了大学,不全是信神就能考上的。我也时常教导我的娃娃要向人家娃娃学习呢!"

金名扬,男,40岁,二百户小校老师。

"其实大家都知道要考上学靠的是学生情愿去学,但学生们的大人求神为的是能找个吉利,也就是想给自己的娃娃考学增加一档子保险,特别是一两年内要考学的娃娃家的大人都会这样做。这里面很难说对还是不对,也不能简单说是荒唐,但至少可以说明考学对家长们太重要了。"

* * *

尽管这些是从访谈了解到的一些情况,但却非常清楚地向我们展示出这里的村民们的确将孩子上大学与神的关系作为一个重要的主题来对待的,同时也说明这里的村民们委实有将大学与信仰"绑定"作为信仰取向之一。

二是家长通过信仰行为来加深自己内心的安全感。上述相信孩子考大学与信神之间有关联的人总是有一种焦虑:尽管我诚心实意地信神,但总觉得自己做得还不够好,唯恐不能获得庇护。于是就会考虑如何做得更好而显示给神,也就是如何做更能说明我是非常诚心的呢?这个焦虑心理其实就是显示出信仰中的两个内心感受过程,一为信众相信可以"因信得救",即只要我信仰,我就可以得到庇护;一为还要履行"个人事功",即不但要信而且还要有信仰行动。信众的行动表现在两个取向上,其一为依照自己理解的教义来指导自己日常行为,主要目的是做好个人的修身与积德。这种情况实际上与一些学者所总结的宗教信仰中以"个人德行来事神"(李申,2008)的一般规则相吻合。在信仰的逻辑下,这里的家长以"行善积德"为个人修身之核心,期望获得神的关注从而获得对于自家孩子考学的助佑。其二是通过一些典型的信仰行动来显示诚心。除了刻意注意日常行为与平时的个人修养外，村民们特别是有孩子将要考学的村民争先恐后要做的就是尽自己可能地为神做些事情或者是多为神付出服务。这也算是履行"个人事功"的一部分。

通过以上记述，可以看出这里的村民因为将家中孩子考大学与他们的宗教信仰紧密地联系起来，所以就形成了村民们这样一个对大学的信任形式：我相信大学会给我的孩子以及家里带来预期的变化，因此，将孩子考大学作为家里的第一要务；为使这一要务更有可能成为现实，我乞求我所信仰的神来帮助我更有把握地实现家中的这个第一要务。为此，在村民们这里，尽管对千里之外的大学知之甚少，而且他们要指望与大学亲身接触的可能完全是超出了自己一生生活经历的限度，远离他们真切的生活世界。然而，信仰则不同，信仰可以在村里、在个人生活里被个人参与进来，这个过程与结果尽管客观上也是缥缈难有定数，但村民却将其当成非常可靠的依赖对象了。宗教信仰其实在这里已经作为村民们在内心感知大学对自身意义的延长手段了，或者是作为置换原有的信任对象——大学而变成人们内心寻求安全感的对象了。

祖先信仰与大学信任有紧密关联。村民们对自己祖先的信仰是建立于他们的对人死后仍存有灵魂的观念上，这一观念如此非常普遍地在人们当中流行，以至于常常被人们当成一种不言而喻的常识去对待。由此，在村民的乡土生活当中许多与世俗和精神两个方面相关的生活细节无不与普遍流行的祖先信仰紧密联系在一起，作为一家人第一要务的孩子考大学自然也不会例外。

对祖先的信仰与崇拜有一种表现形式就是对祖先功绩的追溯与诉说。观察村民们在对涉及这类内容的聊天活动，笔者能体会出这个过程其实就是通过对祖上功绩的口述，向参与聊天活动的其他人呈现祖上的不凡之处，在此基础上来类推并展示作为祖先后代的口述者及其家庭成员也是不平常的。

谢河村中的葛余粮在向众人"喧"（聊天）的过程中说他的祖太爷是清朝的秀才，是当时方圆乡村非常有名气的文化人，不但能熟读文典，出口成章，而且还因为读书多，懂得的事理就多，所以在当时屈吴山方圆一带声望极高，人们都尊称他为"葛先生"。不仅如此，他的祖太爷还写得一手好字，最有名的是他祖太爷的蝇头小楷了，几近成了这一带庙宇里抄写经文和其他世俗类文书的"一支笔"，诸多乡里的集体活动缺了他祖太爷则是不完美的。葛余粮说，他祖太爷活着的时候，乡村里的一切与文化相关事项都要找他的祖太爷来牵头，许多文书都必须经祖太爷之手才会让人放心，当时谁要是能在过年的时候讨得他写的春联，那就是非常有脸面的一件事了。

葛余粮之所以向村里人们"喧"起自己祖上的不平常，在笔者看来是基于两个原因的。一是在于通过表白祖先的功绩，达到获得类似祖荫一样的效果。封建社会里祖荫往往可以以非常有形和实实在在的东西来达到对宗族后世的关照与庇护，从而获得代代相传的荣耀与地位；而如今，像这样追述祖先功绩的效果也在于对那份荣耀与地位的追求。二是通过这种对祖先功绩的口述，还在于向别人显示自家遗传素质的不一般，这期间其实就是意图引导听众将其祖先的荣耀反观到口述者及其家人的身上，以说明过去"不一般"的祖先有着现在"不一般"的后代。

通过上述对村民信仰宗教和信仰祖先的呈现，从中可以发现一个共性特点，那就是信仰的根本目的不仅是对现世中的人事的重视，而且还包括关注采用何种方法解决这些问题以达成对现世中活着的人最为有益。而孩子上大学在村民生活当中如此重要，以于他们都选择了将这一问题付诸信仰，并意图从信仰当中获得他们想要的结果。这其实就透出了人们信仰当中所采取的非常显著的实用主义态度。从这方面来说，村民们的诸多信仰具有"对现实的补充"的取向，极力寻求对现实当中诸多事情的解决上，各求所需，各取所需，而并不是立足于或考虑"彼世"的事情。又因为世事难以预期，人们就将这些难以预期的事情交由信仰来替他们来实现。家中孩子上大学以及毕业后寻找工作等远远超出了这里的村民们理性所能及的范围。是故，通过信仰来确保他们愿望的实现则是一个寻求内心宽慰、增强信心的最好办法。这种信仰所形成的看待事情的逻辑势必会造成两个连环后果：①这里的人们在与远在千里之外的大学发生联系时，在其间所产生的诸多对于他们不利结局是默默承受的，由此就造成②村庄以外的人很少能够听到村庄里人们的苦恼与不幸，因为这些苦恼与不幸全由村民们自身消化掉了。

六、大学信任的错位和复归

（一）大学信任关系中的流变因素

在村民与大学的信任关系中一些原本作为村民赖以信任的基础实际已经发生了深刻变化，只是以这些业已发生的变化有的是以显性的方式呈现出来，而有的则是以隐性的方式存在着，归纳起来主要体现在下面几个方面。

首先，原来在计划经济体制下形成的诸多有关大学教育方面的制度与政策发生翻天覆地的变化。过去包含着大学入学制度、大学公费培养制度、大学包分配制度、国家人事制度和户籍制度等的制度体系历来作为规范乡村学生进入大学——就读于大学——大学毕业——分配去向与上岗工作等整个过程，但从改革开放以来特别是自1993年《中国教育改革与发展纲要》出台以及随后许多新政策陆续实施后，有关大学教育的相关制度中最主要的三个变化尤为突出。其一，大学招生制度变化和逐步实行收费制度；其二，学生毕业后不再由国家包分配，打破分配定终身的传统；其三，学生就业采取双向选择的办法，使学生就业去向多元化。这些变动过程对每个家庭与个人影响是非常巨大的，其中最为关键的要属大学教育由原来国家无偿提供转变为付费上学以及个人就业推行市场化运行原则。这两项变化也就意味着原有的存在于大学与二百户村民之间的信任基础发生了巨大变化，先前起到关键作用的、保障个人预期的长期稳定的大学教育秩序变得不再确定。

其次，个人获得大学教育的风险显著增加了。正是由于国家高等教育一系列政策的变更使得个人获得大学教育后的结果不再像计划经济时代那样确定无疑，而是开始向不确定性转型。从个人视角出发，当前在大学就读的学生所面临的风险主要体现在就业风险与收益风险两个方面。其中最为要紧的就是大学教育后的就业风险。贝弗尔德在2000年就提到了大学教育与就业关系的不确定性和风险问题，并认为导致风险的原因在于：一是个人对于自己的能力和所接受的教育等方面的信息掌握并不充分；二是教育投资是巨大而不可分割的投资；三是未来的不可知性（Belfield，2000）。随着大学扩招及高等教育大众化进程的推进，乡村里更多的个人意欲获得大学教育。但是必须指出的是，未来的不确定性可导致大学教育后的收益总是与风险相伴的。此外，由就业风险衍生而来的个人和家庭未来收益风险也是客观存在的。一方面，如果大学生无法就业或者自我选择失业会造成一个直接的结果，那就是附着在工作岗位上的经济收入和非经济性预期收益都无从谈起；另一方面，还存在即使就业了但却只能获得低效用、低收益的情形。正如村里的家长所抱怨的那样，孩子大学毕业后拿到的工资连偿还助学贷款的能力都没有。这两个方面实际上就是反映了个人在选择进入大学教育时所估算的收益值与实际所获得的结果值之间出现了极大的不一致。村民们在当前遇到类似这样的情况与在计划经济时期的情况相比较来说，前者的不确定性就显得非常突出。

（二）大学信任关系中的未变因素

吊诡的是，与大学信任关系中诸多已变因素不同，还有许多经笔者调研获知的另外一些因素却又一直保持不变，它们与业已变动的因素之间形成强烈的反差。这些未变的因素体现在如下几个方面。

第一，村民仍然坚守原有的信任经验，并在此基础上提出各自既特殊而又传统的大学预期。由于信息闭塞，二百户村村民很难及时获得有关大学教育方面的许多变化情况，尽管这些变化与他们的利益休戚相关，但村民们往往无从知晓由大学本身作出的变更事项以及变更的细节，这也就意味着有关大学运行的正确原则对村民来说依然是超出了其理性限度。同时，从这个村庄中的成人所受到的教育情况来说，他们当中的多数只有初小以下的受教育程度，因此，他们理解与大学相关的变化及其影响时并不能恰当预想到可能的结果。这种认知大学的方式及其结果不但很难在短时间内得到改变，而且还会指导着村民们只能从其本身的实际处境和生活境遇中提出对大学的期望，因此可以说是交往习性一再复制着长久以来形成的村民对大学的信任经验。

第二，制度信任所具有的惯性导致村民的大学信任坚守原来的制度信任。因为对计划经济时期的与大学教育相关的制度信任以及由制度引起的"居间信任"成为村民一直以来信任大学的一个重要根据。村民们又往往囿于认识之狭窄，与大学的交往重心很大程度上放置于对功利目标的向往与追求上，对大学能达到的其他许多好处往往被村民们自身的认识局限性所"屏蔽"掉。因此，他们信任大学多数情况下是对这些制度所提供的看得见、摸得着的、非常实际有效的保障所产生的依赖与信心。在过去制度的保障下，孩子上了大学后他们都会毫无疑问地进入干部的行列。这种在"官本位"基础上形成的观念根深蒂固，经久难以消弭。而乡村社会恰因其信息封闭、交流不畅之故，反而对"官本位"观念起到了"保鲜"作用。

第三，大学教育中的个人风险未能被感知。许多村民并不能恰当地意识到在原有制度发生剧烈变更时所产生的对于个人和家庭的风险。村民们依然因循计划经济时期对大学教育结果的确定性来理解当前已开始的不确定性。因此，在村民们与大学的交往过程中，对大学教育结果的确信是我们前文所述的村民对大学信任水平一路高涨的一个关键内容。而细究人们对大学的这种确信无非是对于政府承担和提供稳定的大学教育结果能力的信心。但是国家高等教育的改革却是要将政府以往包揽或提供稳定的就业去向变成由市场来提供和决定，而市场本身就充满着风险。由此可见，一直以来乡村里的人们信任大学的诸种依据却是国家意图要改变和交给市场去做的，这里就会出现错位的情况。人们依照确定性原则源源不断地供给信任，而不确定性却同样源源不断地被国家、政府和市场制造出来。

第四，历史的记忆难以抹去。村民们受到历史传统的影响至深，他们往往运用历史的经验来解读上大学是为了什么的逻辑。在封建社会，完备的科举制度的长期规训，导致普通平民子弟将读书与走上仕途完全对等起来，读书的最好归宿就是当官，这个观念深入人心。而信任恰恰又是一种历史依赖的过程，是借助于人们的集体记忆，在一定的语境中形成的一个文化感受和文化结构整体，因此，它具有浓厚的惰性和惯性。在其影响下，如今的村民们将上大学与"官本位"再度联结在一起。当官除了地位变化、享受官位上的好处外，还能对家庭、家族带来无上荣耀——这分明就是用过去科举的逻辑来解读如今上大学的逻辑。"学而优则仕""学也，禄在其中矣"在现代社会的乡村仍然盛行。

（三）大学信任的错位与复归

在村民与大学间的信任关系中存在的变与不变的因素造成了一个不易被社会觉察到的事实，那就是信任关系中产生了错位现象。其主要的表现形式是这样一对矛盾：乡村中的村民们固守着长期以来形成的传统信任基础向大学供给信任，而不幸的是构成这些信任基础的一些成分却早已发生了流变，由此便形成了这样一个局面，即村民们拿着或凭借着彼时的信任基础向业已发生了巨大改变的信任对象源源不断地提供信任，并将自身对于信任对象的预期完全放置在其中，希冀获得他们长久以来由惯习与历史经验所引导的收益。这种矛盾里隐藏着这样一种难以被人们体察到的一个社会问题，那就是：一方面村民们对此时的大学及其管理大学的力量充满着高水平的信任，并盼望得到稳定的预期；另一方面大学与管理大学的力量却根据它们早已改变的运行方式与管理制度牵引着大学向着村民们完全陌生的方向发展着，其间充满着获益的不确定性。这实质上就意味着尽管村民所付出的大学信任水平很高，却与大学发展现状之间出现了断裂，前面是业已发生巨大变化的大学，后面却是停滞不前的村民信任大学的传统基础。解决这个问题的办法是通过大学自身的影响、社会各种媒体和与乡村人有紧密联系的受过高等教育的人让乡村人更多地了解当代大学及其与以往大学的不同，增强他们的应对能力。

不论是信任错位还是信任断裂并不是简单的观念问题，也不是只局限在高等教育领域内的局部问题。大学信任错位实际上联结着更为深刻和广泛的社会根源。孙立平教授在研究我国社会结构问题时指出，自20世纪90年代开始中国处于社会结构转型期，结构的变动导致中国社会转型中出现了剧烈变化，变化最终造成了较大规模的群体被甩到社会结构以外，并在经济增长成果与社会成员的生活和文化感受之间、经济增长与社会状况改善之间出现了严重的断裂（孙立平，1992）。此种情况恰如社会学家图海纳分析法国社会结构时认为法国社会是一种金字塔式的等级结构，在这样的一种结构中，人们的地位是高低不同的，但同时又都是在同一个结构之中，而在今天这样的结构正在消失，却变成一场马拉松。每跑一段，都会有人掉队，即被甩到社会结构之外，被甩出去的人甚至已经不再是社会结构中的底层，而是处于社会结构之外（孙立平，2003）。图海纳分析法国社会结构的比喻，后来被孙立平在自己进行当代中国社会结构的研究中多次引用，借以来说明20世纪90年代的中国社会也正处在一个"断裂"的社会。从社会结构来看，由于生活环境的偏僻与贫困乡村的生活现状，二百户村民处于社会阶层的底部。不仅如此，他们在我国社会快速发展的进程中，老早就已成为了掉队者，并被远远甩在社会结构之外。在村民们被甩出社会结构的过程中，他们最为关心的利益诉求往往不能得到表达，这便造成在事关他们利益的许多政策与制度的制定中很少顾及到他们的立场与迫切需求。

　　社会结构的断裂现状在国家社会生活的不同方面表现出来了，村民与大学之间的交往过程所产生的问题则是这种情况的一个具体反映。在这个错位的信任情形当中，形成的结果则是：一方面村民们遵循传统信任基础一味依据经验来给大学提供信任，不幸的是，另一方面传统信任所依赖的基础却被大学和国家高等教育政策频繁冲击和变动，造成置信者与被信任者之间存在着很大错位与张力，而作为置信者的村民从这个过程中感受到的失望情绪与伤害感逐步显现出来了。社会学家布尔迪厄（Bourdieu，1984）就一针见血地指出："集体的失望最可能出现于那些不太熟悉教育过程的群体以及那些坚信文凭的传统价值的群体、特别是教育程度低的人中，这个问题不太可能发生在那些继承了文化资本的人身上，因为继承的文化资本包含了教育文凭的变化着的价值的信息。"当过往的经验不能再维持,同时对教育政策所造成的诸多可能后果得不到快速理解——此种势态如果长期持续下去,一来造成人们对大学的信任感降低,并会选择不再提供信任给对方,这便产生了信任的迟疑,此时他们就会选择另外的合作对象或者完全放弃合作,学生要么进入具有短、平、快特点的中等职业学校,要么干脆就是教育放弃,"教育无用论"在人们中间开始滋生。二来由于错位的信任,也会使村民们对大学与管理大学的政府产生潜滋暗长的误解,而这些误解由于没有相关的机制来消除,从而致使误解积累得越来越多,在这种情况下村民们最初的失望与受害感就有可能演变成个人对社会产生疏离感,进而滋生不平与愤懑情绪。尽管在陇中地区像二百户村这样的乡村并未出现大面积大学信任迟疑的现象,但我们也明显感到一些家长已开始萌发了对大学教育的失望情绪。这就警示我们,信任错位情形如果一再加深,势必会使村民的大学信任及信任水平一路走低,造成村民与大学的合作意愿降低,这既不有利于大学健康可持续发展,也无益于和谐社会的建设。为解决这类问题,在大学教育领域应当创建一种共同参与、共同安排、共同决策等互动关系的平等治理形式,逐步实现在大学教育政策制定的过程中,不只是由上而下的专家指导和精英来决策,更应希望由抱有多元教育诉求的乡村群众和社会基层组织共同参与制定政策,让广大教育相关者表达自己的意愿和诉求,借此形成与大学和政府间的对话,实现共识的凝聚,以保护包括村民在内的普通大众的教育利益。这样不仅可以使政府以指导代替领导,协助人们提高自我利益设计与治理能力,还可以从中塑造相对责任的互动伦理观、面对教育风险自愿分担的认知与意愿等。这种经由多方主体共同的认知、学习、资源联结的过程,可以实现人们与大学及政府间的和谐运转,提高和巩固人们对大学的信任水平,使人们复归于理性地信任大学。

参考文献

安东尼·葛兰西. 2000. 狱中札记[M]. 曹雷雨, 等, 译. 北京:中国社会科学出版社：9.

安东尼·吉登斯. 2007. 现代性的后果[M]. 南京：译林出版社：77.

彼得·M. 布劳. 2008. 社会生活中的交换与权力[M]. 北京：商务印书馆：211.

曹锦清. 2001. 当代浙北乡村的社会文化变迁[M]. 上海：上海远东出版社：9.

陈向明. 2008. 质性研究：反思与评论[M]. 重庆：重庆大学出版社：82.

戴维·斯沃茨. 2006. 布尔迪厄的社会学：文化与权力[M]. 上海：上海译文出版社：88.

房莉杰. 2009. 制度信任的形成过程[J]. 社会学研究 (2)：21.

费孝通. 2007. 乡土中国[M]. 上海：上海世纪出版集团.

钱理群. 2008. 乡土中国与乡村教育[M]. 福州：福建教育出版社：294.

罗素·哈丁. 2004. 我们要信任政府吗？[G] // 马克·E. 沃伦. 民主与信任. 吴光军, 译. 北京：华夏出版社：12.

李强. 2008. 社会分层十讲[M]. 北京：社会科学文献出版社.

李申. 2008. 宗教论：第二卷[M]. 北京：中国社会科学出版社：116.

马克斯·韦伯. 2008. 儒教与道教[M]. 桂林：广西师范大学出版社：211.

倪霞. 2005. 现代社会中的信任[D]. 北京师范大学博士论文：58.

孙立平. 1992. 另一只看不见的手：社会结构转型[J]. 中国社会科学 (5)：67.

孙立平. 2003. 断裂——20 世纪 90 年代以来的中国社会[M]. 北京：社会科学文献出版社：198.

郑也夫. 1997. 信任论[M]. 北京：中国广播电视大学出版社：72.

左言东. 2009. 中国政治制度史[M]. 杭州：浙江大学出版社：442.

Barber B. 1985. Trust in Science：a Paper in Honor to Professor Ben-David [M]. Unpublished Paper：112.

Belfield R. 2000. Economic Principles for Education：Theory and Evidence[M]. Cheltenham, UK：Edward Elgar Publishing, Inc.：49-52.

Williams M. 2001. In whom We Trust：Group Membership as an Affective Context for Trust Development [J]. The Academy of Management Review 3：35.

Bourdieu P. 1984. Distinction：A Social Critique of The Judgment of trust[M]. Harvard University Press：142.

出 版 人　　所广一
责任编辑　　吴莉莉
版式设计　　孙欢欢
责任校对　　曲凤玲
责任印制　　曲凤玲

图书在版编目（CIP）数据

西部教育报告.总第1卷，2011/郝文武主编.—北京：教育科学出版社，2011.10
　ISBN 978-7-5041-6002-7

Ⅰ.①西… Ⅱ.①郝… Ⅲ.①教育工作—研究报告—西北地区②教育工作—研究报告—西南地区　Ⅳ.①G527

中国版本图书馆CIP数据核字（2011）第158357号

西部教育报告2011（总第1卷）
XIBU JIAOYU BAOGAO 2011

出版发行　　教育科学出版社

社　　址	北京·朝阳区安慧北里安园甲9号	市场部电话	010－64989009
邮　　编	100101	编辑部电话	010－64981252
传　　真	010-64891796	网　　址	http://www.esph.com.cn

经　　销	各地新华书店		
制　　作	北京大有图文信息有限公司		
印　　刷	北京中科印刷有限公司		
开　　本	169毫米×239毫米　16开	版　　次	2011年10月第1版
印　　张	19.75	印　　次	2011年10月第1次印刷
字　　数	269千	定　　价	45.00元

如有印装质量问题，请到所购图书销售部门联系调换。